漢人所謂古文之研究

張富海 著

（修訂版）

中西書局

圖書在版編目（CIP）數據

漢人所謂古文之研究 / 張富海著. -- 修訂版. --
上海：中西書局, 2023
ISBN 978-7-5475-2083-3

Ⅰ.①漢… Ⅱ.①張… Ⅲ.①漢字－古文字－研究
Ⅳ.①H121

中國國家版本館CIP數據核字(2023)第046039號

漢人所謂古文之研究（修訂版）

張富海 著

責任編輯	田　穎
特約編輯	宋專專
裝幀設計	梁業禮
責任印製	朱人杰

出版發行	上海世紀出版集團 ® 中西書局 (www.zxpress.com.cn)
地　址	上海市閔行區號景路159弄B座（郵政編碼：201101）
印　刷	上海商務聯西印刷有限公司
開　本	700毫米 × 1000毫米　1/16
印　張	23
版　次	2023年10月第1版　2023年10月第1次印刷
書　號	ISBN 978-7-5475-2083-3 / H・137
定　價	96.00元

本書如有質量問題，請與承印廠聯系。電話：021-66366565

目　　録

修 訂 説 明

　　本書初版於 2007 年 4 月由綫裝書局出版，爲"中國語言文字研究叢刊
（第二輯）"之一種。出版以來的十餘年間，以戰國竹簡爲主的相關新資料年
年增加，相關的研究新成果亦不斷涌現，使得本書的修訂成爲可能。此次修
訂的内容主要包括：一、增補可資比較的新見古文字字形和新用法，新字
形、新用法基本上來源於上博簡、清華簡和安大簡；二、增補個別初版遺漏的
重要字形；三、增引比較可靠或有價值的新觀點；四、糾正初版在文字或觀
點上的一些錯誤；五、重新編製參考論著目。囿於個人聞見和學識，修訂版
肯定仍存在不少本該避免的疏失，敬祈讀者予以指正。

引 書 簡 稱

《集成》　　　《殷周金文集成》

《集録》　　　《近出殷周金文集録》

《楚帛編》　　《長沙楚帛書文字編》

《侯馬》　　　《侯馬盟書》

《璽彙》　　　《古璽彙編》

《陶彙》　　　《古陶文彙編》

《貨系》　　　《中國歷代貨幣大系 1·先秦貨幣》

《睡編》　　　《睡虎地秦簡文字編》

第一章　緒　論

一、解　題

“古文”是漢代出現的一個概念。從字面上來理解，古文就是古代的文字、非當世通行的文字，與我們現在所説的“古文字”内涵相同。

最早出現“古文”一詞的書是《史記》。如《五帝本紀》：“孔子所傳宰予問《五帝德》及《帝繫姓》，儒者或不傳。……總之不離古文者近是。”《索隱》云：“古文即《帝德》《帝系》二書也。”王國維《〈史記〉所謂古文説》遂認爲司馬遷所見《五帝德》及《帝繫姓》二篇是古文本，即用古文字寫的本子。[①]　又如《吳太伯世家》：“余讀《春秋》古文，乃知中國之虞與荆蠻句吳兄弟也。”《仲尼弟子列傳》：“則論言弟子籍，出孔氏古文近是。”王國維認爲司馬遷所見《左傳》《孔子弟子籍》也是古文本，並説：“太史公所謂古文，皆先秦古文舊書。”對於《史記》所謂古文，後來有不同的理解。如錢穆認爲《史記》中的古文是六藝的代稱，與諸子百家言相對，僅有《儒林傳》“孔氏有古文《尚書》，而安國以今文讀之”中的古文指古文字。[②]　錢説似有道理，但“古文”一詞何以能代指詩書六藝，錢氏無説，而且像《孔子弟子籍》之類的書也不好歸入六藝之列。錢説是因其出孔氏，爲了特尊孔子，故稱古文，顯係强説。我們認爲，《史記》所稱“古文”基本上如王説，指用古文字抄寫的先秦舊書，但也可轉指包括詩書六藝在内的古書。如《封禪書》“群儒既已不能辨明封禪事，又牽拘於詩書古文而不能騁”，《太史公自序》“周道廢，秦撥去古文，焚滅詩書”，“古文”與詩

---

① 王國維：《觀堂集林》卷七，中華書局，1959 年。
② 錢穆：《兩漢博士家法考·史記中之古文》，《兩漢經學今古文平議》，商務印書館，2001 年。

書並稱，理解爲古書更合適些。大概因爲司馬遷認識到古書本來都是用古文寫的，所以用古文來代指古書。

漢人所謂"古文"又有就學派言者。如《漢書·地理志》"古文以崇高爲外方山""章山在東北，古文以爲内方山""具區澤在西，揚州藪，古文以爲震澤"等，王國維《〈漢書〉所謂古文説》認爲這些"古文"指《尚書》古文家説，是"由書體之名而變爲學派之名"。①

本書的研究對象是就字體而言的古文，不包括義轉爲古書或"變爲學派之名"的古文。

古文就是古代的文字，但對其確切含義需要作出解釋。《説文解字》收録了小篆、籀文和古文三種字體。在我們看來，這三種字體都不是當時通行的文字，所以都可以稱爲古文。但漢代學者對古文是有他們的定義的，古文之"古"並非簡單地與"今"相對，而是有所限定的。在《説文解字·叙》中，許慎系統地闡述了他關於文字發展演變的觀點。他認爲，伏羲氏作了八卦，神農氏結繩記事，還没有文字。到了黄帝時代，史官倉頡才初造書契。但倉頡所造是依類象形，謂之文；倉頡之後，形聲相益，謂之字。五帝三王，改易殊體，各有不同。到周宣王時，太史籀著大篆十五篇，與"古文"或異。據此，可知許慎心中的古文是指從倉頡以來至周宣王之前的文字，也就是説古文是五帝三王時代的文字。這一段時間内的文字雖也有變化，但都是古文。許慎這樣看是有他的道理的。他手頭有古文、籀文和小篆三種文字，籀文和小篆的時代既然已定，把古文排在籀文之前，似乎順理成章，否則周宣王之前的文字他就無法交代了。其後近兩千年，學者對古文的認識基本不出許慎的範圍，甚至更偏狹一些，如段玉裁説："凡言古文，皆倉頡所作古文。"②古文是五帝三王時代的文字，這是許慎對古文的定義，應該也是漢代學者的普遍觀點——不相信古文的學者除外。

據《説文解字·叙》，《説文解字》所録三種字體中的古文一體主要來源

---

① 王國維：《觀堂集林》卷七。
② 《説文解字注》古文"一"字下。

於用古文抄寫的儒家經書。“至孔子書六經，左丘明述《春秋傳》，皆以古文”，可知許慎認爲，孔子和左丘明生活的時代雖然在周宣王之後，但孔子和左丘明在抄寫儒家經傳時有意使用年代比籀文早的古文。① 孔子祖述堯、舜，憲章文、武，寫字自然要用五帝三王所用的字體，這在漢代學者看來是合理的推斷。

到清末，由於文字學研究的深入和出土古文字資料的日漸豐富，對漢代所謂古文的認識有了變化。陳介祺和吳大澂是清末兩位著名的金石學家。陳介祺在光緒四年（1878）二月廿七日致吳大澂的信札中説：“尊論許氏所引皆六國時古文，心目之光實能上炬千古。”（《簠齋尺牘》）光緒九年（1883）吳大澂在《説文古籀補叙》中説：“竊謂許氏以壁中書爲古文，疑皆周末七國時所作，言語異聲，文字異形，非復孔子六經之舊簡。”陳介祺光緒十年（1884）所作《説文古籀補叙》説：“許氏之書，至宋始著，傳寫自多失真，所引古文校以今傳周末古器字則相似，疑孔壁古經亦周末人傳寫。”吳大澂首先意識到《説文》中的古文是戰國時代的文字，得到陳介祺的贊許。② 他們所説的“六國時”“周末七國時”“周末”，都是戰國時代的另一種説法。這是對古文時代問題的重大突破，是劃時代的創見，使古文一下子從神聖的五帝三王時代的文字變成了許慎在《説文解字·叙》中所批評的文字異形的戰國亂世的文字。

民國初，王國維對漢代所謂古文有了進一步的認識。《史籀篇疏證序》説：“至許書所出古文，即孔子壁中書，其體與籀文、篆文頗不相近，六國遺器亦然。壁中古文者，周秦間東土之文字也。”③即認爲漢代所謂古文是戰國時代東方六國的文字。此後所寫的《桐鄉徐氏印譜序》、④《戰國時秦用籀文六國用古文説》⑤等文都有相近的表述，且有較具體的論證。王國維認識到了

---

① 參看裘錫圭：《文字學概要（修訂本）》，60 頁，商務印書館，2013 年。
② 以上參看裘錫圭：《吳大澂》，《文史叢稿》，171—173 頁，上海遠東出版社，1996 年。
③ 王國維：《觀堂集林》卷五。
④ 王國維：《觀堂集林》卷六。
⑤ 王國維：《觀堂集林》卷七。

戰國時代秦國文字與東方六國不同，所謂的古文是東方六國文字，從地域上對古文作出了限定，這是王國維超越前賢的地方。

王國維古文爲六國文字説提出以後，許多學者並不接受。如商承祚在《説文中之古文考》的前言中説："文字由進化而推衍，愈後則愈繁，故籀文詳于古文，篆文詳于籀文。"仍是遵從漢代學者的觀點，將古文的時代放在籀文之前。容庚、郭沫若、蔣善國、嚴一萍等人都曾對王説有所質疑，如嚴一萍認爲《説文》中的古文不是東土特有的文字，而只是一種日常使用的書體。①

近幾十年來，由於戰國文字資料大量出土，能與古文相印證的六國文字越來越多，王國維的古文是六國文字説已經極少有學者質疑了。

張政烺雖然同意王國維古文是戰國時代東方國家的文字的説法，但對"六國古文"的提法有所批評。他説："王國維作《戰國時秦用籀文六國用古文説》，有很好的意見。籀文行於秦可考而信。古文經出於鄒魯儒生之手，流傳於東方，也是事實。但是説有'六國古文'則未免武斷。當時……政治上沒有統一的政權，經濟上沒有統一的市場，不可能有六國共同使用的文字。王國維習於戰國縱橫家言，以'合縱'與秦對立，不知道軍事聯合是一時的，語言文字自發地統一則需要較長的時間和一定的條件。"②按"六國古文"是戰國時代除秦以外東方各國所用文字的統稱，當時確實沒有一種統一的六國文字。這一點，王國維應該是清楚的，只是因爲當時戰國文字資料還不够豐富，不能像今天這樣分辨出各國文字之間的不同，所以古文是六國文字的提法是可以接受的。

王國維在《桐鄉徐氏印譜序》中説："近世所出，如六國兵器，數幾逾百。其餘若貨幣，若璽印，若陶器，其數乃以千計，而魏石經及《説文解字》所出之壁中古文，亦爲當時齊、魯間書。"③可知王國維古文是六國文字的提法應是求穩妥，其實他對古文的具體國別也有明確的意見，即古文是戰國時代的齊

---

① 詳參林素清：《〈説文〉古籀文重探——兼論王國維〈戰國時秦用籀文六國用古文説〉》，《"中研院"歷史語言研究所集刊》第五十八本第一分，1987年。
② 張政烺：《張政烺文集·苑峰雜著》，129頁，中華書局，2012年。
③ 王國維：《觀堂集林》卷六。

魯文字。他得出這個結論應該是根據古文經發現的地點。

　　王國維古文是齊魯文字的觀點，後人並未特別留意，故後來不斷有人重複提出相近觀點，如張政烺説："許慎所謂古文大約就是鄒魯（也許還有齊）儒生習用的文字。"[①]何琳儀説："以現代文字學的眼光看，壁中書屬齊魯系竹簡。"[②]

　　由於近年來楚簡大量出土，對古文的國别屬性又有了不同意見，即認爲古文是屬於戰國時的楚文字。提出這一意見的主要是李學勤，他説："所謂'古《尚書》'，即指漢代前期孔壁發現的古文竹簡《尚書》，傳説是孔子後裔在秦代下令焚書時壁藏起來的。孔壁在曲阜，曲阜原爲魯都。魯國在公元前二五六年已被楚國吞并，因而曲阜屢有戰國晚年的楚國文物出土。孔家壁藏的竹簡書籍，很可能是用楚文字書寫的，從孔壁流傳的古文和郭店簡類似是自然的。"[③]何立民《也談"孔壁古文"》一文也認爲孔壁古文字形與戰國晚期楚國文字相似。[④]

　　馮勝君《論郭店簡〈唐虞之道〉、〈忠信之道〉、〈語叢〉一～三以及上博簡〈緇衣〉爲具有齊系文字特點的抄本》[⑤]（以下提到此文時，均簡稱爲"馮文"）所附表二列出了 429 例能與戰國文字對照的《説文》古文和石經古文，又從中選出 26 例能反映地域特徵的字形，發現與齊系文字相合的有 18 例，因而認爲《説文》古文、石經古文所反映的基本上是齊魯文字的特點(51 頁)。馮文支持了王國維的觀點。

　　目前爲止，還没有人對漢代人所謂的古文作過全面、細緻的研究。我們認爲，對古文的性質問題仍有作進一步研究的必要。本書將綜合流傳至今

---

① 張政烺：《張政烺文集·苑峰雜著》，129 頁。
② 何琳儀：《戰國文字通論(訂補)》，45 頁，江蘇教育出版社，2003 年。
③ 李學勤：《郭店楚簡與儒家經籍》，《中國哲學》第二十輯，20 頁，遼寧教育出版社，1999 年。李學勤後來對這一觀點有所修正，詳下文(315 頁注①)。
④ 何立民：《也談"孔壁古文"》，《山東行政學院山東省經濟管理幹部學院學報》2004 年第 1 期，126 頁。
⑤ 此文是 2004 年北京大學博士後研究工作報告。本書較多地參考了該文所做工作，在此謹向作者表示謝意。

的絕大部分漢代古文材料，作逐字的分析考察，力圖在前人研究的基礎上，對古文的性質問題作出合乎實際的回答。

除了古文的性質問題以外，對古文本身包括字形和用字的分析也是本書的重要目的。

漢人所謂古文，今日所見材料大致包括《説文》古文、三體石經古文和漢代經注中的古文，《汗簡》和《古文四聲韻》所引也有一些不見於《説文》和今存三體石經而可信爲傳自漢代的古文（關於古文的材料詳本章第四節）。對《説文》古文作全面研究的著作，有胡小石的《説文古文考》、舒連景的《説文古文疏證》和商承祚的《説文中之古文考》。以上三書作於二十世紀二三十年代，時代較早。近些年來的研究論著，有邱德修《説文解字古文釋形考述》（學生書局 1974 年，未見），何琳儀《戰國文字與傳抄古文》第二節"《説文》古文"（《古文字研究》第十五輯，又收入《戰國文字通論》，有增補），李天虹《説文古文新證》（《江漢考古》1995 年第 2 期），趙平安《〈説文〉古文考辨（五篇）》（《河北大學學報（哲學社會科學版）》1998 年第 1 期），李守奎《〈説文〉古文與楚文字互證三則》（《古文字研究》第二十四輯），張學城《〈説文〉古文研究》（上海古籍出版社 2017 年）等。研究三體石經古文的，有王國維《魏石經殘石考》，章太炎《新出三體石經考》，孫海波《魏三字石經集錄·古文》，邱德修《魏石經古文釋形考述》（學生書局 1977 年，未見），吕振端《魏三體石經殘字集證》，何琳儀《戰國文字與傳抄古文》第三節"三體石經古文"（《古文字研究》第十五輯，又收入《戰國文字通論》，有增補），王慧《魏石經古文集釋》（安徽大學碩士學位論文 2004 年），趙立偉《魏三體石經古文輯證》（社會科學文獻出版社 2007 年）等。研究漢代經注中的古文的，有清人胡承珙《儀禮古今文疏義》，徐養原《儀禮今古文異同疏證》《周官故書攷》，宋世犖《周禮故書疏證》，范常喜《鄭玄注"古文"新證》（中山大學博士學位論文 2007 年）等。研究《汗簡》和《古文四聲韻》的，清代有鄭珍的《汗簡箋正》，近年有黃錫全《汗簡注釋》（武漢大學出版社 1990 年），許學仁《古文四聲韻古文研究·古文合證篇》（文史哲出版社 1997 年），王丹《〈汗簡〉、〈古文四聲韻〉新證》（上海古籍出版社 2015 年），李春桃《古文異體關係整理與研究》（中華書局 2016 年），徐海東

《〈古文四聲韻〉疏證·上編》(西南師範大學出版社 2020 年),李春桃《傳抄古文綜合研究》(上海古籍出版社 2021 年)等。上舉研究著作大多數寫作年代偏早,難免有局限性。我們現在所能看到的古文字材料遠遠多於前人,尤其是近年新出的郭店簡、上博簡、清華簡和安大簡,材料非常豐富。利用新出的古文字材料,我們能爲以前無可徵驗的古文找到印證,能對以前無解的古文字形作出解釋,或者弄清字形的來龍去脉,或者找出其所從訛變的字形。所以,對古文本身的重新考察也是很有必要的。

本章的下兩節要對相關問題包括古文經和魏石經的一些情況作必要的交代。最後一節是對本書研究對象的若干説明。第二至四章是對古文字形或用法的逐字考察,既是本書的重要目的,也是第五章的立論基礎。第五章即總結第二至四章的内容,對古文的性質作出判斷。

二、古文經的發現和流傳

自平王東遷,周王朝就喪失了對諸侯國的統治能力,出現禮樂征伐自諸侯出的局面。但在春秋時期,大國爭霸還以尊王相號召,還必須承認周天子的共主地位。至戰國時代,經過幾百年的兼併戰争,逐漸形成了秦、楚、齊、燕、韓、趙、魏七國並稱王的局面,政治上完全分裂。政治上的分裂,必然導致文化上的分裂,正如許慎《説文解字·叙》所説:"諸侯力政,不統於王。……分爲七國,田疇異畝,車涂異軌,律令異法,衣冠異制,言語異聲,文字異形。"其中文字異形的情況,今天我們已經有了比較清楚的認識。

如果政治上的分裂一直繼續下去,各國文字肯定也將朝着各自的發展方向繼續演變,差別應該會越來越大,就像今天西方的字母文字,雖然同源,但分化成了若干種字母。但戰國時代只持續了兩百多年,最終是由居於西方的秦國蠶滅了東方的大小各國,政治上重新得到了統一。政治上的統一,勢必要求文化上的統一。秦在統一的過程中,便在新的占領區推行秦法,自然包括推行秦文字;完成統一的當年,更明確下達了"書同文字"

的詔令。①《説文解字·叙》稱："秦始皇帝初兼天下，丞相李斯乃奏同之，罷其不與秦文合者。"與秦文字不同的各國文字便遭到了被拋棄的命運。秦法向來嚴酷，恐怕六國遺民誰也不敢有意學習使用原來的本國文字。所以，雖然秦對全國的統治只持續了短短的十五年，但却足以使一代人養成書寫習慣，秦文字不但没有隨着秦的滅亡而滅亡，反而深深地扎下了根，成爲整個華夏民族的文字，並由古隸、八分一路發展到楷書。

秦末首義的陳勝、吴廣是楚人，滅秦的中堅西楚霸王項羽是楚人，漢王朝的建立者劉邦集團也是楚人。但新生的漢朝所確定的各項政策，除了思想上崇尚黄老學説、與秦的奉行法家思想不同外，其他方面如官制、曆法都基本承襲秦制，文字上也不例外，因爲别無選擇。如果他們還能使用楚文字的話，恐怕是會選擇推行楚文字的。

雖説漢承秦制，但漢在思想文化政策上畢竟與秦有很大差别。秦滅絶詩書百家語，實行以吏爲師的法家政策，而漢吸取秦速亡的教訓，采取了較爲寬鬆的文化政策。惠帝四年，除挾書律，②使民間從此能自由藏書。《漢書·藝文志》稱："漢興，改秦之敗，大收篇籍，廣開獻書之路。"在政府的鼓勵下，民間私藏的書籍紛紛復出；漢武帝獨尊儒術，對儒家著作的搜求更是不遺餘力。這些書籍中必有不少是用戰國時代的非秦文字抄寫的本子。這樣，本已滅絶不傳的六國文字竟有了重見天日的機會。當時的人離戰國時代還不遠，有些還是戰國時代的遺民，認讀六國文字應該不會像我們今天這樣困難。而當時的人已經習用秦文字，也就是我們今天看到的秦和西漢初年簡帛中所用的那種古隸。那麼，使用六國文字的原本被轉寫成秦文字（古隸）的抄本是勢所必然的。但有一種書，即儒家的經書，因爲受到特别的重視，被原樣摹寫流傳的機會比其他書籍大很多。下面就簡單地綜述一下漢代古文經書的發現和流傳情況。

孔壁中書是最著名的一次發現，記載如下：

---

① 見《史記·秦始皇本紀》。
② 《漢書·惠帝紀》："四年，……三月甲子，皇帝冠，赦天下，省法令妨吏民者，除挾書律。"注：應劭曰："挾，藏也。"張晏曰："秦律，敢有挾書者族。"

　　《漢書·藝文志》:"《古文尚書》者,出孔子壁中。武帝末,魯共王壞孔子宅,欲以廣其宮,而得《古文尚書》及《禮記》、①《論語》、《孝經》,凡數十篇,皆古字也。共王往入其宅,聞鼓琴瑟鍾磬之聲,於是懼,乃止不壞。孔安國者,孔子後也,悉得其書,以考二十九篇,得多十六篇。"《漢書·楚元王傳》載劉歆移書讓太常博士:"及魯恭王壞孔子宅,欲以爲宮,而得古文於壞壁之中,《逸禮》有三十九,《書》十六篇。"《漢書·景十三王傳·魯恭王傳》:"恭王初好治宮室,壞孔子舊宅以廣其宮,聞鐘磬琴瑟之聲,遂不敢復壞,於其壁中得古文經傳。"許慎《説文解字·叙》:"壁中書者,魯恭王壞孔子宅,而得《禮記》《尚書》《春秋》《論語》《孝經》。"另外,《漢書·藝文志》在"《論語》古二十一篇"下注明"出孔子壁中",總述《孝經》時説:"經文皆同,唯孔氏壁中古文爲異。"《禮》類總述説:"《禮》古經者,出於魯淹中及孔氏。""孔氏"義爲孔家,但據上引劉歆文,所謂"孔氏"實亦指孔壁。

　　孔壁中書發現的時間,前人多有考證。上引《漢志》説是武帝末,肯定是錯誤的。因爲據《魯恭王傳》,魯恭王餘以景帝前二年立爲淮陽王,次年徙王魯,立二十八年而薨,此時才到武帝初年,不可能會在武帝末年時壞孔子宅。另外上引《魯恭王傳》説魯恭王"初好治宮室"云云,壞孔子宅應在他在位的初年,大概尚未到武帝時代。那麼,孔子壁中書發現的時間應該在景帝末。②《論衡·佚文篇》説"孝武皇帝封弟爲魯恭王,恭王壞孔子宅以爲宮,得佚《尚書》百篇"云云,連基本的史實都錯了,更不足憑信。

　　孔壁中書的內容,據上引《漢志》,有《尚書》《禮記》《論語》和《孝經》。《尚書》四十六卷,比伏生所傳多出十六篇。所謂"禮記",當包含《禮經》和《記》;《禮》古經五十六卷,比高堂生所傳多出三十九篇;《漢志》著錄《禮》之《記》百三十一篇,其中應有出於孔壁者。《論語》有二十一篇,與《齊論語》的二十二篇和《魯論語》的二十篇均不同。《孝經》有二十二章,多於十八章的今文《孝經》。《説文解字·叙》所稱多出了《春秋》,應指《春秋經》。《漢志》

---

① 《禮記》,也可以標點爲:《禮》《記》。下兩處"《禮記》"同。
② 劉汝霖《漢晉學術編年》(卷一,82頁,中華書局,1987年)把發現孔壁中書的時間定在景帝後元三年。

只說"《春秋》古經十二篇"，未明言出處。《説文解字·叙》段玉裁注説："據許氏下云北平侯張蒼獻《春秋左氏傳》，意經傳皆其所獻。古經與傳別，然則班云《春秋》古經十二篇，左氏傳三十卷，皆謂蒼所獻也。而許以經系之孔壁，以傳系之北平侯，恐非事實。或謂'春秋'二字衍文。"《漢志》是否認爲《春秋》經傳皆張蒼所獻，不可知，但段氏認爲《春秋經》不出孔壁是可信的。《論衡·佚文篇》謂孔壁書中有《春秋》三十篇（指《左傳》），更不足爲據。蓋東漢時人已對孔壁中書的内容不甚了了，傾向於將古文經都歸在孔壁名下。

《漢書·景十三王傳·河間獻王傳》："河間獻王德以孝景前二年立。修學好古，實事求是。從民得善書，必爲好寫與之，留其真，加金帛賜以招之。繇是四方道術之人不遠千里，或有先祖舊書，多奉以奏獻王者，故得書多，與漢朝等。是時，淮南王安亦好書，所招致率多浮辯。獻王所得書皆古文先秦舊書，《周官》《尚書》《禮》《禮記》《孟子》《老子》之屬，皆經傳説記，七十子之徒所論。"這是河間獻王得書的情況。

《漢書·藝文志》的《禮》類總述説："《禮》古經者，出於魯淹中及孔氏。"上説孔氏即指孔壁，這是《禮》古經的一個出處，另一個出處就是魯淹中。顏師古注引蘇林曰："里名也。"知淹中是魯國的一個里。

《尚書正義·尚書序》疏："馬融云：'《泰誓》後得。'鄭玄《書論》亦云民間得《泰誓》。《别録》曰：'武帝末，民有得《泰誓》書於壁内者，獻之，與博士，使讀説之，數月皆起傳以教人。'"《漢書·楚元王傳》所載劉歆讓太常博士書："至孝武皇帝，然後鄒、魯、梁、趙頗有《詩》《禮》《春秋》先師，皆起於建元之間。……《泰誓》後得，博士集而讀之。……時漢興已七八十年。"《論衡·正説》："至孝宣皇帝之時，河内女子發老屋，得逸《易》《禮》《尚書》各一篇，奏之，宣帝下示博士，然后《易》《禮》《尚書》各益一篇。"據《尚書正義》所引劉向《别録》等和《漢書》所載劉歆之語，可知在武帝末民間發現《泰誓》，《論衡》未明言篇目，但具體到是河内女子發老屋所得，又誤爲宣帝時。此《泰誓》原本可能是古文本。

《説文解字·叙》在解釋古文時説"又北平侯張蒼獻《春秋左氏傳》"，可知許慎認爲張蒼所獻的《左傳》是古文本。但《史記》《漢書》並未載張蒼獻

《左傳》事。

除上述幾項外，還應有漢朝廷另外所得的古文經。《漢書·藝文志》："漢興，改秦之敗，大收篇籍，廣開獻書之路。迄孝武世，書缺簡脱，禮壞樂崩，聖上喟然而稱曰：'朕甚閔焉！'於是建藏書之策，置寫書之官，下及諸子傳說，皆充祕府。至成帝時，以書頗散亡，使謁者陳農求遺書於天下。"充秘府的書中應該有不少是古文經，這其中除了上述孔壁中書等，還應有另外未見記載的來源。如《漢書·藝文志》稱："劉向以中古文《易經》校施、孟、梁丘經，或脱去'無咎''悔亡'，唯費氏經與古文同。"中古文《易經》即漢朝皇家秘府所藏的古文本《易經》。《漢書·楚元王傳》附《劉歆傳》："及歆校祕書，見古文《春秋左氏傳》，歆大好之。"這秘府所藏古文本的《左傳》可能就是張蒼所獻，但也不能排除有其他來源的可能性。《漢書·儒林傳》："世所傳百兩篇者，出東萊張霸，分析合二十九篇以爲數十，又采《左氏傳》《書叙》爲作首尾，凡百二篇。篇或數簡，文意淺陋。成帝時求其古文者，霸以能爲百兩徵，以中書校之，非是。"《論衡·佚文篇》稱："孝成皇帝讀百篇《尚書》，博士、郎吏莫能曉知，徵天下能爲《尚書》者。東海張霸通《左氏春秋》，案百篇序，以《左氏》訓詁，造作百二篇，具成奏上。成帝出祕《尚書》以考校之，無一字相應者。"可能漢朝秘府有百篇本的古文《尚書》，不過無人能通讀。

下面分《尚書》《禮》《論語》《孝經》簡述古文經書的流傳情況。

上引《漢書·藝文志》講到孔壁中書時說，"孔安國者，孔子後也，悉得其書"，即孔壁中書都曾被孔安國收藏，據上引《漢書·楚元王傳》所載劉歆讓太常博士書，至武帝末年的天漢之後才獻給朝廷。[①]《史記·儒林列傳》："孔氏有《古文尚書》，而安國以今文讀之，因以起其家。"孔安國把他得到的《古文尚書》釋寫成當時的隸書以傳授，司馬遷曾向其問故。據《漢書·儒林傳》，孔安國授《古文尚書》於都尉朝，都尉朝授庸生，庸生授胡常，胡常授徐敖，徐敖授王璜、塗惲，塗惲授桑欽。又據《後漢書》卷三十六《賈逵傳》，塗惲

---

① 白新良《孔安國獻書考》(《中國歷史文獻集刊》第四集，岳麓書社，1984 年) 認爲孔安國獻書是在武帝初年。

授賈逵之父賈徽。平帝時，《古文尚書》立於學官，傳習漸盛。杜林是東漢傳《古文尚書》的重要人物。據《後漢書》卷二十七《杜林傳》，杜林是張敞的外孫之子，家中多書，曾向張敞之孫竦問學。王莽亂時，避難河西，得漆書《古文尚書》一卷，"常寶愛之，雖遭難困，握持不離身"。此漆書《古文尚書》一卷應該是《古文尚書》的民間傳抄本，但僅有一卷而已。據《杜林傳》，杜林傳《古文尚書》於衛宏、徐巡。後賈逵作訓，馬融作傳，鄭玄注解，"由是《古文尚書》遂顯于世"（《經典釋文·序録》）。《經典釋文·序録》著録《古文尚書》馬融注十一卷、鄭玄注九卷，《隋書·經籍志》《舊唐書·經籍志》《新唐書·藝文志》並同。可知馬、鄭所注《古文尚書》到宋代才亡佚。

　　兩漢立於學官的《尚書》是二十九篇，而孔壁《古文尚書》又另外多出了十六篇，這十六篇稱爲"逸書"。《尚書正義》在《堯典》篇題下引馬融《書叙》説："逸十六篇，絕無師説。"可知至少杜林以來東漢人傳習的《古文尚書》只有同於今文的二十九篇，而逸十六篇可能很早就亡佚了。《尚書正義·武成》疏引鄭玄説："《武成》，逸書，建武之際亡。"清人宋翔鳳認爲建武之際逸十六篇並亡。①

　　上文提到孔安國用隸書轉寫孔壁《古文尚書》以傳授，所以《古文尚書》雖名爲古文，實際上主要是以隸書字體的形式流傳的。馬、鄭所注《古文尚書》一直流傳到了唐代，不可能是古文原貌。但是，原樣摹寫古文的本子肯定同時存在，只是不普遍。杜林在河西得到漆書《古文尚書》一卷，視若至寶，這個本子不全，只是因爲用古文寫的才可貴。許慎曾從賈逵受古學（見《説文解字》所附許冲《上説文解字表》），他可能從賈逵處得到了古文寫的本子，才能把《古文尚書》中的古文原樣采入《説文解字》之中。

　　據上文，孔壁中書、河間獻王得書都有古文《禮經》和《禮記》，古文《禮經》又出於魯淹中。古文《禮經》有五十六篇，比今文十七篇多出三十九篇，稱爲"逸禮"。據《漢書·儒林傳·贊》，平帝時，《逸禮》與《古文尚書》等一起立於學官。東漢時《逸禮》未立學官，故傳習不顯。錢玄認爲《逸禮》大約亡

---

① 蔣善國：《尚書綜述》，44 頁注 7，上海古籍出版社，1988 年。

於魏晉之時。[①] 但《逸禮》中的個別篇目被編入今傳大、小戴《禮記》，如小戴《禮記》有《奔喪》，《禮記正義·奔喪》題下引鄭玄《三禮目録》説："實逸《曲禮》之正篇也。漢興後，得古文，而禮家又貪其説，因合於《禮記》耳。"[②]古文《禮經》與今文相同的十七篇流傳應較廣，這與《古文尚書》只傳二十九篇是同樣的情況。武威漢簡《儀禮》是西漢末年的本子，沈文倬對照今本《儀禮》，認爲是古文或本。[③] 鄭玄注十七篇《儀禮》，能分辨古文、今文，手頭應有古文本《儀禮》。《漢書·藝文志》著録《記》百三十一篇，其中當有出於古文者。今傳大、小戴《禮記》哪些篇出於古文《禮記》，已不可知。

《古論語》出孔壁後，歸孔安國（參上）。《經典釋文·序録》説："孔安國爲傳，後漢馬融亦注之。……鄭玄就《魯論》張、包、周之篇章，考之齊、古爲之注焉。魏吏部尚書何晏集孔安國、包咸、周氏、馬融、鄭玄、陳群、王肅、周生烈之説，并下己意，爲《集解》。"完整的《古論語》可能在魏晉之時亡佚了。《隋書·經籍志》説"梁有《古文論語》十卷，鄭玄注"，鄭玄並未注《古文論語》，此係僞作。

《漢書·藝文志》著録《孝經》古孔氏一篇二十二章。所謂"《孝經》古孔氏"，當指孔安國作傳的《古文孝經》。桓譚《新論》説："《古孝經》一卷二十章，千八百七十二字，今異者四百餘字。"（《太平御覽》卷六〇八引，"二十章"應是"二十二章"之誤）《經典釋文·序録》稱："後漢馬融亦作《古文孝經傳》，而世不傳。"《説文解字》所附許冲《上説文解字表》説："慎又學《孝經孔氏古文説》。《古文孝經》者，孝昭帝時魯國三老所獻。建武時，給事中議郎衛宏所校，皆口傳，官無其説。謹撰具一篇并上。"段玉裁注説，昭帝時魯國三老所獻《古文孝經》即孔壁所出。許慎的《孝經孔氏古文説》亦世不傳。《隋書·經籍志》著録《古文孝經》一卷，注云："孔安國傳。梁末亡逸，今疑非古本。"又説："梁代，安國及鄭氏二家，並立國學，而安國之本，亡於梁亂。陳及周、齊，唯傳鄭氏。至隋，祕書監王劭於京師訪得《孔傳》，送至河間劉炫。炫

---

① 錢玄：《三禮通論》，15 頁，南京師範大學出版社，1996 年。

② 錢玄：《三禮通論》，16 頁。

③ 沈文倬：《宗周禮樂文明考論》，244 頁，杭州大學出版社，1999 年。

因序其得喪，述其議疏，講於人間，漸聞朝廷，後遂著令，與鄭氏並立。儒者諠諠，皆云炫自作之，非孔舊本，而祕府又先無其書。"説明真《古文孝經》最晚在梁末就已亡佚，今傳《古文孝經》是僞本。①

三、魏三體石經古文的來源、内容、流傳及其重新發現

東漢立於學官的十四博士都是今文經學，古文之學主要以私學的形式傳習，但漸成學術的主流。曹魏代漢後，古文之學取代今文成爲官學。漢靈帝熹平年間，刻《周易》《尚書》《詩經》《儀禮》《春秋》《公羊傳》《論語》經傳七種於石，②立於太學，所刻都是今文本。曹魏立古文經後，太學石經只有今文顯然不合時宜，所以到廢帝齊王芳正始年間，遂刊刻古文經於石，與今文經並立太學。

魏正始年間所刻石經用了古文、小篆、隸書三種字體，所以被稱作三體石經或三字石經。但應該注意，無論哪一種字體，刻的都是古文家的本子，不是今文本。即使當初只刻隸書一體，也還是古文本。

魏石經古文字體的來源，前人已多有論述。

《晉書》卷三十六《衛瓘傳》載衛恒所著《四體書勢》云："魏初傳古文者，出於邯鄲淳。恒祖敬侯寫淳《尚書》，後以示淳，而淳不別。至正始中，立三字石經，轉失淳法，因科斗之名，遂效其形。"《魏書》卷九十一《江式傳》載江式上表云："陳留邯鄲淳亦與揖（按：指張揖）同時，博古開藝，特善《倉》《雅》，許氏字指，八體六書，精究閑理，有名於揖，以書教諸皇子。又建三字石經於漢碑之西，其文蔚炳，三體復宣。"章太炎考證，邯鄲淳與蔡邕年齒相若，但淳

---

① 今存《古文孝經孔氏傳》，清代從日本傳入，收入《知不足齋叢書》和《四庫全書》。其書二十二章，除僅二十四字的閨門章外，其他多出的章數都由割裂十八章本而來，與桓譚所説"今異者四百餘字"不符。
② 熹平石經之經數，參看馬衡：《凡將齋金石叢稿》，202頁，中華書局，1977年。

身入魏初,魏文帝時爲博士給事中。① 邯鄲淳善小學書法,衛恒祖父衛覬(亦仕漢魏兩朝)蓋曾學書於淳,《三國志》卷二十一《衛覬傳》稱覬"好古文、鳥篆、隸、草,無所不善"。至正始年間,邯鄲淳、衛覬都已身殁。章太炎認爲當時書丹入石者即邯鄲淳、衛覬的弟子輩,書法雖不逮,而所據即邯鄲淳之所書,故江式直稱是邯鄲淳建三字石經。

　　三體石經的内容,主要是《尚書》和《春秋經》。《尚書》當即馬、鄭所傳的二十九篇《古文尚書》,關於《古文尚書》已詳論於上。《春秋經》當即《漢書·藝文志》所著録的十二篇本的《春秋古經》,而不是今文家的十一篇本。《春秋古經》的來源不是很明確。《説文解字·叙》歸入孔壁中書,不可信;段玉裁疑與《左傳》並由張蒼所獻(詳上文)。《漢書·楚元王傳》附《劉歆傳》稱歆校秘書時,見古文《春秋左氏傳》,可能中秘亦有古文《春秋經》。鄭衆注《周禮》也引過古文《春秋經》,《周禮·春官·小宗伯》注:"鄭司農云:'立讀爲位。'古者立、位同字,古文《春秋經》'公即位'爲'公即立'。"

　　除《尚書》《春秋經》外,尚有少量其他内容。

　　《隸續》所録三體石經有《左傳》桓公七年九字、《左傳》桓公十七年二十六字,王國維疑當時刻《左傳》而未得十之二三。② 馬衡認爲《隸續》所收《左傳》遺字是試刻,不是正式刻文。③ 其説可信。還有《論語》《急就篇》以及其他出處不明的殘石,均屬隻言片語,可能都是試刻。

　　魏石經的正式格式是每行二十字,每字有三體,直下。另有品字式,即古文居上,篆、隸分列下方,形成品字形。品字式只見於《尚書》開頭的兩篇《堯典》和《皋陶謨》(三體直下式也有這兩篇)。另有古文一體殘石、古篆二體殘石。

　　三體石經刻成後,與漢熹平石經並立於洛陽太學。約六十年後,值永嘉之亂,王彌、劉聰陷洛陽,焚毁二學(《晉書》卷一百《王彌傳》),石經應已有所損毁。《魏書》卷八十三上《馮熙傳》稱:"洛陽雖經破亂,而舊三字石經宛然

---

① 見章太炎:《新出三體石經考》,《章太炎全集(七)》,上海人民出版社,1999年。下引章説同。
② 王國維:《魏石經考二》,《觀堂集林》卷二十。
③ 馬衡:《凡將齋金石叢稿》,222—223頁。

猶在,至熙與常伯夫相繼爲州,廢毀分用,大至頹落。"知北魏時石經已被嚴重損毀,七零八落地分散了。東魏孝静帝武定四年八月,移洛陽漢魏石經於鄴(當指殘存者。見《魏書·孝静帝紀》)。北周大象元年二月,又自鄴還徙洛陽(《周書·宣帝紀》)。《隋書·經籍志》稱:"至隋開皇六年,又自鄴京載入長安,置於祕書内省,議欲補緝,立於國學。尋屬隋亂,事遂寝廢,營造之司,因用爲柱礎。貞觀初,祕書監臣魏徵,始收聚之,十不存一。"《隋志》所説遺漏自鄴還徙洛陽一節。可知包括魏石經在内的漢魏石經歷經四五百年的風雨滄桑後,到唐初已所剩無幾了。

以上是魏石經原石的流傳情況,此外另有拓本流傳。《隋書·經籍志》著錄有《三字石經尚書》九卷,又有五卷本,注稱梁有十三卷;《三字石經春秋》三卷,注稱梁有十二卷。王國維説:"觀其所存卷數,梁時所有魏石經《尚書》《春秋》均係完帙,當是後魏初年之物。"[1]但至唐初修《隋書》時已不全,以後漸至亡佚。

《隸續》卷四收錄所謂《魏三體石經左傳遺字》,謂是皇祐年間洛陽蘇望所刻,蘇望自稱從故相王文康家得拓本數紙。現在知道所謂《左傳遺字》是錯誤的,其中主要還是《尚書》和《春秋經》。郭忠恕《汗簡》和夏竦《古文四聲韻》亦收錄石經古文,收字多出蘇望刻本,應該有另外的來源。[2]《隸續》所錄和《汗簡》《古文四聲韻》所引石經古文,王國維認爲即出自流傳拓本之殘剩者。[3]

值得慶幸的是,清末以來,魏石經原石陸續有所發現。第一次是在1895年(光緒二十一年),發現於洛陽近郊的龍虎灘,爲《尚書·君奭》殘石,背面本有《春秋經》,但已殘毀。第二次是在1922年,發現於洛陽東南碑樓莊,殘石一面爲《尚書·無逸》《君奭》《多士》,一面爲《春秋經》僖公、文

---

① 王國維:《魏石經考四》,《觀堂集林》卷二十。
② 王國維《魏石經考四》統計《汗簡》引魏石經一百二十二字,見於蘇刻者七十四字。但王氏認爲郭、夏所見未必多於蘇望所見拓本,多出字是因爲蘇望所見拓本有磨泐不完者,蘇未刻,而郭、夏或能辨而錄之。其説頗牽强。
③ 王國維:《魏石經考四》,《觀堂集林》卷二十。

公。[①]　此後,小塊殘石陸續有發現,孫海波《魏三字石經集録·源流》稱"迄乎今日,碎石不下三四百方,亦一散於公私"。1945年,西安首次出土魏石經殘石,内容爲《尚書·康誥》,背面亦殘毁。至1957年,又發現一塊,内容一面爲《尚書·梓材》,一面爲《春秋經》成公。[②]

三體石經殘石發現後,陸續有著録,其中最重要的是孫海波的《魏三字石經集録》(1937年)。孫書收羅雖已大致完備,但即使不計後出的魏石經殘石,也仍有遺漏。邢義田、陳昭容《一方未見著録的魏三字石經殘石——史語所藏〈尚書·多士〉殘石簡介》(《古今論衡》第二期,1999年)一文公布了一塊以前未見著録的殘石。中村不折《禹域出土墨寶書法源流考》(中華書局2003年)13頁著録《尚書·立政》殘石一塊。商承祚《石刻篆文編》(中華書局1996年)有個別殘石溢出孫書之外。目前收集魏石經古文最爲完備的是施謝捷的《魏石經古文彙編》(未刊稿),本書研究石經古文所用材料即依據施書所收。[③]

四、關於本書研究對象的若干説明

《説文解字》"叙篆文",而"合以古、籀",是一部以篆文爲主而又兼采古文、籀文的字典。段玉裁説:"小篆之於古、籀,或仍之,或改之。仍者十之八九,省改者十之一二而已。仍則小篆皆古、籀也,故不更出古、籀;省改則古、籀非小篆也,故更出之。"(《説文》"一"字下注)這大致上是正確的。但我們要研究的是《説文》中那些異於小篆、籀文的所謂"古文",否則是没有意義的。我們所能確定許慎認爲是古文的字形有三類:一是標明是古文的重文,這佔絶大多數;二是注明是古文的字頭;三是同時有籀文重文和小篆重文的字頭。那些只有小篆重文的字頭可能是古文,但也可能是籀文,本書不列入考察對象。

---

① 參看孫海波:《魏三字石經集録·源流》;馬衡:《凡將齋金石叢稿》,221頁。
② 劉安國:《西安市出土的"正始三體石經"殘石》,《人文雜誌》1957年第3期。
③ 蒙施謝捷先生惠贈所作《魏石經古文彙編》的電子版,在此謹致謝意。

《説文》中，有些字頭實際上是另外一個字頭的異體字，而許慎誤分成了兩個字，很可能其中一個字頭其實是古文。如：《説文》三下攴部有"改"字，訓"撫"，且"讀與撫同"，在三體石經中"改"正用爲"撫"的古文，上博簡《曹沫之陣》3 號簡"撫有天下"之"撫"亦作"改"。可知《説文》列爲字頭的"改"很可能是"撫"的古文。但這類字頭許慎未明言是古文，我們把握起來有很大的困難，而且基本上在石經古文和《汗簡》《古文四聲韻》古文中出現了，故本書不作爲《説文》古文列入考察對象。

《説文》有些字頭可能來源於古文經。如《説文》十下夰部有"㚜"字，訓"嫚"，下引"《虞書》曰若丹朱㚜"，且説"讀若傲"。今《尚書·皋陶謨》"㚜"作"傲"，《漢書·楚元王傳》《論衡·問孔篇》《論衡·譴告篇》引作"敖"。《睡虎地秦墓竹簡·爲吏之道》19 號簡倨傲之"傲"作"敖"，而石經古文用"㚜"爲《春秋經》人名公孫敖之"敖"，上博簡《三德》11 號簡"毋㚜貧，毋笑刑"用"㚜"爲"傲"。① 可知倨傲之"傲"作"敖""傲"是秦漢文字的用字習慣，而作"㚜"則來源於古文經，是古文的用字習慣。這類字把握起來同樣有困難，也不列入本書的考察對象。

《説文》有兩個或體注明了出處。一個是"返"的或體，作𢌳，從彳，注明出《春秋傳》，也就是《左傳》。另一個是"畜"的或體，作𢏚，上從兹，注明出《魯郊禮》，《魯郊禮》可能是《逸禮》三十九篇之一。《逸禮》和《左傳》都有古文本（詳上文），那麼這兩個異體字其實應該是古文。從彳的"返"見於中山王器銘文（參看《金文編》98 頁）。這兩字也不列入第二章的考察對象，附記於此。

三體石經雖然刻於曹魏正始年間，但傳古文者邯鄲淳與蔡邕年紀相近，也可視爲漢代人（詳上文），且正始距漢亡不過二十年，所以我們把石經古文作爲漢人所謂古文來研究是合適的。

除了《説文》古文和石經古文，漢人經注中所稱古文也是古文的重要材料。有古文材料的漢人經注完整地流傳至今的有四種，包括《儀禮》注、《周

---

① 趙平安：《上博簡〈三德〉"毋㚜貧"解讀》，《簡帛語言文字研究》第三輯，巴蜀書社，2007 年；收入氏著《新出簡帛與古文字古文獻研究》，商務印書館，2009 年。

禮》注、《禮記》注和《毛詩》箋,都是漢末大儒鄭玄的著作。

《儀禮》有高堂生所傳、兩漢立於學官的今文《禮》,又有出自魯淹中和孔壁的古文《禮》(詳上文)。鄭玄注《儀禮》,不專守今文或古文。其正文或從今文,或從古文。注中注明古文作某,則可知正文從今文;注中注明今文作某,則可知正文是古文。《儀禮》古文和今文的不同,有不少是用詞或字句多寡的不同,這種情況不在本書的考察範圍之内,本書只考察字形和用字的不同。其他經注例此。

《周禮》原名《周官》,上引《漢書·河間獻王傳》記河間獻王所得先秦古文舊書中有《周官》一書。《經典釋文·序録》稱:“河間獻王開獻書之路,時有李氏上《周官》五篇,失事官一篇,乃購千金不得,取《考工記》以補之。”又説:“王莽時劉歆爲國師,始建立《周官》爲《周禮》。河南緱氏杜子春受業於歆,還教門徒好學之士,鄭興父子等多往師之。”鄭玄注《周禮》,多稱引杜子春及鄭興(注中稱鄭大夫)、鄭衆(注中稱鄭司農)之説。徐養原《周官故書攷》説:“《周禮》有故書、今書之别。疏謂劉向未校以前爲古文,既校以後爲今文,非也。以鄭注考之,凡杜子春、鄭大夫、鄭司農所據之本並是故書。故書、今書猶言舊本、新本耳。《周禮》乃古文之學,何今文之有! ……故書,壁中書;今書,爲隸古定。”徐説“故書、今書猶言舊本、新本”是正確的。因爲《周禮》並無古文本和今文本的對立,所以鄭玄不稱古文,而稱爲故書。《周禮》出現時的原本應是古文,但杜子春等傳授之本大概早已轉寫成隸書。徐以故書爲壁中書恐非事實,但故書確是較早的本子,比較接近原本,當能部分地反映原本的面貌。對於研究漢人所謂古文,《周禮》故書的價值應不遜於《儀禮》古文,所以本書把《周禮》故書也列入研究對象。《周禮》注也有個别地方稱古文,情況與故書有所不同。

《禮記》注和《毛詩》箋中的古文材料很少。

此外,《經典釋文》收録的《論語》鄭玄注中,有二十幾條注明“魯讀某,今從古”,可確知鄭注本《論語》正文這二十幾處是從古文本的。[①] 但或爲用詞

---

① 參看徐養原:《論語魯讀攷》,《清經解續編》卷五百二十五,上海書店影印,1988 年。

不同，或爲字句多寡不同，或因魯讀用假借字而從古文，對研究古文價值不大，所以本書不列入考察對象。《經典釋文・周易音義》有十一條注明古文作某，來源不明，本書也不列入考察對象。

除漢代經注外，今傳古書包括經書、子書甚至《漢書》這樣漢代的書，在正文中也保存了一些古文，但材料過於分散，又很難作絕對的判定，能判定的也是因爲有《説文》古文等的證明，所以本書不用這些材料。

《汗簡》和《古文四聲韻》是宋代人編的古文字典，是漢代以來所謂古文的總結集。這兩部字典中的古文的來源是複雜的。有些能與出土的古文字相印證，證明有可靠來源；有些與出土古文字不合，應出自後人的拼凑臆造。因爲材料太多，很難在短時間内作全面考察，故本書只選擇兩書所引的儒家經書中的古文作爲研究對象，作爲《説文》古文、石經古文和漢代經注中古文的補充材料。這些經書包括《周易》《尚書》《毛詩》《周禮》《禮記》《春秋》《論語》《孝經》《爾雅》共九種，其中《汗簡》中出於《尚書》的古文佔了大部分，《古文四聲韻》中《尚書》《孝經》古文佔了大部分，其他只佔一小部分。

敦煌殘卷《古文尚書》有一部分是隸古定寫本，有很多字是用隸定古文寫的，比如"時"作"旹"，"野"作"埜"，"慎"作"眘"，"五"作"乂"，"弼"作"弜"，"聞"作"䎽"，"哉"作"才"，"其"作"亓"，等等。[①] 這些隸定古文基本上在《汗簡》《古文四聲韻》所引《尚書》古文的範圍之内，爲避免重複，本書不考察敦煌殘卷《古文尚書》中的隸定古文。

---

① 參看吳福熙：《敦煌殘卷古文尚書校注》，甘肅人民出版社，1992年。

第二章 《説文》、石經古文的
逐字考察

　　本章逐字考察《説文》和石經古文。按《説文》的字序排列；《説文》所無的石經古文，按其對應的篆隸在《説文》中的字序排列；《説文》所無的石經古文，其對應的篆隸也是《説文》所無的，則置於所在部之末，如"洛"字置於彳部之末。石經古文依據施謝捷《魏石經古文彙編》一書，包括了清末以來出土的石經古文、《隸續》所録石經古文以及《汗簡》《古文四聲韻》所引的石經古文。出土石經已有某古文，則不再列出其在《隸續》和《汗簡》《古文四聲韻》中的字形，有價值的異形除外。殘損較甚的字形一般不收入。《説文》古文除了作爲重文的古文字形外，還包括許氏在該字下注明是古文的字頭，其下列出籀文、小篆而可以肯定許氏以爲古文的字頭；個別《汗簡》和《古文四聲韻》引而今本《説文》所無的字形也酌情列入；最後附列五個許氏在別的字下注明是古文的字頭和或體。

　　《汗簡》《古文四聲韻》所引《説文》字形右下分別括注"汗"和"韻"，出土石經古文字形右下括注"石"，《隸續》所録石經古文字形右下括注"隸石"，《汗簡》《古文四聲韻》所引石經古文字形右下分別括注"汗石"和"韻石"。

　　引鄭珍説，見《汗簡箋正》；引商承祚、胡小石和舒連景説分別見《説文中之古文考》《説文古文考》和《説文古文疏證》，都不再隨文出注。

　　引出土古文字，主要采用春秋戰國文字材料，特別是戰國文字；如無必要，就不引殷商西周文字。引《璽彙》《貨系》都注明國別；引《陶彙》，如果序號是"3."開頭的，都屬齊系陶文，不再隨文注明，其他都注明國別；引金文，如果從器名上比較容易辨別的，如中山國諸器、田齊諸器，不再注明國別，否則注明國別。

卷　　一

001. 一　弌　一（石）

數字"一"以及"二""三"，石經古文只作一横、兩横、三横之形，只是以横畫中間粗兩頭細與小篆爲區別。《説文》"一""二""三"的古文均加偏旁"弋"。加"弋"旁的原因頗令人費解。商承祚認爲是因爲"一""二""三"的筆畫太簡略，與他字不相稱，所以加"弋"旁以填密之。但問題是，填密的方法應該不止一種，爲什麼要選擇加"弋"旁？目前，出土古文字資料中，看到了"一"加"戈"旁而成的"弌"和"二"加"戈"旁而成的"弎"，"三"加"戈"旁的字形尚未見到。"弌"字見於郭店簡《緇衣》《窮達以時》《六德》等篇以及上博簡《彭祖》8 號簡，用法與"一"無異，而且《緇衣》和《彭祖》篇中"一""弌"錯出。"弎"字見於戰國時的襄安君釪（《集成》15.9606，燕器）、信陽 1-39 號簡①、郭店簡《語叢三》67 號簡以及上博簡《彭祖》8 號簡，用如"二"。《説文》的"弋"顯然是"戈"之變。西漢銅器代太夫人家壺銘文"弎"字仍從"戈"，未變爲從"弋"。② 東吳的禪國山碑中的"弎"字則已經變成從"弋"。③

西周晚期的五年琱生簋（《集成》8.4292）云："公宕其參，女則宕其貳；公宕其貳，女則宕其一。"一般釋貳爲"貳"，其字從戉從貝，右下加兩短横，會意、形聲之意不明。但是從文例來看，貳無疑就相當於後來的"貳"字。由於數字"一""二""三"筆畫簡單，容易出錯，古人往往喜歡用其他字來假借，如借"參"爲"三"，借"壹"爲"一"，貳也是"二"的假借字。秦簡"貳"作貳（《睡編》96 頁），仍保存了"戉"形；郭店簡《五行》48 號簡"上帝臨女，毋貳尔心"，其中"貳"的原形作戝，也保存了"戉"形。可以看出，戝是貳、貳的省形，而"弎"字又是戝之省。至於"弌"字，恐怕就是仿"弎"而構。古文字中常見借

---

① 《信陽楚墓》圖版中此字筆畫不清楚，像是"戈"；參看商承祚：《戰國楚竹簡匯編》，137 頁，25 號簡，齊魯書社，1995 年。

② 孫慰祖、徐谷甫：《秦漢金文彙編》，163 頁，上海書店出版社，1997 年。

③ 商承祚：《石刻篆文編》，1 頁。

"參"或"參"的省形"厽"爲"三",清華簡《越公其事》68 號簡及《成人》13、14 號簡用"疌"爲"三"(兩字讀音不近,其原因待考),從三從戈的"弎"並未見到,《説文》"三"的古文"弎"應該是更晚起的。

002. 元　𠑾(石)

石經"元"字古文的字形除了筆畫粗細變化上的特徵外,和小篆以及其他古文字中的"元"字基本相同。以下類似的情況都不再説明。

003. 天　𣍌(石)

004. 上　⏊ 丄(石)

⏊是《説文》正篆,作部首,並注明是古文。段玉裁改⏊爲二,謂:"古文上作二,故帝下旁下示下皆云從古文上,可以證古文本作二……各本誤以⏊爲古文……使下文從二之字皆無所統,'示'次於'二'之恉亦晦矣。"從《説文》本身的系統來看,段氏所改顯然是十分合理的。許慎在"帝"字下説:"二,古文上字。辛、示、辰、龍、童、音、章皆從古文上。"又在"辛""示""辰""亥""正"諸字下都説"二,古文上字",可證許慎確實是把上短下長兩橫之字視爲"上"字的古文。從出土古文字來看,這樣的"上"字是春秋以前的字形。而像春秋晚期的蔡侯申盤(《集成》16.10171)中的"上"字已經和後世隸楷的寫法相同了,戰國文字中的"上"字更是普遍如此作。[①] 石經古文"上"字的字形和小篆基本相同;與出土戰國文字中一般的"上"字相比,只是中間一筆故作曲折而已。那麼"丄"這個字形又如何解釋呢?何琳儀指出貨幣文字中有"上"作"丄"形(《貨系》1236、1244,三晉貨幣)。[②] 大概因爲"二"容易跟數字"二"相混,古人就把上面的一橫豎起來,造了"丄"字。而字形"上"可能就是糅合"二"和"丄"兩個字形而成的。[③]

005. 帝　𠕋 𣎵(石) 𠫼(石)

小徐本"帝"字古文的字形作𣎵,大徐本的字形微有訛誤。石經"帝"字

---

① 清華簡《四告》43 號簡"上帝"合文作𠕋,44 號簡作𠕋,"上"字作"二"形,字形存古,與楚簡中其他常見的"上帝"合文不同,十分罕見。

② 何琳儀:《戰國文字通論(訂補)》,45 頁。

③ 參看《説文解字詁林》,第二册 1008 頁,王筠《説文繫傳校録》。又商承祚説。

古文有二體，第一體出現於品字式，第二體出現於三字直下式。第二體比第一體多了中間的一橫飾筆。"帝"字的古文和小篆的區別在於古文上從一橫，而小篆上從兩橫。戰國文字中，"帝"字大多上從兩橫，但六國文字"帝"字都同石經古文第二形有中間一橫，是其與秦文字"帝"的區別所在。[①] 郭店簡《唐虞之道》9 號簡"帝"字作🔲，與石經古文第二形基本相同。

006. 旁 🔲 🔲

第二形小徐本作🔲，與大徐本的字形微異。甲骨文"旁"作🔲、🔲（《甲骨文編》4—5 頁），西周金文作🔲、🔲（《金文編》7 頁），春秋時吳器者減鐘作🔲（《集成》1.197、198），戰國時的梁十九年亡智鼎作🔲（《集成》5.2746），楚帛書作🔲（甲篇第五行），秦簡作🔲、🔲（《睡編》1 頁）。《説文》古文是訛變之形。如秦簡之🔲去掉上面一橫，再把所從"方"的一橫曲折，就很容易變成🔲。[②] 何琳儀指出，楚帛書的"旁"字與《説文》古文第二形近似。[③]

007. 下 🔲 🔲 (石)

"下"字的情況與"上"字完全相同。《説文》古文之形應從段玉裁改爲🔲。《説文》"丙"字下云："🔲，古文下字。"何琳儀指出古陶文有"下"字作"丁"形（見金祥恒《陶文編》1.2）。[④] 另見《貨系》3367、3368 等（齊刀幣）。

008. 示 🔲

商承祚説："此折其三筆，形義都乖。"胡小石、舒連景也都認爲🔲是訛體。按小徐本"示"字古文作🔲，尚不誤。出土石經"祥""神""祖"古文諸字所從"示"旁均作🔲。《汗簡》從示諸字，"示"旁有三筆都直的，如🔲（神）；有只曲中間一筆的，如🔲（禮）；有三筆都曲的，如🔲（祭）。可見這完全是後人摹寫時的一種筆勢，但像大徐本這樣三筆等長的，確實是走樣得比較屬害了。古文"示"字和小篆的區別在於其上從一橫而不從兩橫。六國文字中，這兩種寫法的"示"旁並存。

---

① 參看何琳儀：《戰國古文字典》，上冊 747—749 頁"帝"及从"帝"諸字。
② 參看李天虹：《説文古文新證》，《江漢考古》1995 年第 2 期，74—75 頁。
③ 何琳儀：《戰國古文字典》，上冊 717 頁。
④ 何琳儀：《戰國文字通論（訂補）》，45 頁。

009. 禮　

小徐本"禮"字古文字形作。"禮"之古文从古文"示"，从乙聲。何琳儀認爲九里墩鼓座銘文（《集成》2.429，楚器）之即此古文，[1]不一定可信。

010. 祂　(汗石)　(韻石)

前字引見《汗簡》卷上之一示部，後字引見《古文四聲韻》上聲紙韻"祂"字之下。兩字所从的"虎"與《説文》"虎"字古文字形相近，但都稍有不同。按《尚書》《春秋》甚至《左傳》中都未出現"祂"或"祂"，"祂"見於《爾雅》，"祂"見於《周易》。石經中出現此字比較可疑。

011. 祥　(石)

石經古文"祥"从古文"示"。

012. 祇　(石)

金文中此字屢見，都用爲"祇敬"之"祇"，如西周中期的史牆盤（《集成》16.10175），字形作；西周晚期的六年瑂生簋（《集成》8.4293），字形作；春秋晚期的蔡侯申鐘（《集成》1.211 等），字形作；戰國時的中山王方壺（《集成》15.9735），字形作；戰國時的匽侯載器（《集成》16.10583），字形作；《石鼓·作原》此字作；郭店簡《老子乙》12 號簡此字用爲"大音希聲"之"希"，字形作。石經古文此字亦用爲"祇"，其形與上舉六年瑂生簋、匽侯載器中的字形相近。郭沫若認爲此字象兩缶相抵，或象兩缶之間有物以墊之，是"抵"或"底"的本字。[2]

013. 神　(石)

《説文》"神"字小篆大徐本和小徐本不同。前者作，从籀文"申"；後者作，从小篆"申"。秦簡"神"字同小徐本（《睡編》2 頁）。石經古文所从"申"是小篆"申"。

014. 祡　

許云："古文祡，从隋省。"《汗簡》《古文四聲韻》引《古尚書》皆有此古文，

---

① 何琳儀：《戰國文字通論（訂補）》，45 頁。

② 郭沫若：《由壽縣蔡器論到蔡墓的年代》，《郭沫若全集·考古編》第六卷，88 頁，科學出版社，2002 年。

唯所从"示"旁作古文"示"之形。今本《尚書》"祡"作"柴"。"祡"音爲崇母支部開口，"隋"音爲定母歌部合口，其音不算近。鄔可晶疑此古文所从聲旁是古文字"骶"的表意初文之變體"膌"的誤識。[1] 其説可從。

015. 祖　祖（石）

石經"祖"字古文从古文"示"。《隸續》所録石經古文作■，脱去"且"之下横筆。

016. 禱　祇（汗石）　祇（韻石）　祇（韻石）　祇（韻石）　禱（韻石）

《古文四聲韻》所引第二個字形見上聲殘卷，第三和第四個字形見去聲，字頭誤作"禱"。《説文》作祇，是"禱"字的或體，不以爲古文。《古文四聲韻》引《説文》作祇（上聲殘卷作祇）。古文字中，"壽"字所从的聲符本作█（參看《金文編》590—595頁），或省變作█、█、█、█、█等形（參看《戰國古文字典》上册202—203頁）。《古文四聲韻》前三個字形右旁也都是訛變之形。包山248號簡"禱"字作█，與上列前四個字形相近；望山一號墓88、89等號簡"禱"字作█，與上列最後一個字形相近。

017. 社　社

小徐本作祉。段玉裁改从古文"示"。《汗簡》所引《古尚書》"社"字从古文"示"，《古文四聲韻》引《古孝經》同，而《古文四聲韻》引《説文》有从小篆"示"和古文"示"兩體，上聲殘卷則只有从小篆"示"一體。上文"祡"字，《説文》古文也是从小篆"示"。《論語·八佾》："哀公問社於宰我。宰我對曰：'夏后氏以松，殷人以柏，周人以栗。'"是三代之社中皆樹木，而所樹之木不同。許云："各樹其土所宜之木。"可見木與社的關係，所以"社"字古文可以从木。中山王𬰀鼎（《集成》5.2840）"社"作祉，新蔡甲三250、乙四76號簡"社"作祉，與《説文》古文基本同形。从木的"社"字，又見於上博簡《鬼神之明》2號簡背、《志書乃言》7號簡、清華簡《鄭文公問於太伯（甲本）》6號簡、《鄭文公問於太伯（乙本）》5號簡。清華簡《程寤》3號簡、《治政之道》7、16、43號簡、《禱辭》17、21號簡"社"字寫作"坐"，省"示"旁。

---

① 鄔可晶：《説"脊"、"骶"》，《出土文獻》第十三輯，172頁，中西書局，2018年。

018. 三 _{（石）}

參看 001"一"字條。

019. 王 _{（石）}

西周金文"王"字作王、王、王（《金文編》18—19 頁），末筆呈弧形；但西周晚期，"王"字已經或同小篆之形，而春秋戰國時"王"字一般都同小篆之形。但個別楚、越銘文中"王"字作、、（《金文編》20—21 頁），與《説文》古文相近，應該是一種美術化的筆法，而不是遠紹西周時的寫法。石經"王"字古文同小篆，和一般的戰國文字相合。《説文》"王"字的古文來源於西周金文的可能性比較大。

020. 皇 _{（石）}

《説文》小篆"皇"字作皇，上從自。此石經古文與秦文字"皇"字同形，與晉、齊、楚等系文字中的"皇"字都不同。①

021. 玉

《汗簡》古文"玉"字作，戰國楚簡文字"玉"字多作，兩形相較，前者顯係引長左右兩筆而來。《説文》古文的字形則是在傳抄中筆勢發生了變異。

022. 璿

古文"璿"從《説文》疏濬之"濬"的正篆（"濬"是古文），而小篆所從的"睿"，《説文》以爲"叡"的古文。段玉裁疑古文和小篆應互易，缺乏根據。關於古文右旁的字形，參看 681"睿"字條。《汗簡》從玉之字皆從古文"玉"。商承祚說，凡古文從玉之字應從古文"玉"，不當從篆文。其説非是。石經"瑕"之古文所從"玉"旁同篆文，見下。

023. 珇

許云："古文省。"按古文當是從目聲。《汗簡》古文作，右旁是《汗簡》"目"之古文的訛變。《汗簡》有意將古文的每一偏旁都改成古文之形。段玉裁據《玉篇》改古文爲珇，非是。"珇"見《古陶文字徵》155 頁，出自金祥恒

---

① 參看何琳儀：《戰國古文字典》，上冊 629—630 頁。

《陶文編》。

024. 泌　[古文字形]（汗）

今本《說文》無此古文，段玉裁據《玉篇》《汗簡》《古文四聲韻》補入。此形也可能是或體。

025. 瑕　[古文字形]（石）

石經"瑕"字古文从玉叚聲，"玉"旁形同篆文，寫在"叚"的下方。"叚"字，金文作[字形]、[字形]、[字形]等（《金文編》192 頁），秦簡作[字形]（《睡編》42 頁），石經古文字形與之俱相近。小篆的字形是訛體。

026. 玗　[古文字形]

古文从旱聲。"玗"見於《尚書·禹貢》。段玉裁注云："蓋壁中《尚書》如此作。干聲、旱聲，一也。"

027. 气　[古文字形]（汗）[古文字形]（韻）

《汗簡》和《古文四聲韻》引《說文》如此，釋爲"氣"，但《說文》"氣"作"气"，今置於"气"字下。今本《說文》無此古文。此古文从火旡聲。包山218 號簡、郭店簡《老子甲》35 號簡、《語叢一》48 號簡、上博簡《容成氏》30 號簡、《民之父母》12 號簡等"氣"作从火既聲之形。从火既聲的"氣"字，清華簡中亦常見。

028. 士　[古文字形]（石）

《汗簡》古文"士"字同此，《古文四聲韻》引《古老子》亦同。出土古文字未見這樣寫的"士"。鄭珍注《汗簡》，以爲是仿古文"玉"加左右兩筆。按漢碑"士"字或加左右兩筆，此古文之形當來自漢隸。

029. 中　[古文字形] [古文字形]（石）

《說文》"中"字小篆作[字形]，从口，段改爲[字形]，所改之形與古文字相合。《說文》古文之形不過曲篆文之豎筆，段以爲淺人所誤入。古文字中，一般用[字形]形爲"仲"，用加上斿形的[字形]、[字形]、[字形]等形爲"中"；而郭店簡《語叢一》19 和21 號簡用前者爲"中"，蓋混後者於前者。石經"中"字古文既用爲"仲"（《堯典》"羲仲"之"仲"），又用爲"中"（《堯典》"日中"之"中"等），與出土古文字的用法不合。其字形與中山王器銘文（參看《金文編》29 頁）、《璽彙》2688、

2689 等(晉璽)以及包山 35 號簡、郭店簡《語叢三》33 號簡"中"字相同。郭店簡《唐虞之道》5、16 號簡"中"作🀄，亦相近。石經古文寫法的"中"字，清華簡中亦常見。

030. 中 🀄 🀄(石)

許云："古文或以爲艸字。"石經古文僅存右上筆，正用爲"草"字。古文字單複往往無別。郭店簡《六德》12 號簡此字作🀄，亦用爲"草"。"中"用爲"草"，又見於《漢書》、《荀子》、漢高彪碑等。

031. 毒 🀄

小徐本作🀄，《汗簡》作🀄，《古文四聲韻》作🀄，皆从竹。大徐本从艸是从竹之訛，所从"畐"則是"𥝴"之訛。段玉裁改爲🀄，是；段云："从刀者，刀所以害人也。从𥝴爲聲。𥝴，厚也，讀若篤。"楚帛書丙篇二"可以出師築邑"、丙篇八"可以築室"，"築"字作🀄，與此形近，兩字皆从𥝴聲。古文字中"日"形有時變作"田"形，如"昔"字本从日，戰國文字則多从田作。此"毒"字古文也是"日"變爲"田"之例。參看 362"築"字條。

032. 莊 🀄

小徐本作🀄，《古文四聲韻》引《説文》作🀄。王國維以爲此即古文"葬"字，詳 040"葬"字條。郭店簡《語叢三》9 號簡"莊"作🀄，此古文應該是其訛體。郭店簡《尊德義》20 號簡、《性自命出》63 號簡用"壯"爲"莊"。郭店簡《緇衣》23 號簡、上博簡《緇衣》12 號簡用"妝"爲"莊后"之"莊"。謚號之"莊"，楚簡一般寫作"臧"。春秋中期趞亥鼎"宋莊公"之"莊"作🀄（《金文編》33 頁）。

033. 葛 🀄(石)

此古文見於《春秋經》，用作人名"介葛盧"之"葛"。上博簡《周易》43 號簡相當於今本"葛藟"之"葛"的字作🀄，《璽彙》2263、2264（晉璽）有字作🀄，都與此石經古文字形有關係。[①] 古璽之字用爲姓氏，即"葛"氏。又上博簡《采

_____

① 晉璽之字，《璽彙》釋作"蒜"，黃錫全釋作"蕥"（見《利用〈汗簡〉考釋古文字》，《古文字研究》第十五輯，138—139 頁，中華書局，1986 年），皆不可信（《璽彙》之隸定不誤）。

風曲目》1 號簡有字作■，上博簡《季康子問於孔子》8 號簡有字作■，陳劍並釋爲"葛"，①可信。此石經古文將"艸"旁（寫作"卉"）移至下方。安大簡《詩經》"葛"字出現七次，作■。清華簡《鄭文公問於太伯》地名"葛"作■（甲本8 號簡）。陳劍在《上博竹書"葛"字小考》一文中指出，這些讀爲"葛"的字皆從索。郭永秉、鄔可晶認爲所從"索"是"剌（割）"之省（新蔡葛陵簡甲三263 有不省的字形），作聲旁。②

034. 荆　■

貞簋"貞從王伐荆"，"荆"作■，方濬益説："荆，《説文》：'楚木也，從艸刑聲。'古文作■，■即■，傳寫者誤分爲二，改作■。其從艸者，蒙上文小篆之'荆'而誤。既云楚木，不當從艸。"方説見《綴遺齋彝器款識考釋》，《金文編》（35 頁）及舒連景皆引其説。舒連景又説："■象以刀除荆形，爲'荆'之最初象形字。過伯簋作■，師虎簋作■，蓋取'井'爲聲。"其説是。按史牆盤作■，已徑從刀井聲，小篆則又加意符"艸"。古文是把■本來連在刀上的刺形寫開，又加上意符"艸"。

035. 蒼　■(石)

石經古文從中從《説文》奇字"倉"。"中"可以用爲"艸"（見上 030"中"字條），作偏旁時自然也可以相通。郭店簡《緇衣》9 號簡和《語叢四》3、6 號簡"芒"字亦皆從中。《陶彙》3.865—870 有單字作■，左旁同此石經古文。參看 265"割"字條、327"倉"字條。

036. 荒　■(石)

037. 賣　■

段注本作■，大、小徐本把筆畫粘連了起來。許云："古文賣，象形。《論語》曰：'有荷臾（按：此即古文之隸定，小徐本作臾）而過孔氏之門。'"引《論語》在古文下，説明此古文是古文本《論語》的寫法。《説文》"貴"字下云："物

① 陳劍：《上博竹書"葛"字小考》，簡帛網，2006 年 3 月 10 日；收入氏著《戰國竹書論集》，183—188 頁，上海古籍出版社，2013 年。

② 郭永秉、鄔可晶：《説"索"、"剌"》，《出土文獻》第三輯，中西書局，2013 年；收入郭永秉《古文字與古文獻論集續編》，78—79、83 頁，上海古籍出版社，2015 年。

不賤也。从貝臾聲。臾，古文賣。"從古文字來看，許慎的解釋是錯誤的。金文"遺"作𣪠、𢧵、𢩵等形（《金文編》101—102 頁）；楚簡文字亦相近，如郭店簡《緇衣》46 號簡作𢬷。《説文》古文"賣"即上舉"遺"字除去"辵"旁後剩下部分所變，本象雙手持物而有所遺漏之形，大概就是"遺漏"之"遺"的初文；[1]"遺""賣"音近，古文用爲"賣"。《璽彙》410（晉璽）有此字，用爲人名。

038. 折　𣂚

此是字頭，下出籀文作𣂝，篆文作𢽅，知許以此字頭爲古文。許云："斷也。从斤斷艸。譚長説。"西周金文（《金文編》38 頁）和秦簡（《睡編》7—8 頁）"折"字同此形，而籀文的字形與晉、楚文字相合，[2]"籀文"可能是"古文"之誤。

039. 春　𡆵（石）

古文从日屯聲，不从艸。楚帛書"春"字不从艸（《楚帛編》52 頁），郭店簡中的三個"春"字也都不从艸。其中郭店簡《語叢一》40 號簡作𡳿、《語叢三》20 號簡作𡳿（另外一例見《六德》25 號簡），和石經古文字形最爲接近。晉系文字"春"也不从艸，但"屯"在"日"下（《戰國古文字典》下册 1326 頁），與此異。

040. 葬　𦭖（石）

《隸續》所錄石經古文作𦭖，《汗簡》引石經作𦭖，《古文四聲韻》引作𦭖。王國維説："案《説文》：'葬，藏也。从死在茻中；一，其中所以薦之。'此字則从茻从𣎵从一。殷墟卜辭有𣎵字（原注：《書契後編》下弟二十葉）。《説文》艸部𦱩，古文莊，亦即此字。疑𣎵、𦱩二字从歺在𠨍旁𠀠上，本是葬字，後乃加茻。此上从竹，亦譌。"[3]章太炎説："此从古文死，茻字上作竹，古文艸、竹相似也。从𠀠聲。"[4]按如章説，石經古文"葬"是加注了聲旁"𠀠"，"𠀠"即

---

① 參看何琳儀：《戰國古文字典》，下册 1192 頁。
② 參看何琳儀：《戰國古文字典》，下册 927 頁。
③ 王國維：《魏石經殘石考》，36 頁，《王國維遺書》第六册，上海書店出版社，1983 年。
④ 章太炎：《新出三體石經考》，《章太炎全集（七）》，591—592 頁。

31

"牀"字的象形初文。[1]《説文》小篆"葬"從茻，"死"下有一横，而秦簡"葬"字作 葬、葬（《睡編》10頁）兩形；前形上從艸，後形上從竹，兩形所從"死"的上下都各有一横。石經古文上從竹，所從"死"的上下也各有一横，除去"丬"聲後，字形結構就與秦簡第二體相同，只是所從的"死"是古文之形（關於古文"死"之形，詳 250"死"字條）。《汗簡》《古文四聲韻》所引上從艸不從竹，同《説文》小篆和上引秦簡第一體，但與《隸續》所録石經古文一樣，本來的"丬"聲只剩下了一豎筆，蓋係脱誤。出土於邾國故城的磚銘中有字作 葬，湯餘惠《釋 葬》釋出是"葬"字。[2] 其字從竹從丬從一横下古文"死"，與石經古文相比，只是省去了"死"下的一横和"艸"。中山王墓兆域圖（《集成》16.10478）"葬"字作從歹丬聲之形。[3] 上博簡《容成氏》33 號簡"葬"亦作從歹丬聲之形。包山 91、155 號簡等"葬"字作從死（或從歹）臧（臧）聲之形。清華簡《鄭武夫人規孺子》"葬"作"葬"，《筮法》43 號簡、《鄭武夫人規孺子》12 號簡、《治邦之道》21 號簡"葬"作"葬"，《繫年》47、53 號簡作"圅"。

卷 二

041. 少 少（石）

《説文》有"少"字，義爲少，讀若輟。但在古文字中，筆畫的左右方向不同通常不構成區別。"少"字的末筆既有向左的，也有向右的，而以向左爲多見。此石經古文末筆右向，就是"少"字。石經中都用爲"小"。古文字"少""小"同字。

042. 八 八（隸石）

043. 尔 尒（石）

《説文》分"爾""尔"爲二字，古書中用"爾"不用"尔"，所謂"爾"行而"尔"

---

① 參看裘錫圭：《文字學概要（修訂本）》，119 頁。

② 湯餘惠：《于省吾教授百年誕辰紀念文集》，205—207 頁，吉林大學出版社，1996 年。

③ 參看朱德熙：《朱德熙古文字論集》，96 頁，中華書局，1995 年。

廢。甲骨文"爾"作🔳(《甲骨文字典》357頁),西周春秋金文中作🔳、🔳、🔳等(《金文編》231頁)。戰國時出現"尔"字,如中山王🔳鼎(《集成》5.2840)"毋忘爾邦"之"爾"作"尔",戰國璽印文字中的"璽"字除秦璽外,都从尔,不从爾。[1] 郭店簡中"尔"字數見,字形作🔳、🔳、🔳,用法即相當於古書中的"爾"。"爾"作"尔",上博簡、清華簡、安大簡亦常見。郭店簡中也有"爾"字,字形作🔳(《老子甲》30號簡),有訛變,用爲"彌"。清華簡"爾"字數見,作🔳,多讀爲"弭",如《繫年》89號簡"爾(弭)天下之銡(甲)兵"。唯《四告》49—50號簡"宜爾祜福",即用"爾"爲第二人稱代詞,不用"尔",比較特殊。"尔"應該就是截取"爾"字上部而成,是"爾"的簡化字。[2] 石經古文用"尔"不用"爾",與六國文字的用字相同。

044. 尚　🔳(石)

石經古文同小篆。金文"尚"字作🔳、🔳等(《金文編》48頁),楚簡文字作🔳(《楚文字編》53—54頁)。秦簡作🔳(《睡編》11頁),上部中間一筆作豎筆,同小篆。石經"尚"字的古文就是據小篆寫的。

045. 詹　🔳(汗石)　🔳(韻石)

"詹"字見於《春秋》經文,爲人名。國差𧊒(《集成》16.10361)"𧊒"字作🔳,十三年少府矛(《集成》18.11550,秦兵器)"儋"字作🔳,兩字皆从詹。傳賃龍節(《集成》18.12097)和鄂君啓車節(《集成》18.12110)的"檐"字以及郭店簡《緇衣》16號簡"瞻"字右旁皆作"訇"。上博簡《緇衣》9號簡與郭店簡對應的字作🔳,當是"詹"的訛體。从目从訇的"瞻"字亦數見於清華簡。安大簡《詩經》72、73等號簡"詹"作🔳,讀爲"瞻"。

046. 介　🔳(石)

047. 公　🔳(石)

出土石經"公"字古文下皆从"日"形,《古文四聲韻》引石經古文同此。《隸續》所録石經古文另有🔳、🔳二形,《汗簡》所引石經古文作🔳。作🔳者

---

[1] 參看何琳儀:《戰國古文字典》,下册1250—1254頁。

[2] 參看林澐:《古文字學簡論》,90—91頁,中華書局,2012年。

受《説文》小篆字形影響，是訛體。下从"日"形的"公"字已見於西周晚期的虢文公子毁鼎（《集成》5.2634）、春秋晚期的鵙公劍（《集成》18.11651），戰國文字中屬於齊系和燕系文字的陶文、璽印文中多見這種"公"字。[①]

048. 余 盒(石)

石經"余"字古文增从"口"旁，也可以釋爲"舍"。楚簡中从口的"余"字用爲給予的"予"（上博簡《從政甲》1、2 號簡）、剩餘的"餘"（郭店簡《老子乙》16 號簡）等。如石經古文用爲第一人稱者，見於上博簡《彭祖》2、3、5 號簡、《吴命》6 號簡、《志書乃言》7 號簡、清華簡《祭公之顧命》20 號簡、《説命上》3 號簡、《成人》16 號簡等。中山王嚳鼎（《集成》5.2840）"今余方壯"，"余"字从甘，是从口之小變。

049. 采 釆

商承祚説，古文是篆形之省。舒連景説，釆是古文"平"傳寫之訛，"平、采雙聲，故六國古文借'平'爲'采'。《書・堯典》'平章百姓'，鄭康成作'辨章'，是其證"。金文中有"采"字，如西周晚期的井叔采鐘（《集成》2.356），字形作釆；《説文》古文之形應是其省，商説爲是。

050. 番 番

商承祚云："屈原《九歌》'巽芳椒兮成堂'，漢幽州刺史朱君碑'巽芳馨'，魏橫海將軍吕君碑'遂巽聲兮方表'，皆假古文番爲播。"舒連景據《楚辭》用"巽"，認爲此古文是"楚書"。上博簡《緇衣》15 號簡"播刑之迪"，"播"作番，與此古文形近。清華簡《尹至》5 號簡"播"作番，《越公其事》4、23 號簡"播"作番，从斗，亦相近。《説文》訓"番"爲獸足（古書中此義作"蹯"），古文从又，象形，中間所从的"采"兼起表音作用。據清華簡字形，上博簡《緇衣》字形及此古文之形係从斗之省變。[②]

051. 悉 悉

小徐本作悉。段玉裁以爲从心囧會意。舒連景説，古文爲"息"之訛，假

---

① 參看何琳儀：《戰國古文字典》，上冊 407—408 頁。

② 參看沈培：《説古書中跟"波""播"相關的幾個問題》，《歷史語言學研究》第十三輯，30 頁，商務印書館，2019 年。

借爲"悉"。李春桃説同。① 但"息"與"悉"的上古音分別屬職部和質部，有區別，故"息"不可能假借爲"悉"。按清華簡《祭公之顧命》16 號簡："女（汝）母（毋）目（以）俾（嬖）卸（御）息尔（爾）臧（莊）句（后），女（汝）母（毋）目（以）少（小）愳（謀）敗（敗）大慮（作），女（汝）母（毋）目（以）俾（嬖）士息夫＝（大夫）卿李（事）。"兩個"息"字，上博簡《緇衣》對應之字作"書"，郭店簡《緇衣》作"愳"，都應讀爲質部的"疾"（《禮記·緇衣》作"疾"）。可知《祭公之顧命》之"息"是"愳"之省體。此古文若確是从自之訛，則即《祭公之顧命》之"息"字，而非職部的"息"。

052. 牡 **牡**（石）

053. 牲 **牲**（石）

054. 糜 **庶**

許云："古文糜省。"丁佛言《説文古籀補補》有此字，云："古璽庶敬。"

055. 告 **告**（石）

056. 口 **凵**（石）

石經"口"字古文左右分兩筆寫，下端呈尖角狀，其他从口之字所从皆同。出土古文字中這樣寫的"口"和"口"旁少見，大概是書寫石經古文者刻意程式化而區別於小篆的寫法。小徐本《説文》古文所從的"口"旁皆同篆文，大徐本皆同石經古文。大徐本可能就是根據石經古文改寫的。

057. 嗌 **苿**（石）

石經古文見於《皋陶謨》，用爲人名"伯益"之"益"。上博簡《容成氏》34 號簡："墨（禹）於是虐（乎）嚻（讓）蒜（益），啓於是虐（乎）攻蒜（益）自取。"人名"益"的用字與石經古文相同。《説文》以爲"嗌"之籀文，形略異，作**茻**，云"上象口，下象頸脈理也"。郭店簡此字屢見，有**茻**（《老子乙》3 號簡、《太一生水》9 號簡）、**茻**（《尊德義》4 號簡等）、**茻**（《唐虞之道》19 號簡）三種形體，除《性自命出》28 號簡一例不明外，都用爲"增益"之"益"。包山 83 號簡此字作**茻**，上从封口的圈形，同《唐虞之道》。又清華簡《四告》23 號簡作**茻**。

---

① 李春桃：《古文異體關係整理與研究》，225 頁。

《金文編》附録下 662 號收昏鼎等銘文中的字形【圖】、【圖】、【圖】，强運開《説文古籀三補》已釋爲"嗌"。可知從封口的圈形是較早的寫法，從"口"形是變體。石經古文的寫法與上舉郭店簡的第一體相同，這也是戰國文字中的一般寫法。[1]

058. 咳　【圖】

古文從子。所從"亥"同篆文。商承祚説，應從古文"亥"。古書中多作"孩"，或作"咳"。參看桂馥《説文解字義證》所引。

059. 嚼　【圖】（韻石）

《説文》正篆作"噍"，"嚼"爲或體。按"嚼"字不見於經傳，《古文四聲韻》所引此石經古文可疑。

060. 含　【圖】（石）

郭店簡《語叢一》38、40 號簡有【圖】，與此相近，而用爲"今"；中山王嚳鼎（《集成》5.2840）之【圖】，亦用爲"今"。此石經古文即用爲"包含"之"含"。郭店簡《性自命出》52 號簡"含（原形作【圖】）福者也"，大概也用爲"包含"之"含"。

061. 哲　【圖】

許云："古文哲，從三吉。"胡小石云："漢張遷碑'前喆遺芳'，及《隸韻》十七薛所録袁良、陳寔殘碑兩'喆'字，即古文'嚞'之省。"《詩·大雅·抑》"靡哲不愚"，釋文本"哲"作"喆"。出土古文字未見。

062. 君　【圖】【圖】（石）

西周金文"君"字或作【圖】（《金文編》58 頁，此形見散盤），六國金文多作【圖】、【圖】之形（《金文編》59 頁），楚簡"君"字亦如此作。石經"君"字古文上部所從的"尹"與六國金文、楚簡"君"字所從基本相同。《説文》古文所從的"尹"形體有訛變，即把本來相連的筆畫斷開了。《隸續》所録石經"君"字古文作【圖】，與《説文》同誤。《侯馬》162 頁有兩個"君"字摹作【圖】，但圖版不很清晰（83 頁），恐不足據。

063. 命　【圖】（石）

所從"卪"作【圖】，石經古文皆同，出土古文字中似未見完全相同的寫法。

---

① 參看何琳儀：《戰國古文字典》，上册 733—734 頁所收此字及從此字得聲的字。

064. 咸 咸(石) 戌(石)

後一形左上方多加了一點,石經古文"成"字同。參看 863"成"字條。

065. 右 弌(石)

見《君奭》"天惟純右命",今本"右"作"佑",石經古文、篆隸皆作"右"。

066. 啻 啇(石)

石經古文上所從當爲"帝"的訛體。望山一號墓 77 號簡"啻"字作啇,比較相近。

067. 周 周 周(石) 唐(石)

許云:"周,古文周字,从古文及。"商承祚説,所从ㄗ乃"口"形之寫闕。舒連景説同。石經古文與篆文相近,只是中間一豎筆上多加了一短横飾筆。《璽彙》3026—3028(晉璽)"周"字同。郭店簡《語叢三》55 號簡"用"字作甹,邿公鈺鐘(《集成》1.102)"用"或作甹,均與此石經古文"周"字所从的"用"形相近。

068. 唐 昜

"唐"字从口庚聲,古文从口易聲。商湯之"湯",殷墟甲骨文及叔弓鐘(《集成》1.275.2)、叔弓鎛(《集成》1.285.5)、宋公戀簠(《集成》9.4589)作"唐";郭店簡《唐虞之道》"唐"作"湯",是其比。齊璽和齊陶文中有此字,正用爲姓氏"唐"和地名"唐"。[1]

069. 吝 吝

許云:"古文吝从彣。"上博簡《周易》"吝"同篆文。"文"字旁加三撇,當是飾筆。包山 203 號簡"文平夜君"之"文"作文,加兩撇;雨臺山 21 號墓律管文中律名"濁文王"之"文"作文,[2]與此字相近。

070. 哀 哀(隸石) 衰(汗石)

《隸續》所録古文之形有訛誤。

071. 穀 穀(隸石) 穀(汗石) 穀(韻石)

《隸續》所録石經古文此字見於《春秋經》宣公十三年,用爲人名"先穀"

―――――――――――

① 參看何琳儀:《戰國古文字典》,上册 662 頁。

② 譚維四:《江陵雨臺山 21 號楚墓律管淺論》,《文物》1988 年第 5 期,39 頁。

之"穀"。《汗簡》和《古文四聲韻》所引石經古文此字皆誤釋爲"敢"。《古文四聲韻》另引《古春秋》此字，亦用爲"穀"。噩侯鼎（《集成》5.2810）有𪔲字，左下從圈形，不從口，即"穀"字。此字從口殼聲，但"青"旁訛，訛變的方式跟《説文》古文"君"相類。①

072. 昏 [古文]

此字小篆作[篆]，從口；古文從甘。古文字從甘與從口相通，所謂"甘"即"口"字之内增飾一筆而成。

073. 㕣 [古文]

許云："㕣，山閒陷泥地。從口、從水敗皃。"此字即"沿""鉛""船"等字的聲符。古文之形，段玉裁説，下從谷，上從列骨之殘"歺"字。但此所從實較"歺"少一横。《説文》另有從歺從谷之字，是"濬"的正篆。林義光疑此古文與從歺從谷之字是同字，②應該是正確的。但"㕣"和"濬"上古音不一定相近，古文之形和"㕣"的關係待考。

074. 嚴 [古文]

古文從三"口"。金文"嚴"字或從二"口"，或從三"口"；楚、中山銅器從三"口"（《金文編》76—77頁）。

075. 哭 [汗石] [韻石] [韻石]

"哭"字從二"口"從犬。上列古文三形二"口"的位置都不同。郭店簡《性自命出》29、30號簡及上博《性情論》18號簡"哭"字二"口"的位置在上，同篆文和上列古文第二形。

076. 喪 [石]

郭店簡《語叢一》98號簡"喪"作[字]，與此形較近。

077. 起 [古文]

《説文》古文從辵巳聲，同篆文。包山164號簡、郭店簡《老子甲》31號簡"起"字從辵己聲；郭店簡《語叢三》10號簡"起"字從辵己聲，而所從"己"增從

---

① 參看何琳儀、吴紅松：《説屋》，《語言》第四卷，167頁，首都師範大學出版社，2003年。

② 林義光：《文源》，361頁，中西書局影印，2012年。

"口"旁。《汗簡》所引《古尚書》"起"字亦从辵己聲。

078. 趙 〔石〕（石）

石經古文从辵。

079. 歬 〔石〕（石）

此石經古文从止从舟，用爲"前"，同《説文》篆文。石經古文對應的篆隸作"前"。

080. 歸 〔石〕（石）

石經古文"歸"字从辵，右上部爲"𠂤"之變體，參看 376"師"字條。楚簡文字"歸"字亦从辵，但不从𠂤。

081. 癹 〔汗石〕（汗石） 〔韻石〕（韻石）

此《汗簡》和《古文四聲韻》所引石經古文都用爲"發"。郭店簡《忠信之道》2 號簡有〔字〕，與此石經古文基本同形，而用爲矜伐之"伐"。"伐""發"音近。楚文字"癹"作〔字〕，下从又（齊、晉系文字下从攴），[1]此石經古文和《忠信之道》此字所从的"聿"可能由"又"變來，變化的方式同古文"及"和古文"攴"。[2]

082. 正 〔石〕（石）

《説文》古文第一形是在一長橫上加了一短橫飾筆，石經古文未加飾筆，同小篆。像《説文》古文第一形這樣的"正"字在戰國時的六國文字中習見，而楚文字"正"字基本如此。[3] 郭店簡《唐虞之道》篇中"正"字有〔字〕、〔字〕、〔字〕、〔字〕四種形體。第一形同石經古文，第二形同《説文》古文第一形；第三形把本是一短橫的飾筆寫成了較粗的墨塊，可以視爲加注"丁"聲（董珊説），而第四形則又省去了一長橫（似不好解釋爲直接繼承較古的寫法）。《説文》古文的第二形可能是在《唐虞之道》第四形基礎上又上加一橫、同時變填實爲鈎廓而形成的。

---

① 何琳儀：《戰國古文字典》，下册 952—953 頁。

② 參看馮勝君：《論郭店簡〈唐虞之道〉、〈忠信之道〉、〈語叢〉一～三以及上博簡〈緇衣〉爲具有齊系文字特點的抄本》，20 頁。

③ 參看何琳儀：《戰國古文字典》，上册 795—800 頁"正"及从"正"諸字。

083. 是　 （石）

同《説文》籀文之形，从古文“正”。

084. 迹　 （石）

《説文》小篆“迹”从亦聲，實際上“亦”是“束”的訛變；《説文》“迹”字的籀文从束，或體从足从責，“責”亦从束聲。石經古文从辵从束，關於“束”的字形參看434“束”字條。此字石經篆隸都同今本作“績”（兩例是《春秋經》中的“敗績”之“績”，一例是《皋陶謨》中的“庶績其凝”之“績”）。“績”和“迹”古書中多通用。《詩·大雅·文王有聲》“維禹之績”，《左傳》哀公元年“復禹之績”（《釋文》“績，一本作迹”），兩“績”字顯然是“迹”的假借。《説文》：“績，緝也。”“績”的本義是紡織之事，“功績”之“績”（即上引《皋陶謨》中的“績”）和“敗績”之“績”是其假借用法，本字應該還是“迹”。石經古文用的正是本字。章太炎説：“古言敗績，本謂敗駕。……古者車戰，駕敗則轍亂，斯謂敗績，傳所謂大崩也。其字自應作速，而績爲借字。漢師讀從二傳作績，非大崩義。”[1]其説良是。

085. 巡　 （汗）　 （韻）

《汗簡》和《古文四聲韻》引《説文》“巡”字如此。其字从辵从古文“舜”，“舜”和“巡”音近，故以“舜”爲聲旁。今本《説文》無此古文。

086. 遒　 （石）

石經古文此字對應的篆隸是“繇”，一處是《皋陶謨》中“咎繇”之“繇”，另一處是《多士》中“王曰繇”（今本作“猷”）之“繇”。金文有“繇”字，作 、 等形（《金文編》856頁），除去“言”旁以外的部分是“鼬”的象形初文。[2] 石經此字从辵从“鼬”的象形初文，而形體稍訛。郭店簡《語叢一》《語叢二》《語叢三》中有此字，形作 、 、 、 ，都用爲“由”。

087. 延　 （隸石）　 （汗石）　 （韻石）

《説文》以“延”爲正篆，“征”爲或體。《隸續》所引石經古文从辵，同《説

---

[1] 章太炎：《新出三體石經考》，《章太炎全集（七）》，574—575頁。
[2] 朱芳圃：《殷周文字釋叢》，11頁，中華書局，1962年。

文》正篆,而對應的篆隸從彳,同《説文》或體。鄭珍指出《汗簡》所引石經古文誤多一横。《古文四聲韻》所引同誤。

088. 適　徳(石)

石經"適"字古文從古文"帝",不從啻。从帝的"適"字見於温縣盟書(《文物》1983 年第 3 期,85 頁圖一四)、漢印(《漢印文字徵》卷二,11 頁)、阜陽漢簡《周易》58 號簡、上博簡《卜書》1 號簡、安大簡《詩經》81、82、111 號簡。

089. 進　徔(韻石)

《汗簡》引《尚書》古文"進"作徔,黃錫全認爲其所从是"隹"字的訛變,可從。[1]《古文四聲韻》引《古老子》"進"作徔,其所从也是"隹"的訛體。此石經古文所从可能是上引《古老子》"進"字所从"隹"的進一步訛省。《古文四聲韻》所録"進"字古文又有徔、徔,應該都是从隹的訛體。

090. 造　朕

西周春秋金文"造"作㝮、𦨶(《金文編》94—95 頁),从舟作。戰國齊兵器銘文"造"字多同《説文》古文之形。[2] 段玉裁云:"按艁者,謂並舟成梁,後引申爲凡成就之言。"桂馥《説文解字義證》:"从舟者,《詩》'造舟爲梁',《釋水》'天子造舟'。"商承祚説同。皆以"舟"爲意符,或是。"舟"和"造"的聲母不是一類,當非聲符。

091. 速　謷

《説文》"速"古文从言欶聲,而偏旁"言"和"欶"都同小篆之形。商承祚認爲此是"徵召"之專字(即"不速之客"之"速"),故从言。其説可從。但又認爲古書作"速"是假借,則非是。清華簡《邦家處位》1 號簡"君速臣"和安大簡《詩經》29 號簡"雖速我獄"之"速"作"謷",同《説文》古文。

092. 逆　徔(石)

此石經古文見古篆二體殘石,對應的篆文爲"逆"。此古文又見於《汗簡》引《郭顯卿字指》,鄭珍説,其形是"遒"字訛脱,是。"朔"亦从屰聲,故

---

① 黃錫全:《汗簡注釋》,110 頁,武漢大學出版社,1990 年。

② 參看何琳儀:《戰國古文字典》,上册 174 頁。

"逆"字可以从朔聲。王獻唐《鄒滕古陶文字》1.28 有此字，作 𢓅。①

093. 迪　德(石) 悳(石)

郭店簡《尊德義》20 號簡"迪"字作 𢓇，石經古文與之相近，只是"由"字下部的"甘"形中的一橫變成了"十"字形。石經對應的篆文之"迪"所從的"由"形同《説文》十二下部首"甾"（東楚名缶曰甾）。王國維説，"甾"即"由"字。詳 753"甾"字條。

094. 徙　屖

此《説文》古文从尾从米，可以隸作"屖"，但"尾"所從的"毛"訛作"火"字形。商承祚説，此是《詩》"民之方殿屎"之"屎"的古文，而假借爲"徙"。舒連景認爲陳侯因資敦之"屖"即此字。按西周金文有"屖"字，用爲"彤沙"之"沙"，即此《説文》古文之來源；"米"形是"少"形之變，"徙"與"沙"皆齒音歌部字。東周齊國銅器中，叔弓鎛有从攴屖聲之字，陳賅簋有从収屖聲之字，都應讀爲選擇義之"差"，亦齒音歌部字。又齊璽中有从辵屖聲之字（《璽彙》34 頁），就是"徙"字。楚文字中，"少"形尚未變作"米"形，如包山 250 號簡"且徙其處而樹之"之"徙"作从辵屖聲之形（同樣的字形在郭店簡《五行》17 號簡中用爲聯綿詞"差池"之"差"），上博《周易》2 號簡"沙"作从土屖聲之形。

殷墟卜辭以及西周金文中又有"屍"字（卜辭作 𠂤、𠂤 等形，西周金文作 𠂤②），分別讀爲"選"和"纘"。陳侯因資敦之"屖"即"屍"，从米亦从少之變，其用法也和西周金文相同。③ 又清華簡《繫年》13—14 號簡"成王屖伐商邑"之"屖"亦讀爲"纘"。李守奎認爲"屖/屖"和"屍/屍"是來源不同的兩個字，此《説文》古文與"屍/屍"無關。④ 其説可從。

---

① 參看楊澤生：《古陶文字零釋》，《中國文字》新二十二期，254 頁，藝文印書館，1997 年。

② 見逨盤銘文，《陝西眉縣楊家村西周青銅器窖藏發掘簡報》，《文物》2003 年第 6 期，33 頁。

③ 以上參看裘錫圭：《讀逨盤銘文札記三則》第一則，《文物》2003 年第 6 期；收入《裘錫圭學術文集·金文及其他古文字卷》，167—171 頁，復旦大學出版社，2012 年。

④ 李守奎：《"屍"與"徙之古文"考》，《出土文獻》第六輯，中西書局，2015 年。

"屎"字頗像人遺屎之形,唐蘭認爲即屎尿之"屎"。[①] 但屎尿之"屎"與"選""纘"的讀音相差較遠,甲骨金文中的"屎"釋爲"屎"不可信。[②]

095. 遷 㩴

許云:"古文遷,从手西。"所从之"手"和"西"旁都是小篆之形。小徐本古文作㩴,"西"旁作古文"西"之形。按"西"是聲符。"西"是文部字,"遷"是元部字,文、元兩部古音相近,常有交通;而且"遷"的最初聲符是"囟","囟"和"西"本是一字的分化。[③] 石經古文"遷"作𦥼,詳154"舁"字條。

096. 遜 㣥(石)

此石經古文"遜"字所从的"孫"从幺(《説文》小篆从系),而且"子"旁的筆畫穿過"幺"中間。參看758"孫"字條。

097. 遂 𧗟 㣥(石) 㣥(石)

此石經古文即"述"字,一見於《君奭》,用爲"乃其墜命"之"墜"(石經對應的篆隸作"隧");三見於《春秋經》僖公和文公,都用爲人名公子遂之"遂"。"述""遂""墜"古音相近,故可通用。按大盂鼎"我聞殷述命"("述"字原形作㣥),"述"亦讀爲"墜";中山王𰯌方壺(《集成》15.9735)"述定君臣之位"("述"字原形作㣥),詛楚文"述取吾邊城"("述"字原形作㣥),"述"亦皆讀爲"遂"。楚簡中"述"讀爲"遂"或"墜"亦常見。王國維説:"《説文》𧗟,古文遂,𧗟乃㣥之譌。"[④]其説是。[⑤]

098. 逃 㣥(石)

099. 近 岸

此《説文》古文从止,不从辵。郭店簡《性自命出》36號簡"近"字作岸,亦从止,但"止"在下方。按"止"和"仏"戰國文字形近易混,此古文也可能是

---

① 《名始》上篇人部,轉引自胡厚宣:《再論殷代農作施肥問題》,《社會科學戰線》1981年第1期。

② 上引裘錫圭文説:"至於屎尿之'屎'與'屎'的變體'屎'究竟是什麼關係,似還可以進一步研究。"

③ 參看張玉金:《釋甲骨金文中的"西"和"囟"字》,《中國文字》新二十五期,藝文印書館,1999年。

④ 王國維:《魏石經殘石考》,29頁。

⑤ 參看曾憲通:《敦煌本〈古文尚書〉"三郊三遍"辨正——兼論遂、述二字之關係》,《于省吾教授百年誕辰紀念文集》。

"旂"字,而借爲"近"。望山二號墓 45 號簡有器名作𫐐（又兩見於信陽 2-11 號簡）,一般隸作"旂",其上所從的"𣱧"與"止"無異。

100. 邇 𬤊

此古文"邇"從尔聲。"爾"和"尔"的關係參看 043"尔"字條。從辵從尔 的字見於《璽彙》0221（楚璽）、上博簡《緇衣》22 號簡、《凡物流形（甲本）》9 號 簡、《凡物流形（乙本）》7 號簡。

101. 遼 𬣙(石)

此石經古文用爲"越"。《説文》:"遼,踰也。……《易》曰:雜而不遼。"今 本"遼"作"越"。

102. 遠 𬤋 𬤌(石)

小徐本作𬤍,"辵"下之"止"的位置略有異;石經古文從彳,不從辵。但 除去"彳"或"辵"以外的形體都相同。郭店簡《六德》48 號簡"遠"字作𬤎（亦 見於殘 15 號簡）,與石經古文基本相同,區別在於下"止"形的方向相反。商 承祚説,𬤏形下所從反"止"形當是"衣"字下部所寫誤;黃錫全説,𬤏形即"袁" 之訛變,[1]皆可從。

103. 逖 𬤐

古文從易聲。"易""狄"古音相近,故"逖"可從易聲。《毛詩·大雅· 抑》"用逷蠻方",用"逷"字,同此《説文》古文。鄒國單字陶文"逖"作,[2]從 止易聲。

104. 道 𬤑

金文"道"字或作𬤒（《金文編》105 頁）,"首"下從又;《石鼓·作原》"道" 字作𬤓,已變作從寸。此古文省去"行"旁,又將"寸"旁移至"首"之右。

105. 復 𬤔(石)

王國維、章太炎都認爲此石經古文即《説文》九上勹部之"匑",[3]學者多

---

① 黄錫全:《汗簡注釋》,106 頁。

② 王恩田:《陶文圖録》,1312 頁,齊魯書社,2006 年。

③ 王國維説見《魏石經殘石考》,34 頁;章太炎説見《新出三體石經考》,《章太炎全集（七）》, 581 頁。

從之。實際上,此字除去"辵"旁的部分就相當於隸楷之"复"。[1] 小篆從彳的字,古文多從辵,此石經古文是同類情況。西周金文中散盤"復"字已從辵(《金文編》111 頁),中山王器銘文中的"復"都從辵,侯馬盟書中的"復"字多從辵(《侯馬》331—332 頁),楚文字"復"字都從辵(《楚文字編》117—118 頁)。

106. 往　𧗟 徍(石)

《説文》"往"字古文從辵。從辵的"往"見於齊陶文(《陶彙》3.974),侯馬盟書(《侯馬》317 頁)與郭店簡《尊德義》31、32 號簡、《語叢四》2 號簡以及上博簡《周易》20、22、34、35 號簡等。石經古文從彳,"土"形寫成"壬"形,與郭店簡《老子丙》4 號簡和上博簡《曹沫之陣》55 號簡"往"字全同。上引齊陶文和郭店簡《尊德義》《語叢四》及上博簡《周易》20、22 號簡中的"往"字也是從壬的,而上博簡《周易》34、35 號簡"往"同《説文》古文從"土"形。

107. 退　遟 徥(汗石)　𢓈(韻石)

《説文》"退"字小篆從彳,古文從辵;《汗簡》引石經古文同《説文》;《古文四聲韻》所引石經古文同《説文》小篆之形,恐有誤。中山王𧊒方壺(《集成》15.9735)"退"作𢓈,中山王兆域圖(《集成》16.10478)"退"作遟,郭店簡《老子乙》11 號簡作𨒅,子禾子釜(《集成》16.10374)"退"字同,郭店簡《老子甲》39 號簡作𨓚,均從辵。

108. 後　𢓜 後(石)

《説文》古文、石經古文"後"字皆從辵。齊陶文"後"字從辵(《陶彙》3.921、3.922),侯馬盟書"後"字從彳、從辵都有(《侯馬》203 頁),中山王器銘文"後"字從辵(《金文編》113 頁),楚文字"後"字都從辵(《楚文字編》119—120 頁)。

109. 得　𢔶 �(石)

許云:"古文省彳。"古文之形,見部重見,所從"見"是"貝"之訛。石經古

---

① 説詳馬月華:《談〈戰國古文字典〉中存在的問題》,23—24 頁,引陳劍説,北京大學碩士學位論文(指導教師: 李家浩),2001 年。

文从貝从又。晉、齊系文字"得"字作从目从又之形（"目"是"貝"之省），楚文字多作 ❂ 形，"目"形下多一筆，也有同晉、齊系文字的。[①]

110. 御 ❂ ❂ （隸石）

《說文》以"御"字本義爲"使馬"。古文从馬从又會意。金文"使馬"之"御"作 ❂、❂ 等形（《金文編》115—116 頁），右从"鞭"之初文，此《說文》古文即其省形。从馬从又之形見於齊陶文（《陶彙》3.961、3.962）。

楚簡"御"字作 ❂ 形（郭店簡《緇衣》23 號簡、包山 13 號簡等），特點是"卩"在"午"下。《隸續》所引石經古文有同樣的特徵。《文物》2004 年第 7 期《洛陽唐宮路小學 C1M5560 戰國墓發掘簡報》公布的玉戈銘文"御"字作 ❂（20 頁，圖四：5），盛君縈簠（《集成》9.4494，曾器）"御"字作 ❂（原拓片反），都不从止，與《隸續》所引石經古文相同。

111. 佫 ❂ （石）

《說文》無"佫"字，但商代甲骨文和西周金文已見。《方言》卷一："佫，至也。"又卷二："佫，來也。"郭璞注："古格字。""佫"字从彳各聲，是訓"至"訓"來"之"格"的本字，古書中都借用"格"字來表示。此石經古文三見於《君奭》，今本都作"格"，而石經古文對應的篆隸都作"佫"；又見於古篆二體殘石，對應的篆文也作"佫"。

112. 延 ❂ （韻石）

此《古文四聲韻》所引《石經》古文與小篆字形的區別在於左邊多出一筆，係傳抄致誤。《說文》有"延"，又有"延"，爲兩字。許訓"延"爲安步，訓"延"爲長行，但古書中只有"延"，沒有"延"。"延"，大徐音丑連切，讀音與"延"相近。在甲骨金文中，"延"字均沒有"止"上一筆（參看《甲骨文編》80—81 頁、《金文編》119—120 頁）。"延""延"實本同字。[②] 睡虎地秦簡"延"字兩見，一作"延"（《法律問答》160 號簡），一作"延"（《日書》甲種 50 號簡背）。石

---

① 參看何琳儀：《戰國古文字典》，上册 15—16 頁；李守奎：《楚文字編》，120—121 頁。
② 參看何琳儀：《戰國古文字典》，下册 1029 頁。但他認爲《說文》"訛彳爲廴"，則是不對的。"廴"是延長"彳"的末筆而來（許云"从彳引之"），金文"延"字（即"延"）所从大多末筆向右延伸，跟一般的"彳"有所不同。

經古文"誕"字所從的"延"作⿺辶，可能即"延"之變。

113. 行 ⿰彳亍(石)

此石經古文見於殘石，右上角殘去。《隸續》所録石經古文作⿰彳亍。"行"字本象道路形。《説文》大徐本"行"作⿰彳亍，故作屈曲之態，與古文字不合。小徐本"行"字作⿰彳亍，與石經古文相近。

114. 衙 ⿰行吾(石)

此石經古文見於《春秋經》文公，用爲地名"彭衙"之"衙"。章太炎説："古文五多相重，如悟字作⿱五心，是其例。"[1]石鼓文"敔""遾"及中山王䁈鼎（《集成》5.2840）"語"所從的"吾"都與此石經古文所從同形。

115. 衛 ⿻行率(石)

許云："將衛也（衛，原誤作衛，從段玉裁等改正）。"古書中將衛之"衛"作"率"或"帥"。《説文》又有"達"字，與"衛"音義並同，實爲一字異體。此石經古文見於《君奭》與《春秋經》僖公、成公，對應的今本都作"率"，對應的石經篆隸分別作⿻行率、⿻行帥。

西周金文此字作⿻行率、⿻行率等形（《金文編》91頁）；六國文字中，楚文字都同此石經古文之形，即同上引西周金文第二形；晉系文字如侯馬盟書、中山王䁈鼎等同上引西周金文第一形，[2]但十三年上官鼎（《集成》5.2590）作⿻行率，結構同石經古文；燕文字中左行議率戈（《集成》17.11111）作⿻行率，亦與石經古文同；齊文字庚壺（《集成》17.9733）作⿻行率，略有差別。秦文字中，詛楚文作⿻行率，秦簡作⿱率十（《睡編》25頁），都與石經篆隸相同，而與《説文》小篆字形不同。

116. 衞 ⿻行韋(石)

《説文》小篆"衞"字作⿻行韋，此石經古文中間從韋。所從"韋"的字形全同《説文》"韋"之古文。

117. 齒 𦥑

小徐本古文作𦥑，略異。此古文是未加聲符的"齒"的象形初文。中山

---

① 章太炎：《新出三體石經考》，《章太炎全集（七）》，596頁。
② 參看何琳儀：《戰國古文字典》，下册1282頁。侯馬盟書中此字或省去"彳"旁。

王孫方壺（《集成》15.9735）"齒"作🖊，从之聲，从齒的象形初文。齊、燕、楚諸系文字的"齒"均同。[1] 六國文字"齒"字所从的象形初文都比此《説文》古文要少一層中間的齒形。《汗簡》古文"齒"作🖊，也比《説文》古文少一層。

118. 牙 🖊

此古文"牙"增从"齒"的象形初文。晉系文字《璽彙》412、2503 與《陶彙》6.103 以及楚系文字曾侯乙墓 165 號簡、郭店簡《緇衣》9 號簡、上博簡《緇衣》6 號簡、上博簡《周易》23 號簡"牙"字均从"齒"的象形初文（如郭店簡《緇衣》作🖊）。郭店簡《唐虞之道》《語叢三》中的"牙"都不从"齒"的象形初文。

119. 踐 🖊 (石)

此古文見於《春秋經》僖公二十八年，用爲"盟於踐土"之"踐"。此字見於燕王職壺和燕王職矛銘文，作🖊、🖊。[2] 清華簡《繫年》44 號簡"盟諸侯於踐土"之"踐"作🖊，與石經古文除去"𨸏"旁後的部分相近。此字从𨸏从土，剩下的部分楚簡常見，如郭店簡《五行》46 號簡"淺"作🖊，右旁基本同此古文所从，都是聲符。劉釗指出這個字的聲符來源於西周金文猷鐘等銘文中舊釋爲"撲"的那些字所从的🖊（《金文編》782 頁）。[3] 其説可從。

120. 疋 🖊

許云："古文以爲《詩·大雅》（各本作疋，從段玉裁改）字，亦以爲足字，或曰胥字。"段玉裁注："此謂古文假借疋爲雅字。"又認爲以形相似而借爲"足"字。按西周金文"疋"作🖊（《金文編》123 頁，原誤釋作"足"）。戰國文字"足"上一般从"口"形，跟"疋"有區別；但"足""疋"偶爾相混，如郭店簡《老子甲》27 號簡"足下"之"足"作🖊，就與下一號簡的"疋"字完全同形，正是《説文》所謂古文以"疋"爲"足"字的情況。這是因爲形體相似而混用。西周金文中的"疋"大多用爲"胥"（胥，相也），與"或曰胥字"相合。

雖然"疋"和"雅"都屬魚部，但聲母有別，"疋"不能假借爲"雅"。古文用

---

① 參看何琳儀：《戰國古文字典》，上冊 51 頁。

② 參看董珊、陳劍：《郾王職壺銘文研究》，《北京大學中國古文獻研究中心集刊》第三輯，北京大學出版社，2002 年。

③ 劉釗：《利用郭店楚簡字形考釋金文一例》，《古文字研究》第二十四輯，中華書局，2002 年。

爲"雅"的所謂"疋"實際上是簡省作从日从止的"夏"字之訛省。楚簡中有从日从虫从頁的"夏"字,省去"頁",變成从日从虫;又有从日从止从頁的"夏",也應該有省去"頁"而从日从止的"夏"字(石經古文"夏"作昰,多出一筆)。"夏"通"雅"是古書和出土文獻中常見的。[①]

121. 册 𠕋

許云:"古文册从竹。"按金文"册"字或作𡆥(《金文編》127頁),胡小石説"象簡札有節之形。古文作𠕋,蓋由之訛變"。商承祚、舒連景都認爲此古文由前舉金文之形訛變,可從。叔弓鎛(《集成》1.285.5)"典"作𡚷,亦从竹。包山7號簡等"典"作𡚷,所从"册"兩條竪筆上各有一横飾筆。陳侯因𧦦敦(《集成》9.4649)"典"、中山王𗊾鼎(《集成》5.2840)"侖"字所从的"册"都同前舉西周金文,兩條竪畫上有小點。

122. 嗣 𠭯 𠭯(石)

此《説文》古文从子司聲,石經古文从子𠙶聲。"𠙶"是"目""司"雙聲而省去"口"。郭店簡《唐虞之道》中"治"作𢁜、𢁜,所从的聲符也是"𠙶"。《隸續》所録石經"嗣"字古文作𠭯,誤摹成"乳"字;《汗簡》引石經古文同誤。

卷 三

123. 嚚 𡄵

小徐本作𡄵,"臣"下从壬,《汗簡》《古文四聲韻》同。大徐本从土,誤。"𡈼"是《説文》"望"字的古文,也是瞭望之"望"的初文。許以"臣"爲"嚚"的聲符,當可信。古文从𡈼,則只能看作意符。"嚚"字見於《尚書》《左傳》。

124. 屰 𐩑(石)

此石經古文用爲"逆"。

125. 丙 丙

金文"𤱶"字作𤱶、𤱶等形(《金文編》851頁)。包山35號簡"𤱶"字作

① 參看冀小軍:《〈湯誓〉"舍我穡事而割正夏"辨正》,中國人民大學中文系編:《語言論集》第四輯,中央民族大學出版社,1999年。

📖，所從"西"（"簟"的象形初文）較金文"弼"字所從多一橫，是常見的飾筆。此古文與包山簡"弼"字所從的"西"相近。

126. 商　📖📖📖（石）

《説文》古文第一形小徐本作📖，大徐本字形有誤。《説文》古文第二形與小篆的區别在於竪筆下部多出一短橫飾筆，六國文字的"商"字絶大多數有此短橫。[①]　庚壺（《集成》15.9733.1）"商"作📖，齊璽"商"作📖（《璽彙》3213），[②]江陵雨臺山 21 號墓律管"商"作📖（《文物》1988 年第 5 期，圖版五），上部都從兩個圈形，石經古文字形與之相合。清華簡《程寤》《繫年》《成人》篇中的"商"作📖形，與石經古文基本相同。《四告》2、6 號簡"商"作📖形，與《説文》古文第二形相同。《説文》古文第一形圈形訛變爲"口"形。上博簡《民之父母》8 號簡"商"作📖，上從三個圈形。

127. 古　📖📖（石）

此石經古文三見，其中見於《君奭》的兩個用爲"故"，是古文字習見的用法。《説文》古文顯然是一個通假字，其除去"宀"和"古"旁剩下的部分不詳。齊系文字有字作📖（《陶彙》3.27，《璽彙》3685 等同），其所從的"丰"當是疊加聲符。[③]《古文四聲韻》引《古老子》"故"作📖，徐在國、黄德寬疑由齊系文字📖訛變，[④]此《説文》古文可能亦與之有關。

128. 十　📖（石）

129. 廿　📖（石）

《説文》"童"字、"竊"字下皆云"廿"是古文"疾"，未詳。

130. 卅　📖（石）

此字中山王兆域圖（《集成》16.10478）作📖，郭店簡《唐虞之道》26 號簡作📖，秦簡作📖（《睡編》30 頁）。"卅"字較古的字形作📖（《金文編》136

① 參看何琳儀：《戰國古文字典》，上册 651—652 頁。
② 參看何琳儀：《戰國古文字典》，上册 651 頁。
③ 參看何琳儀：《戰國古文字典》，上册 474 頁。
④ 徐在國、黄德寬：《傳鈔〈老子〉古文輯説》，《"中研院"歷史語言研究所集刊》第七十三本第二分，211 頁，2002 年。

頁），戰國文字把豎筆上的三個圓點連成了一橫筆。此石經古文亦由 ⚊ 形變來，是把中間的圓點變成了一橫筆，而把兩邊的圓點變成了斜筆。金文“世”字作 ⚊（《金文編》137 頁），而郭店簡《唐虞之道》中“世”字作 ⚊，也是把圓點變成了斜筆。

131. 言　⚊（石）

石經古文“言”旁均如此作。

132. 許　⚊（石）

133. 詩　⚊

許云：“古文詩省。”謂省“寺”旁爲“之”。“寺”本從之聲，故“詩”字可從之聲。其左旁形體怪異，許氏未作説明，大概就是看作“言”字的古文。王國維認爲是“言”的訛變，[①]胡小石認爲部首“言”字下當補古文 ⚊。此説可從。上博簡《孔子詩論》1、4 號簡“詩”字作 ⚊，亦從言之聲（有借筆）。

134. 訓　⚊（石）

此石經古文作上下結構。中山王𰯀方壺（《集成》15.9735）“純德遺訓”，“訓”作從川從心，也是上下結構。上從川下從心的字又見於齊璽（《璽彙》1326、3570 等），以及郭店簡《緇衣》12 號簡、上博簡《吴命》3 號簡、清華簡《芮良夫毖》18 號簡等。

135. 詙

許云：“古文以爲頗字。”古文假借“詙”爲“頗”。

136. 謀　⚊　⚊　⚊（石）

《説文》古文第一形小徐本作 ⚊，左右結構。⚊ 字從口母聲，可以看作“謀”字的異體（“母”“某”都是明母之部字），也可以看作“誨”字的異體。《説文》以爲“謀”字古文，而石經古文用爲“誨”。從口母聲的“謀”見於清華簡《繫年》50 號簡及《鄭武夫人規孺子》5、13 號簡等。《説文》古文第二形從言母聲，從言母聲的“謀”見於清華簡《邦家之政》6、10 號簡及《四告》9 號簡。

---

① 王國維：《魏石經殘石考》，22 頁。

137. 謨 ![字形]

古文"謨"從口。《説文》"口"部另有從口莫聲左右結構的字，與此古文不是一字。

138. 訊 ![字形]

許云："古文訊從西。""訊"是心母真部，"西"是心母文部，古音相近，故"訊"可從西聲。從言西聲的字見於上博簡《相邦之道》4 號簡，正用爲"訊"。[1]

139. 信 ![字形]（石）

"信"字是古文字"訊"（![字形]、![字形]）的分化，非從言人聲的形聲字。[2]《説文》古文第一形從口，許云"古文從言省"，其實是存古。齊璽文字"信"字或作![字形]（《璽彙》234、237、238、240、1562、1563 等），從心從千（"千"是"人"之變），而其"心"旁與"口"相似（也可能就是"口"旁）。齊封泥"信"作![字形]，[3]此《説文》古文與之相合。《説文》古文第二形從言從心會意。舒連景説："從言從心，於古無徵，疑爲後人所竄入。"郭店簡《忠信之道》中"信"字作![字形]，與此石經古文字形最爲接近。

140. 誥 ![字形] ![字形]（石）

此《説文》古文從肉從又從言，桂馥《説文解字義證》移於"詧"字下，云："《玉篇》詧在誥後，即本書舊次。後人移詧於前，而遺其古文。"其説是。《古文四聲韻》引《古孝經》"察"同此。唐蘭認爲從肉從又是從收之誤。[4] 不可信。

石經古文從告從丌。《汗簡》和《古文四聲韻》既有從告從丌的"誥"，又有從告從收以及從言從收的"誥"。古文字"誥"字作上從言下從收之形（《金文編》163 頁；又郭店簡《緇衣》5、28 號簡，《成之聞之》38 號簡，上博簡《緇衣》

① 孟蓬生：《〈上博竹書（四）〉閒詁》，《簡帛研究 二〇〇四》，78 頁，廣西師範大學出版社，2006 年。

② 參看蘇建洲：《〈上博楚竹書〉文字及相關問題研究》，199—200 頁，萬卷樓圖書股份有限公司，2008 年。

③ 孫慰祖主編：《古封泥集成》，1 頁，上海書店出版社，1994 年。

④ 唐蘭《唐蘭先生金文論集》，183 頁，紫禁城出版社，1995 年。

3、15 號簡）。从丌是从收之譌。^① 又唐蘭説，"言"和"告"字形相近，从告是由从言所改。^② 按改"言"爲"告"，是把原來的意符改成形體相近的聲符，這種現象在文字演變中是常見的。^③

141. 䜌 ![字形]

此石經古文用爲"亂"。楚文字"亂"字大多與此石經古文同形，从叉从幺从四個"口"。^④《隸續》所録石經古文以及《汗簡》《古文四聲韻》所引石經古文字形均同《説文》古文之形，是譌體。但郭店簡《成之聞之》32 號簡"亂"字作![字形]，上部已从三個"幺"。

142. 誕

所从的"延"旁少寫一筆，參看 112"延"字條。

143. 訟 ![字形]

此古文變作从言从谷，與"容"字情況相同。王筠《説文解字句讀》以爲古文之形亦是从公聲，可從。"容"字亦本从公聲，秦文字變作从谷。參看452"容"字條。

144. 誰 ![字形]

篆文从焦聲，古文从肖聲，"焦""肖"古音相近。許於古文下云："《周書》曰：亦未敢誚公。"段玉裁注："漢人作誰，壁中作誚。"按清華簡《金縢》作："王亦未逆公。"

145. 善

見於《隸續》所録石經。字形譌誤。

146. 童

此石經古文用爲晉文公名"重耳"之"重"。其字中間从兩層"目"形，戰國文字未見。但金文"童"字本作![字形]（《金文編》154 頁，又 916 頁"鐘"字所从的"童"），此古文之形即由之變來："東"旁中間的"田"形同化爲"目"。包山

---

① 參看黄錫全：《汗簡注釋》，91 頁。
② 唐蘭：《唐蘭先生金文論集》，183 頁。
③ 參看裘錫圭：《文字學概要（修訂本）》，149—150 頁。
④ 參看李守奎：《楚文字編》，250、838 頁。

39 號簡有人名"周童耳"，即"周重耳"，用法同此石經古文。

147. 業 ▨

金文有▨、▨（《金文編》348 頁），又有▨（《金文編》1186 頁）；上博簡
《孔子詩論》5 號簡"業"作▨，俱从二"業"。清華簡《説命下》6 號簡"業業"作
"▨"，《周公之琴舞》5 號簡作"▨"。此古文亦从二"業"，而字形有省變。

148. 僕 ▨ ▨(石)

楚文字"僕"作▨（包山 15 號簡）、▨（郭店簡《老子甲》2 號簡），从臣。
此《説文》古文亦从臣，但右旁从菐，則同小篆。

石經古文用爲地名"城濮"之"濮"。其字左从人、右从举而不从菐，與齊
系文字相合。①

149. 弄 ▨

此字郭店簡《成之聞之》16、23 號簡作▨（上博簡《從政乙》1 號簡同），
《六德》31 號簡作▨，上博簡《仲弓》10 號簡作▨，清華簡《皇門》10 號簡作▨，
均與此《説文》古文相合。清華簡《子産》5 號簡作▨，字形有省略。

150. 兵 ▨

許云："古文兵从人廾干。"林義光指出，此古文之形由漢隸"兵"之作▨
（見孔宙碑）者而來。②

151. 共 ▨

楚文字"共"或作▨（包山 228、239 號簡，相同的字形又見於《璽彙》
5135 等）、▨（《楚帛編》29 頁）。此古文字形與之相近。

152. 龔 ▨(石)

此石經古文从龍从兄，見於《君奭》，用爲"大弗克恭上下"之"恭"，對應
的篆隸作"龔"。王孫遺者鐘（《集成》1.261.2）"温恭"之"恭"作▨，清華簡《厚
父》1、4 號簡"恭"作▨，皆从龍从兄，同此石經古文。石經古文所从"龍"字
形有訛誤。參看 635"恭"字條。

---

① 參看何琳儀：《戰國古文字典》，上册 395 頁。
② 林義光：《文源・六書通義》，18 頁。

153. 異　䄜(石)

此石經古文見於《急就篇》殘石。郭店簡《語叢三》"異"字作䄜(3 號簡)、䄜(53 號簡),與此石經古文最爲相近。《汗簡》(見目録,正文脱)和《古文四聲韻》引《天台經幢》"異"字與此石經古文同形。

154. 䛒　䛒 䛒(石)

"䛒"與"遷"同字,石經古文用爲《春秋經》"衛遷于帝丘"之"遷"。侯馬盟書作䛒、䛒(《侯馬》338 頁),分別同《説文》正篆和或體。古文上部重書。"凶"旁,石經古文訛作"角"形。望山二號墓 45 號簡有從木䖝聲之字,"凶"旁也訛作"角"形。清華簡《繫年》21—22 號簡"衛人自楚丘遷于帝丘","遷"作䛒。

155. 與　䛒 䛒(石)

《説文》古文省"臼",石經古文省"廾"。郭店簡《語叢三》17 號簡"與"作䛒,亦省去"臼";這樣的"與"又見於郭店簡《唐虞之道》22 號簡、《老子甲》20 號簡以及信陽 1-03 號簡等。

156. 要　䛒 䛒(石)

《説文》篆文作䛒,同石經古文,而石經篆形同《説文》古文,即《説文》和石經篆、古字形互易。秦簡"要"字作䛒、䛒(《睡編》39 頁),同《説文》古文和石經篆文。睡虎地秦簡《日書》甲種 80 號簡背"疕在要(腰)"之"要"作䛒,郭店簡《忠信之道》5 號簡從土要聲之字作䛒,三晉古璽從艸要聲之字作䛒,上博簡《昭王與龔之脾》7 號簡"要"作䛒,[①]清華簡《繫年》77 號簡作䛒,《成人》12 號簡作䛒。從上列戰國文字"要"字形體來看,《説文》篆文及石經古文"要"字是訛省之形。

157. 農　䛒 䛒

第二形小徐本作䛒。金文"農"作䛒、䛒、䛒、䛒等(《金文編》168 頁)。諸家皆指出從凶是從田之訛。商承祚、舒連景認爲古文第一形下部是"辰"

---

① 以上"要"字,參看郭永秉:《説古文字中的"要"字和从"要"之字》,收入氏著《古文字與古文獻論集》,189—201 頁,上海古籍出版社,2011 年。

之譌，可信。古文第二形从林从辰，結構同上引金文第三形（見牆盤）。《陶彙》3.1234 亦有从林从辰的單字。上博簡《三德》15 號簡"農"作 ，清華簡《越公其事》28、30 等號簡"農"作 ，字形上即"蓐"字。

158. 革　革 革（石）

西周金文"革"或作 （"勒"字所从，《金文編》170 頁）。而鄂君啓車節作 ，上博簡《周易》47 號簡作 ，曾侯乙墓竹簡作 （《曾侯乙墓竹簡文字編》158—159 頁），特點是把中間的"甘"形分開寫，變成"臼"形。此古文之形與之相同。

159. 鞀　

此古文从古文"革"，从亶聲，"亶"亦从旦聲。傳世經典未見"鞀"字，古文之形可能出於逸書。

160. 鞭　

西周金文"馭"字作 、（《金文編》11 頁），象執鞭策馬形，右旁即此古文所從來。九年衛鼎（《集成》5.2831）作 。晉璽作 （《璽彙》399），齊璽作 （偏旁，《璽彙》1319），均與此古文同形。郭店簡《老子甲》1 號簡等作 ，字形有所不同。上博簡、清華簡中此字亦常見，如上博簡《慎子曰恭儉》2 號簡作 ，清華簡《子產》3 號簡作 ，《管仲》9 號簡作 。 形是省略的寫法。

161. 鬲　（石）

此石經古文用作《君奭》"多歷年所"之"歷"。郭店簡《窮達以時》2 號簡作 ，用爲"歷山"之"歷"；鬲矛（《集成》18.11476，齊兵器）"鬲"作 ，其字都从臼，與石經古文相同。梁十九年亡智鼎（《集成》5.2746）"鬲"字亦从臼，而且同石經古文一樣，也是讀爲"歷年"之"歷"。[1] 从臼之"鬲"上博簡、清華簡亦常見。

162. 㽁

"㽁"與"鬲"音義皆同。許云："古文亦鬲字。"

---

① 參看李學勤：《新出青銅器研究》，207 頁，文物出版社，1990 年。

163. 孚　[古文字形]

許云："古文孚从呆，呆，古文保。""保"和"孚"古音至近，古文"孚"可能是从古文"保"爲聲，也可能"子"旁下部的兩筆是飾筆，如古文"平"之作[古文字形]。這樣寫的"孚"，出土古文字未見。

164. 爲　[古文字形][古文字形]（石）

東周左官壺（《集成》15.9640）"爲"作[古文字形]，郭店簡《老子甲》6 號簡等作[古文字形]，《老子丙》14 號簡作[古文字形]，皆與此石經古文相近。郭店簡《忠信之道》中"爲"作[古文字形]，多出一筆。《説文》古文是訛變之體，即右旁被左旁同化。

165. 埶　[古文字形]（石）

此石經古文用爲"藝"。《説文》："埶，種也。"通作"藝"。此形左旁與古文字相合，右旁則同《説文》小篆。

166. 又　[古文字形]（石）[古文字形]（石）

石經古文一用爲"左右"之"右"（見於《皋陶謨》），其餘都對應古書中的"有"。"又"用爲"有"是古文字一般的用法，用爲"右"則較少見。

167. 厷　[古文字形]

金文"厷"作[古文字形]（亞厷方鼎，《集成》3.1409）、[古文字形]（師訇簋，《集成》8.4342）。小篆變圈形爲鈎形，此古文又省去"又"。

168. 父　[古文字形]（石）

王國維説："此字訛舛。"[①]"父"字从又舉杖，此石經古文杖形不顯，又於"又"上加一飾筆。

169. 尹　[古文字形]

小徐本古文作[古文字形]，訛誤。鄂君啓車節"尹"作[古文字形]，此古文上部即由之訛變，與"君"字古文同例。下部所从近《説文》"豕"字古文之形。此古文或是从豕尹聲之字，而假借爲"尹"，如六國文字或用从尹从肉之字爲"尹"。[②]

170. 及　[古文字形][古文字形][古文字形][古文字形]（石）[古文字形]（石）[古文字形]（隸石）

《説文》古文第三形小徐本作[古文字形]。金文"及"字作[古文字形]、[古文字形]（《金文編》189

---

① 王国維：《魏石經殘石考》，35 頁。
② 參看何琳儀：《戰國古文字典》，下册 1336—1337 頁。

頁），在豎筆左右各加一筆，即成石經古文之形。上博簡《緇衣》2 號簡“情”字所從的“青”作 ，郭店簡《太一生水》“補”字所從的“甫”作 ，《陶彙》3.713“南”作 ，都是同類的變化。郭店簡《唐虞之道》15 號簡等“及”作 ，上部較石經古文多一飾筆（中山王鼎“及”作 ，上博簡《緇衣》3 號簡“及”作 ，上部與《唐虞之道》“及”相同。但郭店簡《緇衣》5 號簡、《性自命出》59 號簡等“及”作 ，上部有所不同）。

郭店簡《語叢二》19 號簡“及”作 ，从辵，形與《說文》古文相近。但《說文》古文右上部有訛變，又於豎筆兩側增加了兩點（小徐本不加）。

《說文》以爲“今”字从古文“及”。 、 有可能是截取“今”字而來，“今”“及”古音相近（聲母相近，韻部陽入對轉）。

171. 秉 （石）

“秉”字从又持禾，此石經古文不从禾，而同上引郭店簡《唐虞之道》中的“及”字，可以認爲是漏寫了一筆。但像《唐虞之道》中那樣寫的“及”字本來就極易跟“秉”混淆。郭店簡《語叢三》60 號簡“兼”字作 ，不从兩“禾”，也是混淆了“秉”和“及”。清華簡《攝命》14 號簡“秉”作 ，省略兩筆；《四告》3 號簡“秉”作 ，省略一筆，同石經古文。

172. 反

此古文“又”上加一橫飾筆，猶“石”字作 （郭店簡《緇衣》35 號簡）。《璽彙》242（齊璽）有“販”字，其所從“反”同此古文，“又”上有一橫；中山王譽方壺（《集成》15.9735）“返”作 ，所從“反”也多出一筆；郭店簡《緇衣》7 號簡“板”字所從的“反”亦同此古文。

173. 叙 （石）

此石經古文用爲《春秋經》人名“介葛盧”之“介”。王國維說：“古从祟之字亦或从奈，如隸字篆文作隸，古文作隸；款或作歂，或作歀。知叙、叙亦一字也。殷虛卜辭有叙字，叙、介古音同部，故以爲介字。”[1]卜辭外，“叙”字又見於戔簋（《集成》8.4322）和季姬方尊（《文物》2003 年第 9 期），都用爲量詞，

---

[1] 王國維：《魏石經殘石考》，34 頁。

相當於古書中的“介”和“个”。① 此古文所從的“示”爲古文“示”，右從攴，是
“叔”的異體。

174. 取 (石)

175. 彗

許云：“古文彗，從竹從習。”卜辭“彗”作。清華簡《四告》28、29 號簡
“彗”作。舒連景引羅振玉説，認爲古文所從“羽”是兩“帚”之訛。其説是。
曾侯乙墓 9 號簡“彗”字作，亦從竹。此古文下部又增“白”形，是與“友”字
相同的變化。參看 177“友”字條。

176. 叚

小徐本古文作。金文“叚”字作、（《金文編》192 頁）。此古文之
形，商承祚以爲寫誤。石經古文“瑕”所從的“叚”作，見 025“瑕”字條。

177. 友 (石) (隸石) (韻石)

《説文》古文第一形“又”下部各加一短橫飾筆，變化同石經古文“父”字。
郭店簡《語叢三》6 號簡“友”字作，其上兩“又”旁上也都加了飾筆。金文
“友”字或作、（《金文編》193 頁），加“口”或“甘”爲繁飾。《説文》古文第
二形和《古文四聲韻》所引石經古文下從“百”形，是“白”形（即）上加一橫
飾筆而來，而“白”形是“甘”之變。上引郭店簡《語叢三》“友”字下從自，也是
從甘變來。《隸續》所録石經古文下所從可能是“白”形漏寫一筆。《説文》古
文第二形上從羽，顯然是訛變之體。《隸續》所録和《古文四聲韻》所引石經
古文上部形同“艸”，郭店簡《語叢三》62 號簡等“友”作，亦類“艸”形。清華
簡《厚父》11 號簡“友”作，上部亦同“艸”形。

178. 卑 (石)

金文“卑”作、（《金文編》195 頁）。侯馬盟書或作、（《侯馬》
312 頁），與石經古文相近。

---

① 説詳董珊：《季姬方尊補釋》，《戰國題銘與工官制度研究》，107 頁，北京大學考古文博學院博
士後研究工作報告，2004 年。

179. 事 ☱☲(石)

小徐本古文作☱,竪筆貫"口"形,下从寸,恐是傳寫之誤。石經古文或用爲"使",是古文字中一般的用法。郭店簡《唐虞之道》篇"事"字作☲,侯馬盟書或作☱(《侯馬》312 頁),中山王兆域圖(《集成》16.10478)作☲,清華簡《鄭文公問於太伯(乙本)》7 號簡"事"作☱,都與此石經古文基本同形。《説文》古文竪筆穿過横畫,字形稍異。

180. 支 ☱

小徐本古文作☱。此古文的字形變化與古文"及"相類,參看 170"及"字條。

181. 肄 ☲ ☱(韻石)

此《説文》古文爲字頭。下出籀文☲,篆文☱,知《説文》以字頭爲古文。秦簡作☲(《睡編》43 頁),篆文與之相合。此字金文作☱、☲等(《金文編》200—201 頁)。篆文左旁即由上舉金文第二形的左旁變來,古文左旁由上舉金文第一形的左旁變來。

182. 肅 ☱

許云:"古文肅,从心从卪。"王孫遺者鐘(《集成》1.261)"肅"作☱,包山174 號簡作☲。李天虹疑此古文从心从卪即由"卝"訛變。[1]

183. 畫 ☱☲

小徐本古文作☱、☲,同篆文从聿,當以大徐本字形爲是。西周金文"畫"或作☱(《金文編》203 頁),晉系文字變作☲(《璽彙》725 等),此《説文》古文亦由☱形變來。从刀者,即"劃"字。

184. 隸 ☱

此《説文》古文爲字頭,下出篆文☱,云:"篆文隸,从古文之體。"知《説文》以字頭爲古文。按秦文字"隸"字作☱(高奴禾石權,《集成》16.10384)、

---

[1] 李天虹:《説文古文新證》,《江漢考古》1995 年第 2 期,76 頁。

𣀷、𣀷（《睡編》44 頁）。可知篆文之从出是訛變之體，古文之形則是較古的寫法。① 右旁从隶與古文字不合，是訛形。

185. 臤　𦥓（石）

許云："古文以爲賢。"石經古文亦用爲"賢"，與《説文》合。"臤"字用爲"賢"，頻見於郭店簡和上博簡，包括郭店簡的《緇衣》《五行》《語叢一》《語叢三》等以及上博簡的《仲弓》《曹沫之陣》等。但除《語叢三》52 號簡以及清華簡《治邦之道》20 號簡外，其他"臤"字都在"又"旁上多出一筆，與此古文有所不同。

186. 臣　𦣹（石）　𦣹（石）

此石經古文基本同篆文。戰國文字"臣"字多作𦣹形，②郭店簡"臣"字或作𦣹形（《老子丙》3 號簡、《語叢三》6 號簡等）。

187. 殳　𣂒

許云："古文投（原誤役，據段玉裁注改）如此。"知此字頭《説文》以爲"投"字古文。包山 99 號簡、《璽彙》3090（晉璽）有从豆从攴之字。

188. 殽　𥾁（石）

此石經古文用爲《春秋經》地名"殽"。鄔可晶認爲此石經古文用爲"殽"之字可隸定爲"虖"，是"號"字的古體。③ 其説可從。

189. 役　𠈈

許云："古文役从人。"除左旁从人和从彳的不同外，古文右旁與篆文也有所不同。胡小石據此古文之形於"殳"下補古文作𠈈。殷墟甲骨文"役"字从人从殳（《甲骨文編》134 頁）；④秦漢文字"役"或作𠈈（見帛書《老子》甲本、銀雀山《孫臏兵法》等），⑤亦从人。

---

① "祟"字即由"柰"字訛變而來。參看林澐：《讀包山楚簡札記七則》第七則，《林澐學術文集》，21 頁，中國大百科全書出版社，1998 年。

② 參看何琳儀：《戰國古文字典》，下册 1124—1125 頁。

③ 鄔可晶：《石經古文"殽"字來源續探》，《戰國秦漢文字與文獻論稿》，220—222 頁，上海古籍出版社，2020 年。

④ 參看唐蘭：《古文字學導論（增訂本）》，144 頁，齊魯書社，1981 年。

⑤ 參看《秦漢魏晉篆隸字形表》，206 頁。

190. 殺　𣪏 𣦼 𣪊 (石) 𣪊 (石) 𣦼 (石)

小徐本古文另有𣪏，與篆文小異。石經古文前兩形（基本相同）用爲“殺戮”之“殺”，第三形用爲國名之“蔡”。“蔡”“殺”古音相近。

庚壺（《集成》15.9733）“殺”字作𣦼，與《說文》古文第二形和石經古文前兩形古文形近。

《說文》古文第三形和石經古文第三形見於郭店簡《唐虞之道》7 號簡、《語叢一》103 號簡、《語叢三》40 號簡，都用爲“減殺”之“殺”。金文國名之“蔡”作𣪊（《金文編》207 頁），古文𣦼形即由之變來。[1]

《說文》古文第一形不詳。

191. 尃　𢾭 (石) 𢾭 (石)

此石經古文用爲“敷”。前形見於二體八字行《禹貢》，後形見於《君奭》。郭店簡《語叢一》82 號簡等“尃”字作𢾭，與石經古文第一形相近。《璽彙》290（齊璽）第二字右旁“尃”也是同樣的形體。金文“尃”字作𢾭（《金文編》209 頁），古文之形即由之變來。石經古文第二形上部同小篆，而與古文字不合。

192. 皮　𤿺

小徐本古文作𤿺。戰國文字“皮”或作𤿺形，[2]此古文之形即由之訛變。小徐本古文字形是進一步的訛變。

193. 㲋　𡱂

此古文之形不可解。

194. 徹　𢽾

金文此字作𢽾、𢽾（《金文編》210 頁。第二形見𤣥羌鐘），[3]不从彳。

195. 政　𭃉 (石)

从攴正聲，同篆文。

---

① 參看何琳儀、黃德寬：《說蔡》，《徐中舒先生百年誕辰紀念文集》，巴蜀書社，1998 年。

② 參看何琳儀：《戰國古文字典》，下册 885—887 頁。

③ 𤣥羌鐘之字，陳夢家釋爲“獻”，朱德熙從之。參看《朱德熙古文字論集》，169 頁。

196. 變　𥼋(石)

从支兒(通作弁)聲，"變"的異體。但所从的"兒"字形有訛變。侯馬盟書有字作𢾷(《侯馬》328 頁)，也是从支兒聲，亦用爲"變"。[1] 楚簡通常假借"弁"爲"變"。

197. 敵　𩂨(石)

石經古文"敵"所从"啻"旁形體較怪，參看 066"啻"字條。

198. 救　𣏾(石)

199. 敓　𣁬(石)

此石經古文見於古文一體《論語》殘石，用爲首章"不亦説(悦)乎"之"説(悦)"。郭店簡中此字大部分亦用爲"悦"，見於《老子甲》21 號簡、《緇衣》11 號簡、《魯穆公問子思》2 號簡、《語叢二》42 號簡、《語叢三》4 號簡等。上博簡《孔子詩論》6、24 號簡及《曹沫之陣》63 號簡、安大簡《詩經》25 號簡"我心則悦"之"悦"等亦用"敓"爲"悦"。

200. 攸　𩧀(石)

此石經古文用爲"修"。郭店簡中此字亦都用爲"修"。《六德》47 號簡其字作𩧀，與此石經古文形體極近。《璽彙》4496、4497、4498（晉璽）亦用"攸"爲"修"。用"攸"爲"修"亦常見於上博簡和清華簡。

201. 改　𡴁(石)

此字左上角稍殘，用爲《皋陶謨》"撫于五辰"之"撫"。《説文》"改"爲字頭，云"撫也"，又云"讀與撫同"。"改"實際上是"撫"的異體。上博簡《曹沫之陣》3 號簡"撫有天下"之"撫"正作"改"。清華簡《祝辭》3、4、5 號簡"撫"作"𠬝"。

202. 敗　𣁬(石)

《説文》籀文"敗"作𣁬，楚文字"敗"一般作𣏾。[2]《説文》古文"則"作𣁬。

---

① 參看李家浩：《釋"弁"》，《古文字研究》第一輯，391—392 頁，中華書局，1979 年。
② 參看李守奎：《楚文字編》，199 頁。

王國維認爲石經是誤以古文"則"爲古文"敗"。[1] 其説是。

203. 收　𢪒（石）

"收"字从攴丩聲，此石經古文从手从攴。

204. 畋　𤝗（石）

此石經古文用爲《多方》"畋爾田"之"畋"。許云："畋，平田也。"並引《多方》文。此"畋"義爲治理田畝。清華簡《繫年》4 號簡："王是㕣（始）弃（棄）帝笈（籍）弗畋。"亦作"畋"。此石經古文从犬，似本爲"畋獵"之"畋"的專字。

205. 教　𡥈　𣀩　𣁇（石）

郭店簡《唐虞之道》5 號簡"教"字作𣁇，與石經古文同形。《唐虞之道》中其他"教"字作𡥈，同《説文》古文第二形。郭店簡《尊德義》4 號簡"教"或作𣀩，郭店簡《緇衣》18 號簡、上博簡《曹沫之陣》40 號簡等作𧩬，都从"言"旁，同《説文》古文第一形。

206. 卜　卜　𠨳（石）

古文右筆下垂。齊刀幣（《貨系》2563）作𠨳，郭店簡《緇衣》46 號簡"卜"字作𠨳，具有相同的特點。中山王𧻚方壺（《集成》15.9735）"外"作𠨳，所从"卜"同。清華簡《行稱》4 號簡"卜"作𠨳。

207. 貞　貞（隸石）

208. 兆　�

《説文》正篆作�，以此形爲古文。上博簡《天子建州（甲本）》11 號簡"兆"作𣥻，《卜書》1 號簡作𣥻，清華簡《廼命一》5 號簡作𣥻。秦簡"兆"作兆、北（《睡編》49 頁）。此古文實爲秦篆之訛體。

209. 用　𤰃（石）　𤰃（石）

此古文"用"是在竪筆上加一横飾筆而成。郭店簡《語叢三》55 號簡"用"字作𤰃，竪筆上也有飾筆，只是作小點。《説文》古文和石經古文第二形把飾筆拉長了。上博簡《用曰》8 號簡"用"作𤰃，清華簡《皇門》1、4 等號簡作𤰃，《廼命二》16 號簡作𤰃，皆同古文之形。

---

① 王國維：《魏石經殘石考》，32 頁。

210. 葡　𩰈(石)

此石經古文用爲"服"。甲骨文"葡"作𩰈（《甲骨文編》154 頁），象矢在箙中之形，爲"箙"之象形初文。金文"葡"作𩰈（《金文編》231 頁），已發生訛變。此古文是進一步訛變之形。《説文》"備"字（"備"字即從葡聲）古文作𩰈，其右旁與此形略近。詳 483"備"字條。

卷　四

211. 目　𩑣

小徐本古文作回，寫誤。《汗簡》部首和偏旁"目"一律作𩑣，但《古文四聲韻》引《汗簡》"目"作𩑣，應該是原來的寫法。今所見《汗簡》係將上一筆寫出頭，又改點爲横。朱駿聲《説文通訓定聲》改此古文作𩑣，石經"睦"字古文所從"目"亦作此形。《陶彙》3.557"目"作𩑣，《陶彙》3.917 偏旁"目"作𩑣，皆與𩑣形相近。郭店簡《唐虞之道》26 號簡"目"字作𩑣，亦相近。金文"目"字以及偏旁"目"作𩑣或𩑣（《金文編》233—242 頁），一無點，一有點。古文"目"即由有點之"目"演變而來。

212. 睹　𩑣

段玉裁注："篇、韻（引者按：指《玉篇》《廣韻》）皆不言覩爲古文。"此形應是或體。

213. 睦　𩑣　𩑣(石)

六國文字"坴"上從六，[①]此石經古文上部可能是"六"的訛誤。石經古文所從之"目"參上"目"字條。舒連景指出《説文》古文所從𩑣是"目之別構"。但此"目"形與"囧"相混同，比較特殊。又《説文》"省""冒""㒼"諸字古文所從的"目"均如此作。上博簡《緇衣》2 號簡有字作𩑣，用爲"識"，其下所從與此古文所從"目"相近。馮勝君認爲，這樣寫的"目"可能是上舉如《唐虞之

---

① 參看何琳儀：《戰國古文字典》，上册 225 頁。

道》26 號簡 "目" 字作 ⟨图⟩ 形的誤摹。[1] 按中山王響鼎（《集成》5.2840）"省" 字作 ⟨图⟩，所從 "目" 的中間由一般的三筆變成了四筆，此《説文》古文所從 "目" 之作 ⟨图⟩ 是與之相類的變化。

214. 眚 ⟨图⟩(石)

此石經古文下部殘去，可據石經 "睦" 字古文所從 "目" 形補足；用爲 "百姓" 之 "姓"。郭店簡中 "眚" 有三類寫法，一作 ⟨图⟩，見於《語叢二》《語叢三》；一作 ⟨图⟩，見於《唐虞之道》；一作 ⟨图⟩，見於《老子丙》《緇衣》《成之聞之》《性自命出》。此石經古文上部所從 "生" 同第一類。郭店簡中 "眚" 字多數用爲 "性"，但《老子丙》2 號簡及《緇衣》5、9、11、12 號簡用爲 "百姓" 之 "姓"，同此石經古文。上博簡《容成氏》48 號簡、《彭祖》7 號簡、《曹沫之陣》27 號簡等亦用 "眚" 爲 "百姓" 之 "姓"。清華簡 "眚" 用爲 "姓" 常見，又安大簡《詩經》20 號簡 "公姓" 之 "姓" 亦作 "眚"。

215. 厵 ⟨图⟩

此是字頭，許云："古文以爲醜字。" 小徐本作 "古文以爲覼"。此字 "讀若書卷之卷"，古文用爲 "醜" 或用爲 "覼" 都不是假借。張政烺認爲古文以爲醜者本是 "疇" 之異體 ⟨图⟩，因爲 ⟨图⟩ 與 ⟨图⟩ 形近，故誤記於 ⟨图⟩ 下。[2]

216. 省 ⟨图⟩

許云："古文從少從囧。" 按 "省" "眚" 本一字，"省" 字小篆作 ⟨图⟩，上部尚近 "生"，而此《説文》古文從 "少"，又由篆形訛來，同於隸楷。關於下所從 "目" 參上 "睦" 字條。

217. 自 ⟨图⟩⟨图⟩(石)

此《説文》古文加一橫飾筆。《陶彙》3.1024 "劓" 字所從的 "自" 作 ⟨图⟩，也有飾筆。

218. 者 ⟨图⟩(石)

《隸續》所録石經古文作 ⟨图⟩，都用爲 "諸"。"者" 用爲 "諸" 是古文字中一

---

① 馮勝君：《論郭店簡〈唐虞之道〉、〈忠信之道〉、〈語叢〉一～三以及上博簡〈緇衣〉爲具有齊系文字特點的抄本》，8 頁。

② 張政烺：《〈説文〉燕召公〈史篇〉名醜解》，《張政烺文集·文史叢考》，134—135 頁，中華書局，2012 年。

般的用法。

郭店簡《五行》《語叢一》《語叢三》《唐虞之道》《忠信之道》中"者"字作 ⚬、⚬、⚬、⚬ 等形,與此石經古文相近。按金文"者"字作 ⚬、⚬ 等形(《金文編》247—248 頁),上部似"木"似"止"又加數小點,下從口。後來"口"旁邊的點和"口"粘合,"口"的左筆又向下出頭,就變成了如中都戈(《集成》17.10906)⚬(都)字所從的"者",①亦即上舉郭店簡中的 ⚬ 形(見於《忠信之道》2、3、4、6、9 號簡)。進一步訛變,即少寫一橫,下部就變成了如此石經古文和上舉郭店簡前三形中的半"衣"字形。燕璽中"都"字所從的"者"多作 ⚬ 形(《璽彙》188、190、293 等),下部亦作半"衣"字形,但其上部與此石經古文以及上舉郭店簡"者"字有較大區别。

219. 智　⚬(簡) ⚬(石)

小徐本古文作 ⚬,寫誤。《璽彙》3497(燕璽)"智"作 ⚬,上博簡《緇衣》2 號簡"智"字作 ⚬,下部與此《説文》古文和石經古文相近。"智"字下部本從口或甘,《説文》古文、石經古文以及上博簡《緇衣》"智"字下部都是訛變之體;其中《説文》古文訛作"丘"形,石經古文訛作"皿"形,是進一步的訛變。其變化可以跟"者"字類比:"者"字下部本從口或甘,但像郭店簡《尊德義》8 號簡就變成了 ⚬,"口"下加了一橫,而 10 號簡又進一步變成了 ⚬。

220. 百　⚬(簡) ⚬(石)

石經古文上部殘去。郭店簡《忠信之道》7 號簡、《語叢一》18 號簡、上博簡《緇衣》7 號簡、信陽 2–029 號簡"百"字作 ⚬,中山王 ⚬ 鼎(《集成》5.2840)作 ⚬,與此《説文》古文和石經古文相同。郭店簡《老子甲》《老子丙》《緇衣》"百"字作 ⚬,多出一橫飾筆,包山簡、楚帛書"百"字皆同。

221. 奭　⚬(簡) ⚬(石)

《説文》古文從二古文"百"。郭店簡《緇衣》36 號簡"奭"作 ⚬,從二"百",

---

① 裘錫圭師認爲,中都戈可能是魯國兵器。參看馮勝君:《論郭店簡〈唐虞之道〉、〈忠信之道〉、〈語叢〉一～三以及上博簡〈緇衣〉爲具有齊系文字特點的抄本》,15 頁。

同篆文。上博簡《緇衣》18 號簡作 ，似从二"首"，同此石經古文。清華簡
《良臣》4 號簡"奭"作 ，从二"百"，所从"百"是晉系文字的特殊寫法。

222. 習　(石)

郭店簡《語叢三》10、13 號簡"習"作 ，下从自，此古文从白，同篆文。

223. 隹　(石)

此石經古文都用爲虛詞"惟"。"隹"用爲虛詞"惟"是古文字一般的用
法。清華簡《保訓》6 號簡"隹"作 ，11 號簡作 ，與石經古文形近，都有表
示眼睛的一點。但是一般的楚文字"隹"並不這樣寫。

224. 雉　

古文从弟聲，所从"弟"同篆文，不作古文。

225. 雛　(石)

此石經古文殘損，見於五字行《高宗肜日》，同篆文。

226. (石)

此石經古文見於《石刻篆文編》194 頁，疑从雔，則可暫釋爲"臃"。

227. 羯　(汗石)　(韻石)

此字見《汗簡》和《古文四聲韻》所引石經。《春秋經》有仲孫羯，此即引
自《春秋經》。中山王𰯼方壺（《集成》15.9735）"渴（竭）志盡忠"之"渴"作 ，
所从偏旁"曷"與此古文所从相近；又三晉璽印文字偏旁"曷"作 、、，[1]均
與此古文所从相近。清華簡《四告》35 號簡"曷"作 。

228. 羌　

此古文無徵，應該是訛變之體。

229. 集　(石)

同《説文》或體。

230. 鳳　　

第二形小徐本右从"鳥"旁，大徐本从古文"鳥"。許云："古文鳳，象形。
鳳飛，群鳥從以萬數，故以爲朋黨字。"古文第一形實際上就是古文字"朋"字

---

① 參看何琳儀：《戰國古文字典》，下册 901—902 頁。

的變形（《金文編》560—561 頁，作 ▢、▢ 等形）。①《説文》内偏旁"朋"皆如此作。

231. 難　▢ ▢ ▢ ▢(石)

《説文》古文第一形小徐本作▢，第二形作▢。左上作 ▲▲ 形是 ▢ 形的訛變，變化同古文"皮"；小徐本又變從"竹"，屬誤改。《説文》古文前兩形以及石經古文的特點是"口"形下有左右兩筆（大徐本第一形恐是寫漏，第二形則連兩筆爲一横，此據小徐本爲説），戰國文字中這種寫法的"堇"見於齊、燕文字。② 郭店簡《語叢三》45 號簡"難"字作▢，與《説文》古文第三形至近。

232. 烏　▢ ▢(石)

此字即"於"字。小徐本古文作▢。石經古文用爲"烏虖"之"烏"，但《君奭》有一處用爲介詞"於"，而其對應的今本作"于"。郭店簡《語叢一》《語叢二》《語叢三》中此字作▢、▢，上博簡《緇衣》2 號簡作▢，皆與此古文相近。

233. 畢　▢(石)

郑公華鐘（《集成》1.245）"畢"作▢，秦簡"畢"作▢（《睡編》57 頁），清華簡《四告》23 號簡作▢，49 號簡作▢，皆從廾，同此石經古文。

234. 棄　▢

郭店簡《老子甲》1 號簡作▢，同此《説文》古文。又包山 121、179 號簡與信陽 1-18 號簡、上博簡《容成氏》3 號簡以及《璽彙》1485（晉璽）、三晉貨幣文字"棄"字（《古幣文編》190 頁）均同。這樣寫的"棄"字上博簡、清華簡常見。中山王▢鼎（《集成》5.2840）"早棄群臣"，"棄"作▢，較此古文多出兩筆。

235. 爯　▢(石)

爯，通作"稱"。西周金文"爯"作▢、▢ 等形（《金文編》267—268 頁），六國文字多增從又，③楚簡中的"爯"皆增從又，如郭店簡《魯穆公問子思》1 號

① 黄文傑：《説朋》，《古文字研究》第二十二輯，280 頁，中華書局，2000 年；李家浩：《〈説文〉篆文有漢代小學家篡改和虚造的字形》，《安徽大學漢語言文字研究叢書·李家浩卷》，366—369 頁，安徽大學出版社，2013 年。

② 參看何琳儀：《戰國古文字典》，下册 1321—1323 頁。

③ 參看何琳儀：《戰國古文字典》，上册 142 頁。

簡作🐾。此石經古文不从又，是較古的寫法。

236. 叀 🖼🖼

金文"叀"或作🖼（《金文編》271 頁，又 272 頁𪔅鎛"惠"字所从），此《説文》古文第一形又省去一筆。"斷"字古文作🖼，从古文"叀"，而與此古文第二形稍有不同。🖼、🖼應該也是從🖼形訛變而來的。

237. 惠 🖼🖼(石)

西周金文有🖼字，舊釋爲"叀"（《金文編》271 頁），此《説文》古文所从"叀"與之形近。但金文此形實讀爲"助"，非"叀"字。[1] 郭店簡《緇衣》41 號簡"惠"作🖼，上所从"叀"與此石經古文所从相同。又《忠信之道》5 號簡"叀"字作🖼（用爲"惠"），亦同此石經古文所从"叀"。

238. 玄 🖼

小徐本古文作🖼。𨟚公𨱅鐘（《集成》1.149—152）"玄"作🖼，包山 66 號簡作🖼，圈形内都各有一筆，此《説文》古文與之相同。又上博簡《子羔》12 號簡"玄"作🖼，清華簡《四時》篇内 16 個"玄"字皆作🖼形。

239. 茲 🖼(石)

此石經古文與卜辭、西周金文以及六國文字皆同。[2]

240. 予 🖼(石)

見於品字式《皋陶謨》，用爲第一人稱，石經古文他處用加"口"的"余"。

241. 敖 🖼(汗石) 🖼(韻石)

此《汗簡》《古文四聲韻》所引石經古文見於《春秋經》，用爲人名"公孫敖"之"敖"。金文"敖"字作🖼、🖼（《金文編》273 頁），秦簡作🖼、🖼（《睡編》58 頁）。《説文》小篆訛作从出从放，此《汗簡》所引訛作从之从放。《古文四聲韻》所引"敖"字較近秦簡"敖"字。

242. 𣎆 🖼

金文此字作🖼、🖼（《金文編》273 頁），篆文與之相合。此古文當是訛體。

---

[1] 楊安：《"助"、"叀"考辨》，《中國文字》新三十七期，藝文印書館，2011 年。
[2] 參看何琳儀：《戰國古文字典》，上册 91 頁。

243. 受　茻(石)

《隸續》所錄石經古文和《汗簡》《古文四聲韻》所引石經古文"受"字皆作
茻，寫脱。"受"字從舟聲，此石經古文正從舟。郭店簡《忠信之道》8 號簡
"受"字作茻、《唐虞之道》20 號簡等作茻，《語叢三》5 號簡作茻，上博簡《孔子詩
論》2 號簡作茻皆從舟，但"舟"的位置與此石經古文有所不同。

244. 敢　茻 茻(石)

齊系文字如陳曼簠(《集成》9.4595、4596)"敢"作茻，不從攴；三晉、燕文
字亦多不從攴。① 楚文字"敢"大多作茻形，② 與此石經古文較近。《説文》古
文有訛變。《隸續》所錄石經古文作茻，訛變更甚。

245. 叡　茻

此古文可以分析爲從目從睿省聲。"睿"是《説文》"濬"的正篆，也是
"㕃"的古文。參看 073"㕃"字條。

246. 歺　茻

《汗簡》"歺"及偏旁"歺"皆作茻，較此《説文》古文少一横。按石經古文
"薨"字中的偏旁"歺"也沒有上面一横，作茻是正確的。《説文》大徐本"死"字
古文所從的"歺"亦作茻。郭店簡中偏旁"歺"作茻(《緇衣》38 號簡"死"字等所
從)、茻(《窮達以時》9 號簡"死"字等所從)、茻(《忠信之道》3 號簡"死"字所
從)。其中茻形與此古文相合。

247. 殂　茻

許云："古文殂，從歺從作。"小徐本古文作茻，蓋依此注改。古文實際上
是從古文"死"，乍聲。"且""乍"音近，作爲聲旁常通用，故"殂"可以從乍聲。

248. 殪　茻

古文"殪"從古文"死"，壹省聲。小徐本古文從篆文"死"，誤。

249. 殄　茻

此古文象倒人形，應該是顛倒之"顛"的表意字。"顛""殄"音近，故古文

---

① 參看何琳儀：《戰國古文字典》，下册 1448—1450 頁。

② 參看李守奎：《楚文字編》，252 頁。

假借爲“殄”。①

250. 死　旅 芪（隸石）　尿（汗石）　尿（韻石）

小徐本古文从丒。《隸續》所録石經古文左邊不封口，係傳寫之誤。《汗簡》《古文四聲韻》所引訛誤更甚。郭店簡《忠信之道》3 號簡“死”作芪，與古文形同。齊系文字“葬”字所从的“死”亦與此古文相近。參看040“葬”字條。

251. 薨　薨（石）

从古文“死”。

252. 髀　睉

古文从足。此古文所从的偏旁皆同篆文。

253. 膚　亯（石）

此石經古文用爲《春秋經》人名“介葛盧”之“盧”。“盧”和“膚”都从盧聲，故可以通用。三晉貨幣文字“膚”作亯形（《古幣文編》219 頁），與此石經古文字形較近；齊陶文“閭”字作𤔔（《陶彙》3.422），所从的“膚”形亦與此石經古文相近。郭店簡《五行》43 號簡“膚”作𤔔、《唐虞之道》11 號簡作𤔔，所从“虍”是楚文字的寫法。

254. 脣　䫝

古文从頁，所从的“辰”同篆文，不作古文“辰”之形。

255. 胤　𦙍

此字西周金文作𦙍（《金文編》283 頁，下同），左右各有一筆而較短。秦公鐘作𦙍、晉公盆作𦙍，與篆文相近。戰國時屬中山國的盉壺（《集成》15.9734）作𦙍，“幺”旁左右各有兩小筆。此古文似糅合了兩種形體。上博簡《周易》49 號簡“胤”作𦙍，从“行”形，與此古文比較接近。

256. 膌　𦢌

古文从疒束聲。但所从的“束”同篆文。篆文从脊聲，而“脊”亦从

───────────────

① 參看陳劍：《釋展》，《追尋中華古代文明的蹤迹——李學勤先生學術活動五十年紀念文集》，49 頁，復旦大學出版社，2002 年。

束聲。①

257. 腜　農

篆文从肉，古文从日。"腜"訓"多"、訓"厚"。从日或是从肉之訛。

258. 胥　⿱（石）

259. 散　⿰（石）

此石經古文用爲《君奭》人名"散宜生"之"散"。但左旁實爲"昔"，對應的篆文亦从昔作。待考。《汗簡》和《古文四聲韻》引石經"散"作"㪔"，參看445"㪔"字條。

260. 肰　⿰　⿰

《古文四聲韻》引《古孝經》"然"作⿰，係由郭店簡《語叢一》30、63 號簡等作⿰、⿰形的从虍从肰的"然"訛變，此古文第一形是進一步的訛變。古文第二形从火，即"然"字，但"肉"旁訛，小徐本訛作"日"。

261. 肯　⿱

"肯"字篆文作⿱，古文較篆文多一橫。《璽彙》1473（齊璽）作⿱，清華簡《皇門》7、8 號簡"肯"作⿰，同古文。

262. 利　⿰

金文"利"作⿰（《金文編》284 頁），从勿，古文與之相合。六國文字"利"字亦多如此作。②

263. 則　⿰　⿰　⿰（石）

"則"字本从鼎（《説文》籀文即从鼎），省變爲从貝。《説文》古文第一形从二"貝"，是从二"鼎"之省變。段簋（《集成》8.4208）有从二"鼎"从刀之字。《説文》古文第二形左旁是"鼎"之訛。《汗簡》録此形，注"出《説文續添》"，舒連景謂是後人竄入。

郭店簡《語叢三》"則"字作⿰（又見於《五行》《尊德義》），《唐虞之道》《忠

---

① 參看劉釗：《〈説文解字〉匡謬（四則）》第 2 則，《説文解字研究（第一輯）》，354—355 頁，河南大學出版社，1991 年。

② 參看何琳儀：《戰國古文字典》，下册 1260 頁。

信之道》中的"則"作![字形]（又見於《性自命出》），爲前形之省，都變"鼎"爲"目"下"火"形。此石經古文與之相合。

264. 剛 ![字形]

此古文實際是"强"字。如郭店簡《老子甲》7 號簡"强"作![字形]，"弓"旁亦訛作人形，但兩橫在"口"下，與此古文不同。《古文四聲韻》引《古尚書》"剛"作![字形]。"强"與"剛"音近，故古文假借"强"爲"剛"。郭店簡《六德》32 號簡"强"字亦用爲"剛"。"弨"用爲"剛"，又見於清華簡《子産》24 號簡及《司歲》14 號簡。上博簡《慎子曰恭儉》2 號簡"强"作![字形]，5 號簡作![字形]，兩橫在"口"上，形同《説文》古文。

265. 割 ![字形]（石）

此石經古文从《説文》奇字"倉"。《汗簡》引《牧子文》"犕"亦从奇字"倉"。《汗簡》引《孫强集字》有![字形]，釋爲"創"。"倉"與"割"的語音有很大距離，"倉"不可能作"割"的聲符。郭永秉認爲"創"用爲"割"，"是傳抄古文常見的同義誤置誤用現象"；《汗簡》"犕"字古文爲"創（割）"省聲。[①] 其説可從。《陶彙》3.865—870 有單字作![字形]。

266. 制 ![字形]

小徐本古文作![字形]，寫誤。王子午鼎（《集成》5.2811.2）"制"作![字形]，此古文與之相近。

267. 罰 ![字形]（石）

郭店簡《緇衣》27 號簡等"罰"作![字形]，盉壺（《集成》15.9734）作![字形]。此石經古文所从"网"是訛體。

268. 刺 ![字形]（石）

西周金文"束"作![字形]（《金文編》488 頁），六國文字"束"作![字形]或其變

---

① 郭永秉：《從戰國文字所見的類"倉"形"寒"字論古文獻中表"寒"義的"滄/滄"是轉寫誤釋的產物》，《出土文獻與古文字研究》第六輯，上海古籍出版社，2015 年；收入氏著《古文字與古文獻論集續編》，117 頁注⑨。

體。^① 此石經古文從从夾之"刺"字俗體而來。^②

269. 衡　

金文"衡"作（《金文編》293 頁），同篆文。此古文省"行"旁，又訛"角"旁爲"西"形。上博簡、清華簡中"衡"字多數亦省去"行"旁，如上博簡《凡物流形（甲本）》4 號簡作，清華簡《良臣》2 號簡作，《殷高宗問於三壽》16 號簡作，《四時》42 號簡作。

卷　　五

270. 簵　

小徐本古文所從"竹"旁同篆文，凡"竹"旁皆同，以下不出注。古文從輅聲。"輅"字見於晉璽（《璽彙》2453、2491 等），又見於三晉兵器銘文（《集成》17.11335 四年邘令戈、《集成》18.11694 四年春平相邦鈹）。

271. 簜　（石）

此石經古文見於《春秋經》僖公二十五年，用爲"宋蕩伯姬"之"蕩"，石經對應的篆隸皆作"蕩"。

272. 筍　（隸石）　（韻石）

此《隸續》所録石經古文用爲晉國荀氏之"荀"。《古文四聲韻》所引石經古文從《説文》古文"旬"，《隸續》所録少寫一筆。《汗簡》此字同《古文四聲韻》，但脱注"石經"。

273. 節　（石）

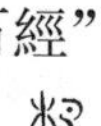

此石經古文見於古篆二體殘石，對應的篆文殘去。《汗簡》引《義雲章》"節"作，與此石經古文相近。此字從"埶"字省體，從卪，^③結構不詳，蓋以音近假借爲"節"。

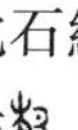

---

① 參看何琳儀：《戰國古文字典》，上册 767—768 頁。
② 從"夾"形的"刺"字在秦簡中已有，參看《睡編》，65 頁。
③ 參看李家浩：《南越王墓車馹虎節銘文考釋》，《容庚先生百年誕辰紀念文集》，663 頁，廣東人民出版社，1998 年。

274. 筮　[圖]₍石₎

《説文》字頭作[圖]，从《説文》古文"巫"字。西周金文"筮"作[圖]（《金文編》296 頁），侯馬盟書作[圖]（《侯馬》350 頁），均與此石經古文相合。楚文字"筮"字下从口，不从廾。

275. 筥　[圖]₍隸石₎　[圖]₍韻石₎

《隸續》所録石經古文用爲國名之"莒"。《汗簡》作[圖]，但脱注"石經"。金文國名"莒"或作[圖]（《金文編》296 頁），从膚聲。王國維認爲此石經古文是"簾"之略訛，①即訛"皿"爲"火"形，可信。

276. 籃　[圖]

《汗簡》引《義雲章》"藍"作[圖]；《古文四聲韻》引《古老子》"謙"作[圖]、[圖]，"兼"作[圖]。陳劍認爲，所从的"苜"是聲旁，"苜"即殷墟甲骨文中常見的舊釋爲"智"的字（即[圖]、[圖]等形）的左旁，是睞（睫）的表意初文，睞（睫）與"籃""謙""兼"音近。②

277. 簋　[圖][圖][圖]

此古文第一形从几，段玉裁改爲从九聲。按第一形當據《廣韻》作"匭"，从飢。金文"簋"作"㲋"，此所从的"飢"是"㲋"的訛變。楚文字"廄"所从的"㲋"或作"飢"，見於楚璽和包山 154 號簡。③ 从食的"㲋"西周金文就已出現，戰國文字中，齊系文字亦多从食（參看《金文編》300—301 頁）。

古文第二形从軌聲，參看第三章"《儀禮》古文"099 條。

古文第三形从木九聲，从木九聲的"簋"見於阜陽漢簡《詩·小雅·伐木》。

278. 簠　[圖]

小徐本古文作[圖]。陳逆簠（《集成》9.4629）"簠"作[圖]，从夫聲，同此《説

---

① 王國維：《王子嬰次盧跋》，《觀堂集林》卷十八。
② 陳劍：《甲骨文舊釋"智"和"蠿"的兩個字及金文"飄"字新釋》，《出土文獻與古文字研究》第一輯，141—146 頁，復旦大學出版社，2006 年；收入氏著《甲骨金文考釋論集》，221—225 頁，綫裝書局，2007 年。
③ 以上參看李家浩：《戰國官印考釋兩篇》，《著名中年語言學家自選集·李家浩卷》，146—147 頁。

文》古文。叔邦父簠(《集成》9.4580)作█，从大，"夫"和"大"本由一字分化，从大即从夫，則其字與此《説文》古文相合。

279. 其　█ █ █ █(石)　█(石)

小徐本以█爲籀文，而以大徐本列爲籀文的█爲古文；當以大徐本爲是。《汗簡》引《説文》"其"作█，此《説文》古文第二形从卄，誤。石經古文第一形上部殘去，見於品字式《皋陶謨》。金文"其"主要有兩類形體，一作█，一作█(《金文編》304—307頁)；郭店簡《緇衣》也有兩類形體的"其"，一作█，一作█，都與《説文》古文和石經古文的情況相同。楚王酓章鎛(《集成》1.85)"其"作█，其上部與《説文》古文第三形相同。

280. 丌　█(石)

此石經古文見於《君奭》，用爲"基"。《説文》訓"丌"爲"下基"。戰國文字"丌"的用法與"其"無異，"丌"字即截取"其"的下部而來。此石經古文的用法與戰國文字不合。

281. 典　█ █(石)　█(石)

許云："古文典从竹。"石經古文第一形見於品字式《皋陶謨》。叔弓鎛(《集成》1.285.5)"典"作█，亦从竹。陳侯因資敦(《集成》9.4649)"典"作█，兩竪筆上有飾筆，此古文也可能即由之變來。清華簡《尹至》3號簡"典"作█，亦从竹。但楚文字"典"多不从竹。

282. 畀　█(石)

此石經古文同篆文，是訛體。裘錫圭師説："石經'畀'字古文跟戰國陶文、印文不合，顯然已經受了訛變的小篆的影響，不是真古文。"[1]

283. 巽　█

《説文》字頭作█。大徐本古文和篆文無異，小徐本古文作█，篆文作█。《汗簡》和《古文四聲韻》引《説文》作█。上博簡《孔子詩論》9號簡"巽"字作█，包山牘"饌"所从的"巽"作█，曾侯乙墓138號簡等"饌"所从的"巽"作█，《陶彙》6.145(三晉陶文)"巽"作█。上博簡《慎子曰恭儉》1號簡"巽"作

---

[1] 裘錫圭：《"畀"字補釋》，《裘錫圭學術文集·甲骨文卷》，29頁注⑨。

，清華簡《筮法》37 號簡作，《治政之道》27 號簡作。

284. 奠 （石）

此石經古文用爲國名之“鄭”。以“奠”爲“鄭”，這是古文字一般的用法。陳璋壺（《集成》15.9703.1）“奠（鄭）”作，鄭武庫劍（《集成》18.11590）“奠（鄭）”作，都與此石經古文形同。上博簡《平王問鄭壽》3 號簡“奠（鄭）”作，《鄭子家喪》1 號簡作，亦與石經古文形同。

285. 差 （隸石） （汗石） （韻石） （韻石）

《古文四聲韻》引《王存乂切韻》“差”第一形作，同《隸續》所録石經古文上部。《古文四聲韻》所引石經古文第二體同與古文“君”混同，《汗簡》所引亦誤，應該以《隸續》所録字形爲較原始。此“差”字古文形體怪異，黄錫全説，“蓋由古差字省訛”。①

286. 工 （石）

小徐本古文作。許云：“古文工从彡。”此石經古文用爲“功”。郭店簡《成之聞之》12 號簡、上博簡《孔子詩論》5 號簡、《容成氏》23 號簡等以及中山王礨方壺（《集成》15.9735）“休又（有）成工”、𧊒壺（《集成》15.9734）“先王之工剌（烈）”，都用“工”爲“功”。“工”讀爲“功”，又見於清華簡《繫年》117、128 號簡及《厚父》8 號簡、《越公其事》28、30、56 號簡等。

287. 巨

小徐本古文作，小誤。楚文字“巨”字都同此《説文》古文之形，晉系文字多同，齊、燕文字“巨”字中間一筆大多方向相反。②

288. 巫 （石）

侯馬盟書“巫”或作（《侯馬》309 頁），同此石經古文。从口的“巫”，又見於天星觀簡。③ 郭店簡《緇衣》46 號簡中兩個“筮”字作和，也都从口。从口的“巫”字清華簡亦常見，如《筮法》50 號簡作。石經“筮”字古文

① 黄錫全：《汗簡注釋》，95 頁。

② 參看何琳儀：《戰國古文字典》，上册 495—497 頁，“巨”及从“巨”之字。

③ 滕壬生：《楚系簡帛文字編》，380 頁，湖北教育出版社，1995 年。

（上 274 條），从廾，同此《説文》古文。

289. 甘 ⊟(石)

此石經古文中間从點。貨幣文字"邯鄲"之"邯"或作⊟（《古幣文編》
46 頁），中間亦从點。

290. 甚 ⿱

毛公鼎"湛"字所从的"甚"作⿱，郭店簡《唐虞之道》24 號簡"甚"作⿱，包
山 169 號簡"湛"字所从"甚"、天星觀簡偏旁"甚"並同，①都从口，與此古文相
同，但除去"口"剩下的部分並非"匹"。

291. 曰 ⿱(石)

292. 曷 ⿱(石)

形同篆文。

293. 朁 ⿱(隸石) ⿱(汗石)

此石經古文見於《大誥》，今本作："不敢替上帝命。"《隸續》所録此字對
應的篆隸作"朁"，《汗簡》引石經注"僭"字，與今本之作"替"不同。"替"訓
"廢"。"朁"通"僭"，義爲差忒、過越。《大誥》"天命不僭"，是説天命不會有
差錯；此處"不敢僭上帝命"，不如今本作"替"通順。此古文之形待考。

294. 曹 ⿱(石)

《説文》篆文从曰，此石經古文从白。金文"曹"字下从"甘"形（《金文編》
317 頁）。从曰和从白都是从"甘"形之變。《陶彙》3.1060 等"曹"作⿱，下亦
从白。

295. 乃 ⿱ ⿱(石)

篆文作⿱，此石經古文基本同篆文，出土古文字"乃"字也都基本相同，
如郭店簡《老子乙》16 號簡作⿱。《説文》古文屈曲過甚，古文字未見。

296. 廼 ⿱

小徐本古文作⿱。西周金文"廼"多作⿱、⿱等形，而矢令方彝作⿱
（《金文編》318—319 頁），所从"西"混同於"鹵"，與小徐本古文有相同之處。

---

① 滕壬生：《楚系簡帛文字編》，305 頁。

《陶彙》3.431“西”作 ⬚，與大徐本古文所從的“西”有相同之處。但大徐本和小徐本古文都多出了“日”形，其來源不明，疑是傳抄誤增。

　　297. 丂　⬚ ⬚（石）

此是字頭，許云：“丂，古文以爲于字，又以爲巧字。”石經古文殘損，正用爲“巧”。金文“丂”字多用爲“考”（參看《金文編》319—320 頁），“巧”“考”音近。“丂”用爲“巧”，見於清華簡《金縢》4 號簡、《殷高宗問於三壽》22 號簡、《治邦之道》16 號簡、《治政之道》2 號簡。古文用爲“于”，舒連景引王國維説：“丂與于無通假之理。蓋許君所見壁中書，于字上畫或漫滅，成丂字，故著之《説文》，實則只是于字。”

　　298. 甹　⬚（石）

此石經古文用爲“聘”。西周金文此字作 ⬚、⬚（《金文編》320 頁），上從二“甾”。毛公鼎 ⬚（用爲“將”），虢季子白盤作 ⬚（用爲“壯”），郭店簡《語叢三》9 號簡“莊”作 ⬚，其中“甾”的變化與此石經古文相同。篆文變從“由”，是字形相混。《説文》沒有獨體的“由”字，實際上《説文》所謂“東楚名缶”之“甾”就是同時兼作“由”字的。詳 753“甾”字條。此石經古文下部繁化，與古文“平”字相似。晉系文字“甹”作 ⬚（如《璽彙》2949），[1]下從平，是聲化。包山 201 號簡等“甹”作 ⬚，從口，同上舉金文第二形，用爲“聘”，同石經古文。“甹”用爲“聘”，又見於清華簡《楚居》2 號簡、《治政之道》20 號簡。

　　299. 可　⬚（石）

　　300. 哥　⬚

此是字頭，許云：“古文以爲謌字。”按“謌”即“歌”字。用“哥”爲“歌”，見於睡虎地秦簡（《睡編》70 頁）。楚簡用“訶”爲“歌”。

　　301. 于　⬚（石）

《説文》篆文作 ⬚，誤；石經篆文與古文相同。古文字“于”字中間一筆都較直，不像石經古文那樣彎曲。

---

① 參看何琳儀：《戰國古文字典》，上册 827 頁。

302. 粤　學（隸石）粤（汗石）羍（韻石）

形同篆文。

303. 平　乑乔（石）

古文“平”下部兩旁各加一飾筆，這樣寫的“平”字見於齊系文字，如平陽左庫戈（《集成》17.11071）、平阿左戈（《集成》17.11041）等。①

304. 旨　旨

古文從“千”形。楚系文字“旨”字也大多在“匕”上加一橫，②如郭店簡《尊德義》26 號簡作旨，但方向與此《説文》古文相反。春秋郘令尹者旨智盧（《集成》16.10391）“旨”作旨，形近《説文》古文。

305. 喜　歖

許云：“古文喜從欠，與歡同。”按《説文》八下欠部“歖”字重出。郭店簡《唐虞之道》有此字，用爲“矣”。

306. 鼖　鞋

小徐本古文從篆文“革”。《説文》三下革部“鞸”字重出。商承祚云：“《史記·司馬相如傳》‘鏗鎗鐺鼖’，注：‘鐺鼖，鼓音。’《漢書》作‘闒鞳’。則鞳信爲鼖之古文矣。”

307. 豆　豆

小徐本古文作豆，下部較大徐本字形原始。石經古文“豐”字所從的“豆”作豆。《陶彙》3.456“豆”作豆，與此古文相近。

308. 豊　豊（石）

石經古文用“豊”爲“禮”，是古文字中一般的用法。郭店簡中“豊”字出現很多次，都用爲“禮”。郭店簡中“豊”的字形主要有兩類，一作豐或豊，見於《五行》《語叢一》《語叢二》《語叢三》《成之聞之》《尊德義》；另一類作豊，見於《緇衣》《性自命出》《六德》。上博簡《緇衣》也作第二類，郭店簡《緇衣》和上博簡《緇衣》“體”字所從的“豊”亦同。上博簡其他篇“豊”字絕大多數作第一

----

① 參看何琳儀：《戰國古文字典》，上冊 827 頁。
② 參看何琳儀：《戰國古文字典》，下冊 1288—1290 頁，“旨”及從“旨”之字。

類字形,《集成》4.1803(楚器)"豊"字同。石經古文與第二類字形接近。

309. 豊 （字形）

小徐本古文所从"豆"同小徐本古文"豆"形。古文形省。

310. 虖 （字形）(石)

此石經古文用爲"烏虖"之"虖"。郭店簡《語叢一》和《語叢三》此字作（字形）、（字形），與此石經古文基本相同。其變化方式與古文"平"字相同。

311. 虐 （字形）

此古文从虎从口。从虎从口之字讀爲"虐",見於上博簡《容成氏》32 號簡、《姑成家父》1 號簡及清華簡《子產》15 號簡與《四告》2、4 號簡。郭店簡《緇衣》27 號簡"瘧"所从的"虐"作（字形）,亦从虎从口。此古文所从的"虎"字頭同上列石經古文以及郭店簡《語叢一》《語叢三》"虖"字所从,郭店簡《忠信之道》9 號簡"虖"作（字形）,所从的"虎"字頭亦相同。

312. 虎 （字形）（字形）（字形）(石)

叔弓鐘(《集成》1.276.2)"虎"作（字形）,《説文》古文之形當爲類似寫法的訛變。石經古文"虎"上部同上"虖""虐"所从;下从"巾"形,同秦漢文字"虎"。[1]

313. 衄 （字形）(石)

从血从卪,結構同篆文。《隸續》所録石經古文作（字形）,《汗簡》所引作（字形）,並訛誤。

314. 丹 （字形）（字形）

篆文作（字形）,古文字基本同篆形。此古文第一形類"甘"字,即由（字形）形訛變而來。古文第二形從字形看,就是"彤"字。"彤"从丹,此从丼。金文基本同篆文,从"丹",但也有从丼的(《金文編》349 頁)。古文用"彤"爲"丹",可以看作字形的借用,也可以看作同義换讀。《汗簡》引《義雲章》"丹"作（字形）,也是以"彤"爲"丹"。

315. 彤 （字形）(石)

此石經古文與上舉《汗簡》引《義雲章》"丹"字形同,但用爲"静",其左旁

---

[1] 參看《秦漢魏晉篆隸字形表》,321 頁。

之"丹"應該是"青"之寫脱，即本來應該作 形（《汗簡》"青"字如此），此漏寫上部一筆。

316. 青　　

王國維説："　　者生之省，　　者丹之譌也。"[1]按應以《汗簡》之　　形爲是。[2]《璽彙》3337（齊璽）"青"作　，上端與　相近。

317. 阱　　

《汗簡》引《説文》作　　，"水"旁的方向與此形不同。上博簡《周易》44 號簡有字作　，用爲"井"，所從"水"的方向同《汗簡》所引。《説文》古文假借水井字爲"阱"。

318. 即　　(石)

319. 既　　(石)

320. 爵　　

許云："古文爵象形。"六國文字"爵"字未見。漢印"爵"作　（《漢印文字徵》卷五，10 頁），與《説文》古文同形。[3]

321. 餁　　　

古文第一形從肉壬聲。第二形小徐本作　。《説文》十下心部有"恁"字，此重出。《集韻》謂"餁"古作"恁"。商承祚説，此古文第二形"若非後人羼入，則爲恁之譌脱"。此所從的"人"旁應該就是"肉"旁寫脱兩筆而成的。

322. 養　　

郭店簡《唐虞之道》10、11 號簡等及《忠信之道》4 號簡、《六德》33 號簡、上博簡《性情論》38 號簡"養"字都從羊從攴，同此古文之形。

323. 飽　　　

古文第一形從《説文》古文"孚"得聲，第二形從卯聲。上博簡《凡物流形（甲本）》7 號簡、《凡物流形（乙本）》6 號簡"飽"作從飤卯聲之形。

---

① 王國維：《魏石經殘石考》，33 頁。

② 參看黄錫全：《〈汗簡〉、〈古文四聲韻〉中之石經、〈説文〉"古文"的研究》，《古文字研究》第十九輯，515 頁，中華書局，1992 年。

③ 張學城：《〈説文〉古文研究》，127 頁。

324. 合 㑾(汗石) 㑹(韻石)

此石經古文用爲"荅（答）"。郭店簡《老子甲》34 號簡等"合"作㑿，下增從"甘"形，此古文下部是"甘"形的訛變。"㑹"用爲"答"，楚簡習見，同此石經古文。

325. 今 ㇖(石)

侯馬盟書"今"作㇐、㇐（《侯馬》301 頁），包山 23 號簡偏旁"今"或作㇐，清華簡《保訓》3 號簡"今"作㇐，《楚居》8 號簡作㇐，都與石經古文形同。郭店簡《唐虞之道》17 號簡"今"作㇐，包山 23 號簡偏旁"今"或作㇐，多一筆。

326. 會 㣥 㣥(石)

西周金文有"迨"字，即此古文，從辵與從彳同意。西周金文的"迨"也用爲"會"（參看《金文編》95—96 頁）。"會"字亦本從合聲，故"會"可以有此從彳合聲的異體。"會"跟"合"的語音關係平行於"世"跟"葉"的語音關係。

327. 倉 仝

許云："奇字倉。"石經"蒼"字古文從此奇字"倉"（035 條）。《陶彙》3.865—870 有字作㣥，左旁同石經"蒼"字古文，右從刀，其字所從的"倉"同此《説文》奇字。

328. 入 𠆢(隸石)

329. 内 㑾(石)

此石經古文見於品字式《皋陶謨》，用爲"納言"之"納"。石經對應的篆隸亦作"内"，不作"納"。"内"和"納"是一個詞的分化，"内"用爲"納"是古文字的一般用法。古文字形較篆文多一橫飾筆，六國文字"内"字多如此。[1]

330. 全 㑹

《汗簡》《古文四聲韻》引《王庶子碑》作㑹，下從廾。商承祚、舒連景都認爲此《説文》古文的下部是"廾"之誤。

331. 矢 㣥

《説文》八上七部㿿字下云："㣥，古文矢字。"《汗簡》引《義雲切韻》"矢"作

---

① 參看何琳儀：《戰國古文字典》，下册 1257—1258 頁。

，上從尸，大概是加注"尸"聲。馬節銘文（《集成》18.12091）"矣"字作，上部變成"尸"形，與上舉《汗簡》"矢"的古文相混，所以《説文》把"矣"當作古文"矢"，其實古文"矢"本從尸，與"矣"無關。[1]

332. 侯 **（石）**

此古文字形與出土古文字"侯"的形體相合。篆文上加"人"形，是秦文字的特點。

333. 弥 **（石）**

此石經古文從弓從矢，同篆文；用爲虛詞"矧"，亦與《説文》同。

334. 高 **（石）**

335. 冂

許云："古文冂，從口，象國邑。"西周金文作（《金文編》375 頁），《陶彙》3.48 作，清華簡《繫年》67、70 等號簡"同"作，都從"口"。此從圈形，訛誤。

336. 京 **（石）**

金文"京"字多作（《金文編》376 頁），《璽彙》279（楚璽）作（用爲"亭"）。此石經古文中間從兩圈，可能即由形變來。

337. 就 **（石）**

此石經古文見於古文一體殘石，用爲《急就篇》首句"急就奇觚與衆異"之"就"。西周金文屢見字（《金文編》109 頁），陳劍指出它在西周金文中應讀爲"仇匹"之"仇"（古書中又作"逑"），又認爲其除去"辵"旁以外的部分即由殷墟卜辭中讀爲"禱"的"棷"分化而來。[2]《金文編》將此字隸作"逑"。按"禱"和"仇"上古都是幽部字，但其聲母一爲端、一爲群，有較大距離，恐難諧聲，當非從棷聲。上引陳文又認爲金文中曹姓之"曹"所從的聲符以及"棗"字也是從"棷"變來。此説亦非是。金文中曹姓之"曹"即從棗聲，"棗"

① 以上參看李家浩：《傳遽鷹節銘文考釋》，《著名中年語言學家自選集·李家浩卷》，82—87 頁。

② 陳劍：《據郭店簡釋讀西周金文一例》，《北京大學中國古文獻研究中心集刊2》，378—396 頁，北京燕山出版社，2001 年；收入氏著《甲骨金文考釋論集》，20—38 頁。

與"棗"是來源不同的兩個字。"就"與"棗"的語音至近（韻部都是幽部，聲母都是齒音），此石經古文可能是從棗聲之訛，爲"遭"字或"造"字異體而讀爲"就"，或即"就"字異體（"遠"字替換聲旁），而與金文讀爲"仇"之字無關。其字形可對比郭店簡《老子乙》1 號簡"早"𣐇所從"棗"。《汗簡》引《貝丘長碑》"就"作𨑋，《古文四聲韻》又引《籀韻》"就"作𨑋、𨑋，字形均有訛誤。

338. 亯　𠅦(石)

《説文》字頭作亯，篆文作𠅦。此字隸變爲"享"。十年陳侯午敦、郑公華鐘等"亯"作𠅦（《金文編》379 頁），此石經古文與之同形。楚簡文字"亯"作𠅦形。①

339. 㽞　㽞(石)

此石經古文見於《堯典》《皋陶謨》《君奭》，對應的篆隸和今本都作"庸"。《説文》訓"㽞"爲"用"，與"庸"字同訓，並謂"讀若庸"，大概就是根據古文爲説。《説文》又有"覃"字，既是字頭（讀爲"郭"），又是"墉"的古文。王國維指出"㽞"和"覃"本爲一字，都由金文之𩫡形演變而來。②

拍敦（《集成》9.4644，齊器）有𩫡字，與此石經古文相近。武城戈（《集成》17.11024，齊兵器）"城"字作𩫡，左旁與此石經古文相近。上博簡《緇衣》2 號簡"厚"字作𩫡，從㽞（亦即"覃"），其形下部亦與此石經古文相近，但上部同楚文字的"亯"，與此石經古文有所不同。

340. 覃　𩰪

小徐本古文作𩰪，下從豆。金文"覃"作𩰪（《金文編》380 頁）、𩰪（晉姜鼎，《集成》5.2826）。古文下部是省訛之形。

341. 厚　𠪚

許云："古文厚從后土。"郭店簡《老子甲》4 號簡等"厚"作𠪚，清華簡《治政之道》37 號簡"厚"作𠪚，與此古文相近。此古文之形應即由𠪚、𠪚形變來，並不是從后、土。上博簡《緇衣》2 號簡"厚"作𩫡。

---

① 參看李守奎：《楚文字編》，328 頁。
② 王國維：《魏石經殘石考》，30 頁。

342. 良　目　月　㐌

信陽 2-04 號簡"良"作㝩，與此古文第三形相近。

343. 稟　稟(隸石)　稟(汗石)　稟(韻石)

此古文用爲"廩"。《古文四聲韻》引《説文》亦有此形，今本《説文》無。《璽彙》319 [印]，屬齊系璽印，其中"稟"的字形與此古文基本相同；讀爲"右廩"，其用法也與此古文相同。此字形又見於齊系陶文，是陶量底部的戳記，亦讀爲"廩"。①

344. 嗇　[嗇]

小徐本古文作[嗇]。齰鎛（《集成》1.271）"嗇"作[字]，下部與此古文相近。又上條"稟"字所从"靣"也與此古文所从相近。

345. 嗇　[嗇]

許云："古文嗇从田。"郭店簡《老子乙》1 號簡"嗇"作[字]，下亦从田，上博簡《子羔》2 號簡"嗇"字同。但上部所从的"來"的字形與此古文有所不同。从來从田的"嗇"字又見於清華簡《皇門》6 號簡、《晉文公入於晉》3 號簡。

346. 來　來(石)　[徙](石)

此石經古文第一形見於古文一體《多方》殘石，用爲"賚"。古文第二形增从意符"辵"。郭店簡《老子乙》13 號簡、《語叢一》99 號簡等"來"作[坐]，下从止，从止與从辵同意。上博簡《周易》9 號簡"來"作[徙]，从辵，同此古文，上博簡《容成氏》7 號簡"來"字同。从辵的字形又見於上博簡《吴命》4 號簡、清華簡《尹至》1 號簡、《耆夜》8 號簡、《説命上》7 號簡等。

347. 夏　[夏](石)　[夏](石)

《隸續》所録石經古文作[夏]。王國維認爲石經古文是从日疋聲。② 楚文字"夏"或作[夏]形（如郭店簡《緇衣》7 號簡），从日从止从頁。同樣結構的"夏"字還見於燕璽，如《璽彙》15 作[跟]。石經古文省去了"頁"旁，但又多出一筆。《説文》古文應該是石經古文之形的繁化。《璽彙》2724（燕璽）"夏"作[跟]，

_____

① 詳吳振武：《戰國"靣（廩）"字考察》，《考古與文物》1984 年第 4 期，80 頁。

② 王國維：《魏石經殘石考》，25 頁。

"止"上从目不从日，同此《説文》古文。

348. 夒　🔲（石）

中方鼎（《集成》5.2751、2752）"夒"作🔲、🔲。

349. 舞　🔲

古文从羽亡聲。

350. 舜　🔲

郭店簡《窮達以時》2 號簡"舜"作🔲，同樣的寫法又見於上博簡《子羔》篇。郭店簡《唐虞之道》中"舜"字寫作🔲。顯然《唐虞之道》中的"舜"字比較接近此《説文》古文。《汗簡》"舜"作🔲，跟《唐虞之道》中"舜"字更相近一點。《説文》古文上部多出兩筆，應該是傳抄之誤。

351. 韋　🔲🔲（石）

小徐本古文作🔲，寫誤。此石經古文見於《無逸》，對應的篆隸都作"韋"，今本作"違"。《説文》訓"韋"爲"相背"，石經用的正是其本義。

352. 韓　🔲（石）

从邑倝省聲，見於《春秋經》僖公十五年，用爲地名之"韓"。

353. 弟　🔲🔲（石）

許云："古文弟从古文韋省，丿聲。"《説文》以"弟"爲次第之"第"的本字，石經亦用爲"第"。郭店簡《唐虞之道》中"弟"作🔲，與此古文基本同形。

354. 叴　🔲（汗石）　🔲（韻石）

此《汗簡》和《古文四聲韻》所引石經古文用爲"姑"。《説文》此字下引《詩》"我叴酌彼金罍"，今本"叴"作"姑"。《説文》篆文作🔲，此《汗簡》和《古文四聲韻》所引石經古文字形有訛誤。它簋蓋（《集成》8.4330）有字作🔲，李學勤釋讀爲"叴"。①

---

① 李學勤：《它簋新釋——關於西周商業的又一例證》，《文物出版社成立三十周年紀念——文物與考古論集》，273—274 頁，文物出版社，1986 年。關於"叴"字，參看趙平安：《關於"叴"的形義來源》，《中國文字學報》第二輯，商務印書館，2008 年；收入氏著《新出簡帛與古文字古文獻研究》，97—105 頁。

355. 乘 <svg>𠅦 𠅧</svg>(石)

許云：“古文乘从几。”鄂君啓車節“乘”作<svg>乘</svg>，上博簡《曹沫之陣》46 號簡
“乘”作<svg>乘</svg>(偏旁)，均與此古文相近。从几的“乘”字楚簡常見。

卷　　六

356. 木 <svg>木</svg>(石)

357. 李 <svg>李</svg>

此古文變作左右結構。《尚書·梓材》釋文：“梓音子，本亦作杍。馬云：
古作梓字。”則“杍”又是“梓”的異體。上博簡《逸詩·多薪》“松梓”之“梓”作
“杍”。“梓”寫作“杍”，又見於清華簡《程寤》1、4、7 號簡和安大簡《詩經》
93 號簡。

358. 杶 <svg>杶</svg>

此古文右旁與篆文“丑”混同，小徐即以从丑爲雙聲，非。商承祚等都指
出右旁其實是“屯”的側寫。楚文字中“屯”或寫得比較傾斜，如郭店簡《緇
衣》1 號簡“屯”作<svg>屯</svg>，清華簡《赤鵠之集湯之屋》8 號簡“屯”作<svg>屯</svg>。欒書缶
(《集成》16.10008，楚器)“春”作<svg>春</svg>，所从的“屯”也稍向左傾。

359. 杞 <svg>杞</svg>(石)

从古文“己”。

360. 某 <svg>某</svg>

西周金文“某”作<svg>某</svg>、<svg>某</svg>(《金文編》393 頁)，同篆文。六國文字“某”作<svg>某</svg>、
<svg>某</svg>，[①]上从口不从甘，此古文與之相合。古文从二“某”，猶古文“業”之从二
“業”，大概是一種繁體。

361. 本 <svg>本</svg>

古文下从三“口”。《集成》4.2081 器主名作<svg>本</svg>，一般據此古文釋爲“本”

---

① 見侯馬盟書、包山簡等，參看何琳儀：《戰國古文字典》，上册 131—132 頁。清華簡、安大簡
　“某”皆作<svg>某</svg>形，上从口。

（《金文編》393 頁）。舒連景説："其下象根形。⿰形殆由朿而訛。"郭店簡《六德》41 號簡、《成之聞之》12 號簡、上博簡《仲弓》23 號簡等"本"作⿰形，清華簡《殷高宗問於三壽》27 號簡"本"作⿰形，下從"臼"形。古文下所從三"口"也可能即由"臼"形訛變。

362. 築 ⿰形

小徐本古文作⿰形，大徐本稍訛。此古文從土筥聲，篆文從木筑聲，而"筥"和"筑"都從竹聲。楚帛書"築"作⿰形（《楚帛編》108 頁），亦從筥聲。上博簡《容成氏》38 號簡"築"作⿰形，從土筥聲，正同此古文。

363. 槃 ⿰形 ⿰形(石)

《説文》以從木之"槃"爲篆文，從皿之"盤"爲籀文，此從金者爲古文。石經古文、篆隸皆從皿作，用爲人名"甘盤"字。金文"盤"基本上都從皿（《金文編》397—398 頁），西周晚期的伯侯父盤（《集成》16.10129）"盤"作⿰形，從金，同《説文》古文。包山 97 號簡，上博簡《曹沫之陣》50 號簡，清華簡《楚居》1、2 號簡，《繫年》5、6、7 號簡，《厚父》4 號簡，《封許之命》7 號簡，《子犯子餘》14 號簡等"盤"字皆從皿作。

364. 攢 ⿰形(隸石) ⿰形(汗石) ⿰形(韻石)

此古文用爲《春秋經》宣公十一年地名"攢函"之"攢"。"貝"上從二"夫"。《隸續》所錄石經篆隸皆從二"夫"。《古文四聲韻》所引"貝"旁訛。

365. 梁 ⿰形

小徐本古文左所從"水"旁中間不斷，同篆文。侯馬盟書（《侯馬》325頁）、《璽彙》3286 等（晉璽）"梁"作⿰形形。商承祚認爲此古文是寫失。

366. 櫱 ⿰形 ⿰形

古文第一形，許云："從木無頭。"古文第二形，李天虹疑是從獻省聲，如侯馬盟書"獻"作⿰形（《侯馬》353 頁）。[1]

367. 休 ⿰形(石)

此石經古文"休"所從"人"旁寫得像"尸"。

---

[1] 李天虹：《説文古文新證》，《江漢考古》1995 年第 2 期，77 頁。

368. 楁 ⬚

金文"亙"作⬚（《金文編》881 頁），中間从月，此古文所从"舟"是"月"之訛。參看 789"恒"字條。《説文》訓"楁"爲"竟"，後世行用此古文"亙"字。

369. 枏 ⬚

小徐本古文作⬚。西周金文"甲"或作⬚。石經古文"甲"作⬚。此《説文》古文和石經古文"甲"都是⬚形的變體，[1]"甲"假借爲"枏"。

370. 楚 ⬚(石)

古文字"疋"上一般从圈形。《陶彙》3.1166"楚"字作⬚，所从"疋"與此古文所从相近。

371. 麓 ⬚

古文从录聲。甲骨文、金文"麓"亦从录（《甲骨文編》267—268 頁，《金文編》410 頁）。上博簡《蘭賦》2 號簡假借"录"爲"麓"。

372. 才 ⬚(石) ⬚(石)

此石經古文"才"用爲"在"或虛詞"哉"。"才"用爲"在"是古文字的一般用法。用"才"爲"哉"，見於西周晚期師訇簋（《集成》8.4342）、郭店簡《窮達以時》2 號簡、上博簡《彭祖》1 號簡、《曹沫之陣》5 號簡等，清華簡、安大簡亦常見。郭店簡"才"作⬚、⬚、⬚、⬚、⬚等形。古文字未見如石經古文這兩種寫法的"才"，石經古文可能是把豎筆旁的筆畫方向寫反了。

373. 若 ⬚(石)

甲骨文、西周金文"若"作⬚，增"口"作⬚、⬚（《金文編》413 頁）。中山王譽鼎（《集成》5.2840）"若"作⬚，右加兩筆飾畫；信陽 1-05 號簡作⬚，同。此古文變下部"人"形爲"女"形，左右各加兩筆飾畫。

374. 之 ⬚(石)

形同篆文。

375. 㞷 ⬚ ⬚(汗石)

此《説文》古文見小徐本，大徐本脱去。"㞷"字从止王聲，本是"往"的

---

① 參看王國維：《魏石經殘石考》，28 頁。

初文。許云"讀若皇"，《汗簡》注音爲"戶光切"，大概都是用"坒"爲"皇"的。陳逆簠（《集成》7.4096）此字作🜨，正用爲"皇祖"之"皇"。古文下从壬，參看 106"往"字條。坒壺（《集成》15.9734）作🜨，文例爲"德行盛坒"，可能讀爲"旺"。①

376. 師　㴱　㴱（石）

商承祚釋此《説文》古文云："石經之古文作㴱，乃將自字移上橫寫，此又藉之傳誤者也。"胡小石、舒連景説皆同。石經古文"歸"作🜨，也是將"自"旁移上橫寫。但《説文》古文所从的"自"多出一筆。此《説文》古文當由叔弓鎛（《集成》1.285）的🜨形變來，清華簡《晉文公入於晉》5、6、8 號簡"師"作🜨，形同。

377. 出　🜨（石）

378. 南　🜨　🜨（石）

《璽彙》2563（晉璽）"南"作🜨，楚簡"南"字多數與古文之形相近。

379. 生　🜨（石）

380. 巫　🜨　🜨（汗石）　🜨（韻石）

《説文》以"巫"爲"垂"的本字。《汗簡》和《古文四聲韻》所引石經古文亦用爲"垂"。古文之形待考。

381. 韡　🜨（汗石）　🜨（韻石）

此字見於《詩·小雅·常棣》："常棣之華，鄂不韡韡。"《左傳》僖公二十四年引此詩句。此古文之形从古文"韋"。

382. 柬　🜨（石）

此石經古文見於古文一體《多方》殘石，今本作"簡"，義爲擇。許云："柬，分別簡之也。"是"柬"的本義爲擇，但古書中多假借"簡"字。郭店簡《五行》22、35、40 號簡等有"不柬不行""柬，義之方也"等語，其中的"柬"字，對應的帛書本都作"簡"。《陶彙》3.1045 有單字🜨，其所从的"柬"的字形與此石經古文相同。

---

① 朱德熙：《朱德熙古文字論集》，104 頁。

383. 回　⊚

金文有○字（《集成》14.8906），《金文編》釋爲“回”。許謂“回”象回轉形，古文的寫法符合此描寫。古文之形與篆文“回”本非一字。[1]

384. 圖　圖(石)

形同篆文。

385. 因　因(石)

西周金文“因”作因（《金文編》426 頁），郭店簡《成之聞之》18 號簡作因，《語叢一》31 號簡作因，清華簡《芮良夫毖》10 號簡“作因，《繫年》111 號簡作因，均與石經古文相近。齊、晉、秦文字的“因”皆同篆文，[2]是簡省寫法。清華簡《越公其事》38 號簡“因”作因，也已經簡化。

386. 囚　囚(石)

387. 固　固(隸石)

388. 圍　圍(石)

从古文“韋”。

389. 困　困

關於此古文之形，參看 417“牆”字條。

390. 貴　貴(石)

形同篆文。

391. 賓　賓

東周齊、楚金文“賓”作賓形（《金文編》434 頁），此古文所从的“万”傳寫有誤。

392. 買　買(石)

所从的“网”同石經古文“罰”所从，是訛體。參 267“罰”字條。

393. 貧　貧

古文从宀分聲。

---

① 鄔可晶：《説“回”》，《中國文字》二〇一九年冬季號（總第二期），萬卷樓圖書股份有限公司，2019 年。

② 參看何琳儀：《戰國古文字典》，下册 1106 頁，“因”及从“因”之字。

394. 邑 ![石] (石)

石經古文"邑"旁皆如此，是訛變之形。

395. 邦 ![] ![] (石)

甲骨文作![]（《甲骨文編》281 頁），二十一年啓封令戈（《集成》17.11306）"封"作![]，从田丰聲。商承祚據甲骨文指出此《説文》古文所从的"之"是"丰"之訛。"封"和"邦"音義皆近，是同源詞。从田丰聲的"封"字又見於清華簡《晉文公入於晉》3、4 號簡。

396. 都 ![] (石)

石經古文"都"从石經古文"者"。參看 218"者"字條。《汗簡》和《古文四聲韻》引石經古文分別作![]、![]，有脱筆。

397. 鄙 ![] (石)

所从"啚"同篆文。

398. 邠 ![]

"邠"的或體作"岐"。此古文从山枝聲。阜陽漢簡《周易》193 號簡"岐山"作"枝山"。

399. 扈 ![] ![] (石)

徐鍇謂古文从辰巳之"巳"，石經古文正从巳。段玉裁謂"當从户而轉寫失之"。王國維説："石經所字古文从![]，此![]疑![]之訛。"[1]

400. 郤 ![] (汗石) ![] (韻石)

此《汗簡》和《古文四聲韻》所引石經古文"郤"所从"邑"旁皆訛，《汗簡》所引从二"邑"。

401. 邢 ![] (石)

此石經古文見於《春秋經》僖公元年，爲國名"邢"。《説文》國名之"邢"（許謂"周公子所封地"）从开，另有从井之"邢"，云是"鄭地邢亭"。按國名"邢"本从井（中間無點），亭名"邢"本从丼（中間有點，小徐本如此，不誤）。據《廣韻》，兩字的讀音亦不相同（大徐音相同，有誤）。此石經古文爲國名

---

[1] 王國維：《魏石經殘石考》，31 頁。

"邢"而从丼，字形有誤。

402. 邾 粎(石)

从邑朱聲，同篆文。邾大司馬戈（《集成》17.11206）等同。

403. 鄃 粀(石)

《説文》："鄃，邾下邑地。"此石經古文見於《春秋經》僖公十五年，用爲國名之"徐"，對應的篆隸皆作"徐"。

404. 酁 蕭(石)

此石經古文左下部分殘，用爲《春秋經》僖公二十八年陳侯之名，石經篆隸亦皆作"酁"，今本三傳經文都作"款"。

405. 郎 勞(石)

此石經古文左上部分殘，用爲《春秋經》地名。

406. 鄫 鄫(石)

所从"曾"中从"田"形，與古文字相合。

卷 七

407. 日 ⊖ ⊙(石)

大徐本古文與篆文區別不大，小徐本古文作⊖。《説文解字繫傳》卷三十六引李陽冰説："古文正圓，象日形，其中一點象烏，非口一。蓋篆籀方其外，引其點爾。"其所説古文之形與石經古文相合。大徐本本部"昌"字籀文、"暴"字古文所从的"日"亦形同石經古文，《汗簡》凡"日"旁並同。古文字"日"字多有外圓內點如石經古文者，參看《金文編》455—461頁"日"字及含"日"旁諸字。今本《説文》字形恐是傳寫之誤。胡小石説，作⊖者疑後人據武周新字所改。

408. 時 峕 峕(石)

古文从日之聲。从日之聲的"時"見於包山137號簡反與郭店簡《窮達以時》14、15號簡、《尊德義》32號簡、上博簡《孔子詩論》10號簡、《容成氏》

3 號簡以及中山王璺方壺（《集成》15.9735）、《璽彙》4343（晉璽）等。郭店簡《太一生水》《性自命出》《五行》中的“時”字結構同篆文。从日之聲的“時”字清華簡亦常見。

409. 昧　咪(石)

410. 昭　𣅱(石)

石經古文增从口。

411. 晉　暜暜(石)

《説文》十四下弄部“暜”字籀文作暜，又云：“一曰暜即奇字晉。”

篆文“晉”上从二“至”，但古文字一般从二倒“矢”，如侯馬盟書作暜、鄂君啓舟節作暜、郭店簡《緇衣》10 號簡作暜，此石經古文與之相合。楚文字“晉”字一般下从“甘”形，此石經古文从“白”形，是“甘”形的近一步變化。《陶彙》3.698“晉”作暜，下部似也已經變作“白”形，但少中間一筆。

412. 昃　昃(石)

滕侯昃戈（《集成》17.11079、11123）“昃”作昃，《璽彙》730（晉璽）作昃，包山 200 號簡作昃，《陶彙》3.1201 作昃。此石經古文“日”在“大”右臂下，與上引齊陶文字形最近。

413. 焱　焱焱(石)

《説文》此形爲字頭，許云：“古文以爲顯字。”石經古文正用爲“顯”。此“焱”爲“顯”之省文。“焱”用爲“顯”見於侯馬盟書（《侯馬》354 頁），字形作焱、焱；上博簡《從政乙》1 號簡作焱，《孔子詩論》6 號簡作焱，與石經古文最近。

414. 暴　暴

小徐本古文作暴。許云：“古文暴，从日麃聲。”所从“鹿”上端與篆文有所不同。金文“鹿”或作鹿（《金文編》680 頁），《石鼓·車工》“鹿”作鹿，上端與小徐本古文相同。

415. 昔　昔(石)

西周金文“昔”作昔、昔、昔等（《金文編》458 頁）。此石經古文與之相同,保持了較古的字形。

416. 㫃　[字形]

大徐本古文之形與篆文無異,小徐本古文作[字形],《汗簡》《古文四聲韻》同。西周金文"㫃"作[字形]、[字形]、[字形](《金文編》461—472頁),春秋戰國文字"㫃"作[字形](齊侯作孟姜敦"旂"所從,《集成》9.4645)、[字形](《侯馬》329頁,"族"字所從)、[字形](信陽2-11號簡"旂"字所從)等形。秦簡"㫃"作[字形](《睡編》105頁,"旅""族"等字所從),竪筆左旁加一飾筆,象㫃形的部分不與竪筆相連且寫成兩筆,篆文即由這樣寫的形體進一步變來。小徐本古文之形於古無徵。

417. 旛　[字形](汗石)　[字形](韻石)

"旛"字見於《左傳》桓公五年。《古文四聲韻》引石經誤釋爲"施"。《汗簡》有部首[字形],釋爲"會","澮""鄶"等字並從之。此《古文四聲韻》所引亦從[字形],又《古文四聲韻》"澮""鄶""繪"等字並從之。《汗簡》引《孫强集字》"繪"作[字形],從《説文》古文"困"。此《汗簡》所引從木。信陽2-08、2-09、2-14號簡有字作[字形],李家浩據此《汗簡》所引石經"旛"字古文釋爲"澮",讀爲"禬"。[1]　按[字形]當讀爲"沐",[2][字形]與[字形]應無關係。

418. 游　[字形][字形](石)

中山王𧊒鼎(《集成》5.2840)作[字形]、鄂君啓舟節作[字形],郭店簡《性自命出》33號簡作[字形]、《語叢三》51號簡作[字形],除末一形多出兩筆飾畫外,並與此石經古文同。《説文》古文訛"斿"爲《説文》古文"子"之形。箽(莒)平鐘"游"作[字形](《金文編》464頁),徐在國、張學城認爲《説文》古文所從"𡥀"即鐘銘所從[字形]。[3]

419. 旅　[字形][字形](隸石)　[字形](汗石)　[字形](韻石)

許云:"古文旅,古文以爲魯衛之魯。"《隸續》所録古文用爲"旅",《汗簡》和《古文四聲韻》所引石經古文均兩出,一釋"旅",一釋"魯"。六國文字"㫃"

---

① 李家浩:《著名中年語言學家自選集·李家浩卷》,194—202頁。
② 參看蔣玉斌:《説與戰國"沐"字有關的殷商金文字形》,復旦大學出土文獻與古文字研究中心編:《戰國文字研究的回顧與展望》,中西書局,2017年。
③ 張學城:《〈説文〉古文研究》,155頁。

與“止”相近（參看上“癶”字條），故古文“旅”字如此。“旅”“魯”音近，古文假“旅”爲“魯”。

420. 族　(石)

郭店簡《語叢三》14 號簡“族”作，陳喜壺（《集成》17.9700）作，侯馬盟書作（《侯馬》329 頁），上博簡《卜書》9 號簡作，都與此石經古文相近。

421. 星　

《説文》正篆作。

422. 月　(石)

423. 霸　

古文省去“革”旁，上部爲“雨”之訛，猶古文字“雫”變爲“粤”。①

424. 期　

古文从日丌聲。郭店簡《老子甲》30 號簡“期”字作，亦从日丌聲，但“日”和“丌”的位置關係與此古文相反。《璽彙》250、655（齊璽）作，與此古文相同。

425. 明　 (石)

古文从日从月。六國文字大多如此。②

426. 盟　 (石)

小徐本以此古文爲籀文，以大徐本的篆文（即）爲古文，非。《説文》“盟”的字頭、篆文和古文都从血。《説文》古文从古文“明”从血，石經古文从古文“明”从皿。古文字“盟”字多从皿，但也有从血的（《金文編》481 頁）。侯馬盟書“盟”作、、（《侯馬》313 頁），《陶彙》3.832 作，並與石經古文相近。

427. 外　

从《説文》古文“卜”。中山王響方壺（《集成》15.9735）“外”作，與此古文相近。

---

① 王國維：《毛公鼎銘考釋》，《古史新證》，129 頁，清華大學出版社，1994 年。

② 參看何琳儀：《戰國古文字典》，上册 722—723 頁。

428. 夙　佰　佰

古文爲"宿"之省，假借爲"夙"。上博簡《容成氏》28 號簡"宿"作宿，亦省。安大簡《詩經》28、35、72、73、74 號簡皆假借"宿"之省體"佰"爲"夙"，同此《説文》古文。

429. 多　竹　羽(石)

篆文兩"夕"上下重疊，古文左右並列。郭店簡《老子甲》14 號簡等"多"作夗，兩"夕"並列，與古文同。清華簡中上下重疊和左右並列寫法的"多"字都常見。石經古文形體怪異，恐寫誤。

430. 圅　圅(隸石)

西周金文"圅"作圅，象矢圅之形（《金文編》486 頁），篆文與之差近。清華簡《鄭武夫人規孺子》3 號簡作圅。此石經古文近於隸楷，是據隸書而造。

431. 甹

許云："商書曰：'若顛木之有甹枿。'古文言'由枿'。"按句見於《盤庚上》，今本作"若顛木之有由蘗"，作"由"，同許所謂古文。"甹"爲"木生條"，古文假"由"爲"甹"。

432. 栗　栗　栗(石)

許云："古文栗，从西从二卤。徐巡説，木至西方戰栗。"商承祚等都指出所从"西"是"卤"之訛，石經古文正从三"卤"。《璽彙》233（齊璽）"栗"作栗，《石鼓・作原》作栗，均从三"卤"，新蔡甲三 355 號簡同。又上博簡《鶹鷅》1 號簡作栗，清華簡《子産》4 號簡作栗，安大簡《詩經》53 號簡作栗。

433. 齊　齊(石)

西周春秋金文"齊"作齊（《金文編》487—488 頁），此石經古文與之相同。戰國時"齊"字多下加飾筆，如郭店簡《窮達以時》6 號簡作齊、十四年陳侯午敦（《集成》9.4647）作齊，但也有不加飾筆的，如《陶彙》3.328 作齊，齊刀幣銘作齊（《貨系》2497—2506、2575—2661）。

434. 束　束(石)

此石經古文用爲"責"。這樣寫的"束"見於《陶彙》3.993、包山 167 號簡、四年雍令矛（《集成》18.11564，韓兵器）等。郭店簡《老子甲》14 號簡等作🔲，亦相近。

435. 鼎

大徐本但謂"籀文以鼎爲貞字"，小徐本又有"古文以貞爲鼎字"句。西周金文或假"貞"爲"鼎"，春秋戰國金文更是以"鼎"作"貞"形爲常。[1] 又包山254 號簡、望山 2 號墓 54 號簡及《璽彙》363、367（燕璽）等都以"貞"爲"鼎"。"貞"讀爲"鼎"，又見於上博簡《史蒥問於夫子》6 號簡、清華簡《別卦》7 號簡。

436. 克　🔲 🔲 🔲(石)　🔲(石)

西周金文"克"作🔲，中山王𧊒鼎（《集成》5.2840）作🔲（《金文編》497—498 頁），郭店簡《老子乙》2 號簡作🔲，《緇衣》19 號簡作🔲。《說文》篆文作🔲，已是訛體，《說文》古文第一形又篆文之變。《說文》古文第二形與石經古文相近，形體均無徵。

437. 禾　🔲(隸石)

此《隸續》所録石經古文用爲《文侯之命》"父義和"之"和"。邾公鈍鐘（《集成》1.102）"禾鐘"即"和鐘"，《璽彙》5537（齊璽）"禾信君"即"和信君"，子禾子釜（《集成》16.10374）的器主即古書中的"田和"，"禾"皆通"和"。上博簡《民之父母》13 號簡、清華簡《筮法》36 號簡亦用"禾"爲"和"。

438. 稷　🔲

許云："古文稷省。"中山王𧊒鼎（《集成》5.2840）"社稷"之"稷"作🔲，子禾子釜（《集成》16.10374）等月名"稷月"之"稷"作🔲，人形上皆有"女"形。九店 56 號墓 13 號簡"社稷"之"稷"作🔲，右旁同此古文。清華簡《禱辭》15 號簡"稷"作🔲，與此古文形近。

439. 康　🔲(石)

西周金文"康"作🔲，陳曼簠作🔲（《金文編》971—972 頁），郭店簡《成之聞之》38 號簡作🔲。此石經古文上部與陳曼簠相近，下部變作从米，"米"旁形同石經古文"糜"字所從，見 590"糜"字條。《汗簡》所引石經古文作🔲、《古

---

[1] 參看《金文編》，492—494 頁。

文四聲韻》所引作【字】,均係訛體。上博簡《民之父母》8 號簡"康"作【字】,下部與石經古文相近。

440. 年 【字】(石)

春秋齊、邾、魯、莒等國金文"年"字多作【字】形(《金文編》504 頁),人形下加"土"。此石經古文略訛。

441. 秋 【字】(石)

同篆文。

442. 秦 【字】(石)

《璽彙》3853(燕璽)"秦"作【字】,盦悍鼎等戰國楚金文(《金文編》506—507 頁)以及包山 141、168、174 號簡等作【字】,均从午从二"禾",石經古文與之相同。上博簡《李頌》1 號簡作【字】,安大簡《詩經》93 號簡作【字】,皆从午从二"禾";清華簡《繫年》"秦"字共三十餘見,皆作【字】形,所从二"禾"變作左右對稱形。

443. 粒 【字】

古文从食。

444. 糂 【字】

古文从參聲。

445. 橄 【字】(汗石) 【字】(韻石)

此《汗簡》《古文四聲韻》所引石經古文都釋爲"散"。"散"从橄聲。但出土石經古文"散"作【字】,參看 259"散"字條。

446. 家 【字】【字】(石)

漢簡"家"字或作【字】、【字】(《秦漢魏晉篆隸字形表》497 頁),乃用"象"爲"豕"。《説文》古文即从象,"象"是"豕"的繁體。

447. 宅 【字】【字】【字】(石)【字】(石)

七年宅陽令矛(《集成》18.11546,韓兵器)"宅"作【字】,郭店簡《老子乙》8 號簡作【字】(用爲"託"),望山一號墓 113 號簡作【字】,中山王嚳鼎(《集成》5.2840)作【字】,與《説文》古文第二形和石經古文第二形相近。《説文》古文第一形和石經古文第一形加意符"土"。

448. 向　向（石）

449. 甯　（石）

《説文》："甯，安也。"通作"寧"。盄壺（《集成》15.9734.5）"不敢寧處"之"寧"作，下所從與此石經古文相近，都應該是"皿"之變。春秋時衛國空首布"寧"作（《貨系》513）、（《貨系》514），①亦與此石經古文相近。郭店簡《語叢二》33 號簡"監"字作，"皿"旁如果少寫下面一横，就與此石經古文所從全同。

450. 安　（石）

石經古文"安"比篆文多一筆，古文字和秦漢文字"安"字多如此。六國文字中，晉系文字"安"與此古文最相近。②

451. 完　（石）

許云："古文以爲寬字。""完""寬"音近，古文假借"完"爲"寬"。《璽彙》4911（晉璽）"明上完下"，"完"讀爲"寬"。③

石經古文從土弄聲，用爲《春秋經》僖公四年人名"屈完"之"完"。"弄""完"音近。《汗簡》和《古文四聲韻》引《王存乂切韻》"完"作，中山國靈壽城遺址所出封泥上有同形的字，吳振武釋讀爲"完"。清華簡《治政之道》35 號簡"車馬不完"之"完"作，假借"弄"爲"完"。④ 此石經古文所從"弄"形與秦簡"券"（《睡編》65 頁）、"卷"（144 頁）等所從相近。

452. 容　（石）

許云："古文容從公。"石經古文從石經"公"字古文，《説文》所從同《説文》篆文。公廚左官鼎（《集成》5.2701.2）"容"作，郭店簡《語叢一》47 號簡作、109 號簡作，九店 621 號墓 6 號簡作，皆從"公"，此古文與之相合。"容"字本從公聲，從谷是秦文字變體。參看 143"訟"字條。

---

① 參看吳良寶：《中國東周時期金屬貨幣研究》，40 頁，社會科學文獻出版社，2005 年。

② 參看何琳儀：《戰國古文字典》，下册 961—962 頁。

③ 參看何琳儀：《戰國古文字典》，下册 1016 頁。

④ 吳振武：《戰國"信完"封泥考》，《中國文物報》1989 年 8 月 25 日第 3 版。

453. 寶　圉　[图]（石）

許云：“古文寶省貝。”《汗簡》引《尚書》作[图]。省“貝”的“寶”見《金文編》524 頁第 3、5 欄，作[图]、[图]。清華簡《皇門》2、12 號簡“寶”作[图]，《管仲》8 號簡作[图]，亦省“貝”。石經古文見於古篆二體殘石，用爲“大寶龜”之“寶”。《隸續》所録石經古文以及《汗簡》引石經都作此形，並用爲“寶”，《古文四聲韻》引石經作[图]，稍訛。其字从玉保聲，可以看作“寶”的異體。齊侯敦（《集成》9.4638、4639）“永寶用”之“寶”作[图]，石經古文與之相同。

454. 宰　[图]（石）

此石經古文增从意符“肉”。鐈鎛（《集成》1.271.2）“宰”作[图]，魯大宰邍父簠（《集成》7.3987）作[图]，“辛”旁上並有數筆，石經古文與之相合。

455. 宜　[图]　[图]　[图]（石）

殷、西周金文“宜”作[图]、[图]、[图]，象置肉俎上之形（《金文編》527 頁）。侯馬盟書作[图]（《侯馬》314 頁），中山王[图]鼎（《集成》5.2840）作[图]，包山 103 號簡等作[图]。《説文》古文第二形與上舉古文字相近。《説文》古文第一形作兩篆文相並，無徵。石經古文類篆文而稍訛。

456. 寬　[图]（石）

近篆文。

457. 寡　[图]（隸石）　[图]（汗石）　[图]（韻石）

西周金文“寡”作[图]，中山王器作[图]（《金文編》529 頁），郭店簡《緇衣》22 號簡等作[图]。郭店簡《語叢三》31 號簡“寡”作[图]，从雨从頁，此石經古文與之相同。

458. 宄　[图]　[图]

小徐本古文第一形从寸。兮甲盤（《集成》16.10174）“宄”作[图]，清華簡《攝命》27、28 號簡作[图]，可與此《説文》古文第一形相印證。《説文》古文第二形加意符“心”。

459. 宋　[图]（石）

460. 宗　[图]（石）

从古文“示”。

461. 宔　宔（石）

許云："宔，宗廟宔祏。"通作"主"。中山王器作 ⼓、⼓（《金文編》534 頁，誤釋爲"宗"），侯馬盟書作 ⼓（《侯馬》314 頁，誤釋爲"宗"），郭店簡《老子甲》6 號簡作 ⼓，《唐虞之道》24 號簡作 ⼓，均與石經古文相近。這樣寫的"主"上博簡、清華簡亦常見。

462. 空　空（石）

從《説文》古文"工"。

463. 疾　疾

小徐本古文作 疾。戰國文字"疾"均同篆文之形。[1] 西周春秋金文"疒"旁作 ⼓、⼓、⼓（《金文編》544—545 頁），此古文所從與上舉第二形相同，是較古的寫法。

464. 同　同（石）

古文字"同"作 同形（《金文編》545—546 頁），此石經古文同《説文》篆文。

465. 冒　冒

篆文作 冒，郭店簡《窮達以時》3 號簡"冒"作 冒。此古文之形是訛體，關於其所從"目"形，參看 211"目"字條。

466. 兩　兩（隸石）　兩（汗石）

《説文》分"㒳""兩"爲二字，訓"㒳"爲"再"，"兩"爲"二十四銖"。"㒳""兩"本一字。中山王兆域圖（《集成》16.10478）"兩"作 兩，包山 115 號簡等作 兩，郭店簡《語叢四》20 號簡作 兩。此石經古文之形同篆文。

467. 网　网 网（石）

《説文》"网"或體 网（即"罔"），加注"亡"聲，古文從"网"省。石經用爲否定詞"罔"。

468. 詈　詈（石）

此石經古文"言"旁以外的部分爲"网"之訛。石經"罰"字古文同，參看 267"罰"字條。

---

[1] 參看何琳儀：《戰國古文字典》，下册 1093 頁。

469. 常　帒(石)

従"尚"省,同《説文》古文"堂"。

470. 帷　𢊁

従古文"韋"聲。此古文可能是"匯"字異體,假借爲"帷"。

471. 席　厎

許云:"古文席,従石省。"此古文従"簟"之初文,従石省聲。曾侯乙墓6號簡等"席"作𥲧,比此古文多"竹"旁。

472. 白　自 白(石)

石經古文用爲"伯",《隸續》所録同,《汗簡》引石經古文形同《説文》古文。"白"用爲"伯"是古文字的一般用法。

473. 㝏　𡩀(韻石)

此古文従《説文》古文"白",用作"隙"。《古文四聲韻》云又出《説文》,但今本《説文》無此古文之形。郭店簡《緇衣》16號簡"虩"作𧇠,所従的"㝏"省去上部,但中間所従同此石經古文之形。

474. 敝　黹攴(汗石)　黹攴(韻石)

475. 黻　黹犮(石)

此石經古文見於品字式《皋陶謨》,右下稍残,其形與篆文基本相同。

卷　八

476. 人　𠤎(石)

477. 保　𠈃 𤖕 𠊥(石) 𠈃(石)

《説文》古文第一形省"人"旁,《説文》又以爲"孟"字古文。《説文》古文第二形右従古文"孚",可以看作"俘"字繁體,而假借爲"保"。中山王𦉢鼎(《集成》5.2840)"永定保之","保"作𤖕,同此形。石經古文第一形同西周春秋金文,戰國時器十四年陳侯午敦、陳逆簋等亦同(《金文編》556—557頁),保持了較古的字形。楚簡"保"字同篆文。石經古文第二形只見於《君奭》一例（《君奭》另三例和《無逸》一例作第一形），可能是寫脱了一筆。

478. 仁　〔字形〕

古文第一形从心千聲，郭店簡《忠信之道》"仁"作〔字形〕，从心从千，與此古文同。《唐虞之道》"仁"作〔字形〕、〔字形〕，从心人聲或千聲，从千是由从人變來的。古文第二形，石經古文用爲"夷"（見 613"夷"字條），《玉篇》以爲"夷"字古文，《汗簡》引《尚書》同，又見於中山王嚳鼎（《集成》5.2840）和上博簡《周易》51 號簡，都用爲"夷"。[1] "𡰥"讀爲"夷"，又見於清華簡《子犯子餘》11 號簡、《越公其事》49、56、57 號簡等。許云"古文仁或从尸"，可能是因許氏所見古文材料中"仁"字所从的"人"旁近於"尸"，故而作此形。石經古文中偏旁"人"或類"尸"，如"休"作〔字形〕。

479. 企　〔字形〕

許云："古文企从足。"从足與从止同意。

480. 伊　〔字形〕　〔字形〕（石）

古文"伊"从人从古文"死"聲。上博簡《容成氏》26 號簡"伊洛"之"伊"作〔字形〕，从水死聲。清華簡《良臣》2 號簡"伊尹"之"伊"作〔字形〕，《繫年》102 號簡"伊洛"之"伊"作〔字形〕。上博簡《容成氏》37 號簡"伊尹"之"伊"作〔字形〕，所从"四"當爲"尹"之訛變或變形音化。

481. 份　〔字形〕

許云："古文份从彡林，林者，从焚省聲。"許引《論語》"文質份份"，今作"彬"。

482. 何　〔字形〕（石）

同篆文。古文字一般假借"可"爲"何"。

483. 備　〔字形〕

石經古文"葡"作〔字形〕。郭店簡《語叢一》94 號簡"備"字作〔字形〕，《語叢三》54 號簡作〔字形〕，右旁與石經古文"葡"相近，此《説文》古文右旁是進一步的訛變之體。參看 210"葡"字條。

---

[1] 中山王嚳鼎此字，參看朱德熙：《朱德熙古文字論集》，102—103 頁。

484. 侍　(汗石)　(韻石)

"寺"旁从攴。楚簡中"寺"旁或从攴,如郭店簡《六德》24 號簡"詩書"之"詩"作。

485. 敠　(石)

用爲"微"。《説文》:"敠,妙也。"通作"微"。

486. 侵　(石)

形同《説文》篆文,右上部的"帚"是訛體。包山 263 號簡等"寢"字所從的"帚"作,秦簡"婦"字所從的"帚"作(《睡編》185 頁),上端都不从又。

487. 佾

許云:"古文以爲訓字。"清華簡《命訓》12 號簡"佾之㠯(以)豊(禮)"之"佾"(《逸周書·命訓》作"慎"),整理者讀爲"訓",[1]鄔可晶、施瑞峰讀爲"遜"。[2]

488. 佃　(石)

此石經古文用爲《君奭》"侯甸"之"甸"。王國維説:"《説文》有佃、甸二字,此古文作佃,篆文作甸。按《春秋左氏傳》'衷甸',《説文》引作'中佃',則古多用佃字也。"[3]西周金文"甸"作(《金文編》568 頁),从田从人而"人"旁在右,"甸"字即由之變來。"佃"字可能是"甸"字的異體,也可能是一個與來源較古的"甸"字無關的後起的从人田聲的字。《璽彙》2541(晉璽)有字作,2542、2543(晉璽)有字作,是加飾筆的"佃",均用爲姓氏。清華簡《四告》18 號簡"甸"作。

489. 侮　

古文从母聲。"侮"和"母"古音並不同部。中山王𰯀鼎(《集成》5.2840)有从人从母之字,用爲傅姆之"姆"。

490. 伐　(石)

此石經古文戈援穿過人頭,字形同甲骨文和西周金文(《甲骨文編》

---

① 李學勤主編:《清華大學藏戰國竹簡(伍)》,126 頁,中西書局,2015 年。

② 鄔可晶、施瑞峰:《説"朕"、"幷"》,《文史》2022 年第 2 輯。

③ 王國維:《魏石經殘石考》,32 頁。《左傳》之"衷甸"是一種車。

344—345 頁，《金文編》568—569 頁），戰國文字及篆文"人"旁和"戈"旁分離。

491. 弔　苐(石) 𠂤(石)

石經古文第一形見於《君奭》，用爲"不弔天"之"弔"。石經古文第二形見於《春秋經》文公，用爲"叔"。《隸續》所録石經古文形同第二形，亦用爲"叔"。陳曼簠（《集成》9.4595、4596）此字作𠂤，侯馬盟書作𠂤（《侯馬》314頁），哀成叔鼎（《集成》5.2782）作𠂤，楚屈叔佗戈（《集成》17.11198）作𠂤，並用爲"叔"，字形都與石經古文第一形相近。石經古文第二形是訛體。

492. 真　𣅀

西周金文"真"作𣅀、𣅀、𣅀（《金文編》575 頁），上都从古文"珍"亦即"顚隕"之"顚"的初文爲聲。[1] 其中第一形下从貝，又加注"丁"聲；第二形下从鼎聲；第三形"貝"下又加"丌"。[2] 此古文下部訛變。

493. 卓　𠦥

西周金文"卓"作𠦥、𠦥（《金文編》576 頁），侯馬盟書"趠"字偏旁"卓"作𠦥（《侯馬》347 頁），清華簡《管仲》4 號簡"卓"作𠦥。此古文之形有訛變。

494. 从　𠂕(石)

見於古篆二體殘石，對應的篆文作"從"。《説文》"从"訓"相聽"，"從"訓"相隨"，分爲兩字，實爲一字異體。梁十九年亡智鼎和郭店簡《忠信之道》5 號簡都用"从"字。

495. 并　𠀟(石)

石經古文用"并"爲《君奭》"小臣屏侯甸，矧咸奔走"之"屏"，古文對應的篆隸同今本作"屏"。

496. 比　𣐙

楚布幣"比"字作𣐙（《貨系》4175—4195），《汗簡》引《裴光遠集綴》"比"字第一體作𣐙，都是在二"匕"上各加了一短横飾筆，只是前者所从"匕"的方

---

① 參看 249"珍"字條；唐蘭：《釋真》，《唐蘭先生金文論集》，32 頁。
② 參看裘錫圭、李家浩：《曾侯乙墓竹簡釋文與考釋》，《曾侯乙墓》，512 頁注 72。

向向左。此《説文》古文之形是訛體。[1]

497. 北　𣥠(石)

498. 丘　𡊁 𡊖(石)

包山 237 號簡"丘"作𡊖，下從土，而比《説文》古文少一横。《陶彙》3.779"丘"作𡊉，中山王兆域圖（《集成》16.10478）作𡊆，鄂君啓車節作𡊖，清華簡《良臣》8 號簡"丘"作𡊖，《子産》21 號簡作𡊖，並與石經古文相近。

499. 衆　𥄗(石)

此石經古文見於古文一體殘石《急就篇》。上從古文"目"。

500. 臮　𥃵 𥃷(石)

小徐本古文作𥄝，誤。王國維説，《説文》此字即甲骨金文中的"眔"字之訛。[2] 其説可信。"眔"字象目下有淚之形，是"泣"和"淚"共同的表意初文（"泣""淚"音近，是同源詞）。《説文》篆文"目"訛作"自"，表淚水的部分訛作"氺"；石經古文以及篆隸"目"亦訛作"自"，下部變成形甚相近的"水"旁。《説文》古文上部仍從目，而稍訛；下部亦稍有訛變，其左上角本來應該還有一筆，如石經古文"褱"字（見下 508 號）所從的"眔"。古文字"眔"所表示的詞，今本《尚書》用"暨"來表示（熹平石經已然）；清華簡《祭公之顧命》6 號簡"周公𣆪且（祖）邵（召）公"，用"𣆪"爲"暨"。《説文》引《尚書》和魏石經用此"眔"的變體"臮"。

501. 徵　𢾠

曾侯乙墓編鐘五音之一的"徵"作𦥯、𦥰等形（《金文編》580 頁），與此《説文》古文左旁相近。郭店簡《性自命出》22 號簡"幣帛，所以爲信與徵也"，"徵"作𢾠（又見於包山簡 137 反、138、138 反、139 等），右旁與此古文左旁去"口"後的形體接近。又《上博簡》3 號簡"徵"作𦥸，清華簡《繫年》76 號簡作𦥸，亦相近。

---

[1] 參看李家浩：《戰國貨幣文字中的"尚"和"比"》，《中國語文》1980 年第 5 期，374 頁。

[2] 王國維：《魏石經殘石考》，22—23 頁。

502. 朢 ![字形]

許云："古文朢省。"按"朢"是瞻望之"望"的初文。西周金文日月相望之"望"或作![字形]，與此古文的用法相合。

503. 量 ![字形]![字形]（汗石）![字形]（韻石）

廿七年大梁司寇鼎（《集成》5.2609）"量"作![字形]，包山53號簡等作![字形]，清華簡《程寤》7號簡作![字形]，上皆从圈不从日，《説文》古文與之相合。《汗簡》和《古文四聲韻》所引古文上从日，同西周金文和篆文，但除去"日"旁剩下的部分都有訛誤。

504. 監 ![字形]![字形]（石）

《説文》古文"監"从言，無徵。石經古文的結構同篆文。

505. 殷 ![字形]（石）

石經古文"殷"字皆如此。商承祚《石刻篆文編》隸作"痕"。按此字當即"殷"之訛體。

506. 衣 ![字形]（石）

507. 表 ![字形]![字形]（石）

《説文》古文"表"从衣麃聲。清華簡《四告》7號簡假借"麃"爲"表"。

508. 褱 ![字形]（石）

見於《梓材》，用爲"懷"，今本和對應的篆隸都作"懷"。"褱"是"懷"的古字。西周金文"懷"均作"褱"（《金文編》586頁）；上博簡《緇衣》21號簡、《孔子詩論》7號簡、《周易》53號簡"懷"均作"褱"；《老子》第70章"是以聖人被褐懷玉"，帛書甲、乙本"懷"均作"褱"。"褱"用爲"懷"清華簡亦常見。

509. 褒 ![字形]（隸石）

此《隸續》所録石經古文用爲《春秋經》桓公十五年地名"褒"。《説文》篆文作"袳"。此古文所从的"多"有脱筆。

510. 裔 ![字形]

陳逆簋（《集成》7.4096）"裔"作![字形]，近篆文。此《説文》古文省。

511. 袁 ![字形]（石）

此石經古文用爲《春秋經》成公二年地名"袁婁"之"袁"，上端寫訛。

512. 襄　🔣🔣(石)

小徐本古文作🔣，寫誤。鄂君啓舟節地名"襄陵"之"襄"作🔣，車節作🔣，又清華簡《繫年》11 號簡作🔣，《四告》19 號簡作🔣，23 號簡作🔣。此古文的上部即由🔣形訛變而來，下"人"形變爲"女"形，又左右各加兩筆飾畫。

513. 裕　🔣(石)

《説文》篆文作左右結構，石經篆文和古文結構相同。

514. 衰　🔣

仲僱父鼎（《集成》5.2734，西周中期）偏旁"衰"作🔣，庚壺（《集成》15.9733.1）此字作🔣，郭店簡《成之聞之》8 號簡作🔣，《唐虞之道》26 號簡作🔣。《汗簡》引《説文》作🔣，又引《義雲章》"催"作🔣。此《説文》古文之形稍有訛變，即由🔣而🔣，由🔣而🔣。

515. 卒　🔣(石)

516. 裘　🔣🔣(石)

許云："古文省衣。"《説文》以"求"爲"裘"的古文，從古文字來看，"求"和"裘"各有來源，本來沒有關係。在西周金文中，"裘"或以"求"爲聲符（"裘""求"古音不同部，前者之部，後者幽部，所以"裘"字先是加之部字"又"爲聲，作🔣。但之、幽兩部還是比較接近的，而且"求"的字形很像"又"加象毛的部分，所以從"求"聲可以認爲是由較古的🔣形稍作改造而來的），後世沿用。《説文》可能是出於解釋字形的需要才把"求"當作"裘"的古文的，不見得真有古文材料的根據（裘、求古音不同部，古文字不大可能假借"求"爲"裘"。東漢時"裘""求"已完全同音）。石經古文即用爲要求之"求"，與"裘"無關。

517. 壽　🔣(石)

《隸續》所録石經古文作🔣，《汗簡》所引石經古文作🔣。春秋戰國時齊、魯、邾、杞等國"壽"作🔣、🔣形（《金文編》594 頁），第一、二形的上端與此古文相近，第三形下部從白，與此古文相同。

518. 孝　🔣(隸石)　🔣(汗石)　🔣(韻石)　🔣(韻石)　🔣(韻石)

陳侯因𦉚敦（《集成》9.4649）"孝"作🔣，十四年陳侯午敦（《集成》

111

9.4646）作🔣，《古文四聲韻》所引石經古文第三形與之相近。《隸續》所錄石經古文是訛形。

519. 屋 🔣

《璽彙》3143（晉璽）"屋"作🔣，望山二號墓 15 號簡作🔣，清華簡《赤鵠之集湯之屋》"屋"1、13 等號簡作🔣，安大簡《詩經》29 號簡作🔣，59 號簡作🔣，均與此古文相近。古文"屋"除去"至"旁的部分就是"殼"字的聲旁"青"。① "屋""殼"音近。《説文》"握"字古文作🔣，實同字，而字形稍異。

520. 屈 🔣（石）

篆文和古文字"屈"都從尾，此省從尸。

521. 履 🔣

古文從頁從舟從足。包山 54、57 號簡等"履"作🔣，上博簡《子羔》12 號簡作🔣，清華簡《祭公之顧命》15 號簡作🔣，《殷高宗問於三壽》18 號簡作🔣，從頁從舟從止，與此古文相近。《説文》"正"字和"企"字的古文也都從足。

522. 朕 🔣（石）

用爲國名之"滕"。右旁訛。

523. 般 🔣

金文"般"多從攴（《金文編》611—612 頁），楚文字"盤"字所從的"般"亦多從攴（《楚文字編》349 頁），此古文與之相合。

524. 服 🔣

許云："古文服從人。"無徵。

525. 方 🔣（石）

石經古文、篆文並如此。《説文》篆作🔣，與古文字不合。

526. 儿

《説文》篆作🔣，許云："古文奇字人也。"舒連景説："蓋甄豐等所校定。"

---

① 何琳儀、吳紅松：《説屋》，《語言》第四卷。

527. 允　🖼(石)

528. 兄　🖼(石)

此石經古文見於《君奭》和《無逸》，對應的篆隸皆作"兄"，但今本都作"允"。"兄""允"字形相近，"兄"應該是"允"之誤。

529. 兔　🖼(石)

《説文》無"兔"字，段玉裁補於"兔"部之末，今列於"儿"部。《説文》偏旁"兔"作🖼，石經古文對應的篆文字形同此古文。包山 53 號簡"兔"作🖼，郭店簡《唐虞之道》7 號簡作🖼，上博簡《緇衣》13 號簡作🖼，上博簡《史蒥問於夫子》10 號簡作🖼，清華簡《楚居》9 號簡作🖼，均與此古文之形相同。

530. 先　🖼(石)

531. 視　🖼 🖼 🖼(隸石)　🖼(汗石)

《説文》古文第一形從目從古文"示"聲，《説文》古文第二形以及石經古文均從目氏聲，《隸續》所錄石經古文"目"旁訛。侯馬盟書"視"作🖼、🖼、🖼（《侯馬》337 頁），從見氏聲或氐聲；中山王兆域圖（《集成》16.10478）作🖼，從目氏聲；上博簡《緇衣》1 號簡作🖼，從目氏聲，而"氏"在"目"下，與石經古文最爲相近。

532. 觀　🖼

段注本等作🖼，此寫脱；小徐本作🖼，誤改從竹。許云："古文觀從囧。"按古文從目。從目的"觀"見於上博簡《内禮》10 號簡、《性情論》15 號簡等。

533. 覺　🖼(韻石)

《古文四聲韻》引《古孝經》"覺"作🖼。裘錫圭師認爲此字可能是"敫"之訛變，假借爲"覺"。

534. 欲　🖼(石)

右下殘。

535. 次　🖼

舒連景説，🖼即🖼（曶鼎"秭"字所從）之别體。西周金文"朿"或作🖼（《集成》8.4273，静簋），《貨系》292—295 作🖼，上博簡《周易》7、53 號簡作🖼

113

（偏旁），石經古文“沛”字所從的“𠂤”作［字形］，《汗簡》引《王庶子碑》“次”作［字形］，此古文之形是訛變之體。古文假“𠂤”爲“次”。“𠂤”讀爲“次”，見於清華簡《芮良夫毖》21、23 號簡與《筮法》33、35 號簡及《四時》10 號簡。甲骨文“𠂤”字用爲“師次”之“次”。①

536. 歠　［字形］［字形］

古文第一形從水今聲，第二形從食今聲。

537. 旡　［字形］

侯馬盟書“既”字所從的“旡”作［字形］（《侯馬》319 頁）。

卷　　九

538. 頁

許云：“古文䭫首如此。”小徐認爲是古文以爲“首”字，段玉裁認爲是古文以爲“䭫”字。段玉裁的理解是符合許氏原意的。西周金文卯簋蓋（《集成》8.4327）有“卯拜手［字形］手”，宄鼎（《集成》5.2755）有“宄拜［字形］首”，其中［字形］、［字形］比“頁”多出上端象髮的筆畫，是“頁”字較古的寫法，根據文例，只能都讀爲“䭫”（通作“稽”）。② 可見許氏的説法是有根據的。“頁”字傳統的讀音是胡結切，上古音屬匣母質部，與溪母脂部的“䭫”古音相近。可能胡結切的音就是由“䭫”音變來。

539. 頯　［字形］（石）

用爲《春秋經》文公元年“楚世子商臣弑其君頵”之“頵”。所從“君”旁的字形參看 062“君”字條。

540. 顧　［字形］（石）

此石經古文下端殘。從見雇聲，同篆文。郭店簡《緇衣》34 號簡作［字形］，從

---

① 參看于省吾：《甲骨文字釋林》，417 頁，中華書局，1979 年。

② 《金文編》625 頁“頁”字下出卯簋“頁”字，又於 632 頁“䭫”字下重出；“䭫”字之末收宄鼎“頁”字。

見寡聲,聲符不同。

541. 頓　🖼(石)

542. 首　🖼

許云:"百同,古文百也。"許以"首"爲古文,"百"爲篆文或籀文,但都作爲字頭。戰國時楚、晉文字"首"和偏旁"首"(如"道"所从)大多作上端無髮形的"百",而秦文字率作帶髮形的"首"。[①] 許氏大概是把古文和篆文弄反了。

543. 䭫　🖼(石)

此石經古文見於三體殘石,从古文"旨"。

544. 文　🖼(石)

545. 髮　🖼

《説文》或體作🖼,从首发聲。西周金文作🖼、🖼、🖼(《金文編》639頁),从犬从首。《汗簡》引《林罕集字》作🖼。舒連景説,此古文左旁是"犬"之訛。上博簡《靈王遂申》2 號簡"髮"作🖼,从頁发聲;安大簡《詩經》88 號簡作🖼,从犬从頁。

546. 司　🖼(石)

547. 詞　🖼(石)　🖼(汗石)　🖼(韻石)　🖼(韻石)

此石經古文見於《多士》,用爲"凡小大邦喪,罔非有辭于罰"之"辭",石經對應的篆隸作"辤"。[②] 此古文从言厶聲,參看 122"嗣"字條。从言厶聲的"詞"字見於郭店簡,如《緇衣》7 號簡作🖼,用爲推辭之"辭",《語叢一》108 號簡、《成之聞之》5 號簡等用爲言辭之"辭(詞)"。

《汗簡》和《古文四聲韻》所引石經"詞"可以看作加注"目"聲的"司",用爲"詞"。

548. 令　🖼(隸石)

有缺筆。

---

① 參看何琳儀:《戰國古文字典》,上冊 194—195 頁。

② "辤"即"辭"的訛省,《説文》誤分爲兩字。

549. 邵　〔隸石〕　〔汗石〕

用爲"昭"。古文字的"邵"一般對應古書中的"昭"。①

550. 色　〔圖〕

郭店簡《語叢一》110 號簡"色"作〔圖〕，从頁㠯（"疑"的初文）聲，是容色之"色"的專字。此古文所从的〔圖〕，李守奎認爲即〔圖〕形的訛變；陳劍指出，〔圖〕除去"百"的部分就是"㠯"（"㠯"的繁體），从"百"即从"頁"。李守奎説："所从'彡'是累增形旁，與《説文》'彣'及新附的'彩'用意一致。"陳劍進一步推測，增添意符"彡"可能就是爲色彩之"色"所造的專字。②

551. 辟　〔圖〕（石）

此古文之形較篆文多出右下一筆。郭店簡《五行》7 號簡"辟"作〔圖〕，上博簡《曹沫之陣》35 號簡作〔圖〕，子禾子釜（《集成》16.10374）作〔圖〕，均與古文相近。

552. 嬖　〔圖〕（石）

《説文》篆作〔圖〕，此石經古文結構同篆文。《説文》引《虞書》"有能俾嬖"，今本作"乂"，此義西周金文作"辥"。"嬖"所从的"辟"實"辥"之訛。③

553. 旬　〔圖〕〔圖〕（汗石）　〔圖〕（韻石）

王孫遺者鐘（《集成》1.261.2）"旬"字作〔圖〕，从日勻聲，此古文亦从日勻聲。《汗簡》所引石經古文訛誤。

554. 苟　〔圖〕

楚帛書"敬"字所从的"苟"作〔圖〕（《楚帛編》89 頁），與此古文最相近。上博簡《三德》3 號簡"敬"字同。

555. 敬　〔圖〕（石）

參上字。清華簡《程寤》2、4、6 號簡"敬"作〔圖〕，與石經古文形同。

---

① 參看《金文編》643—644 頁。

② 以上參看李守奎：《〈説文〉古文與楚文字互證三則》，《古文字研究》第二十四輯，468—469 頁，中華書局，2002 年。陳劍：《據戰國竹簡文字校讀古書兩則》，《第四屆國際中國古文字學研討會論文集》，376—378 頁，香港中文大學中國語言及文學系，2003 年；收入氏著《戰國竹書論集》，460—463 頁。

③ 參看《金文編》975 頁。

556. 鬼　鬽

小徐本古文从篆文"示"，大徐本从古文"示"。古文增从意符"示"。从示的"鬼"字見於陳矦簋蓋(《集成》8.4190)、新蔡甲二 40 號簡、上博簡《魯邦大旱》2 號簡、《柬大王泊旱》6 號簡、《曹沫之陣》63 號簡等。从示的"鬼"清華簡亦常見。

557. 魖　鬽

《說文》又有籀文作鬽，籀文下注云："从象首，从尾省聲。"實是對古文字形的分析。

558. 畏　鬼　鬼(石)

小徐本古文作鬼。西周金文"畏"作鬼(《金文編》654 頁)，象鬼持杖。春秋時王孫遺者鐘(《集成》1.261.2)作鬼(偏旁)，杖形下偏，石經古文是進一步的演變。楚文字多作鬼形，杖形訛變成"止"，與楚文字"老"字的變化相同。《說文》古文是訛體。

559. 禺　禺(石)

此石經古文用爲"遇"。"禺"假借爲"遇"，見於侯馬盟書(《侯馬》306 頁)、趙孟壺(《集成》15.9678)以及上博簡《三德》4 號簡、清華簡《邦家處位》6 號簡、《治邦之道》25 號簡、《四告》45 號簡。

560. 誘　羑

《說文》字頭作"㕗"，或體作"誘"，古文作"羑"；"羑"字重出於羊部，訓"進善"。舒連景疑"羑"與"羞"古本一字。按"羑"是"羞"之訛體。[①]

561. 山　山(石)

562. 嶽　嶽

許云："古文象高形。"商承祚指出上部是"丘"的訛變。

563. 崵　崵(石)

此石經古文用爲《春秋經》僖公二十八年"天王狩于河陽"之"陽"。

---

① 魏宜輝：《"羑"字來源補說》，《中國文字》二〇一九年冬季號(總第二期)，萬卷樓圖書股份有限公司，2019 年。

564. 岫　　(石)

古文从阜，从阜與从山同意。關於右旁，參看 230“鳳”字條。

565. 崇　　(石)

《古文四聲韻》引《王存乂切韻》“崇”作　，从木，同此石經古文。此古文
上部應該就是“宗”的訛誤。

566. 廄　

古文从皀九聲，應該是“叚（簋）”的異體，假借爲“廄”。

567. 庶　　(石)　　(石)

“庶”字从火石聲。春秋早期的魯大司徒子仲伯匜（《集成》16.10277）
“庶”作　，古文較之多出了兩筆飾畫；叔弓鎛（《集成》1.285.2）作　，與古文
相近。

568. 廟　　(石)

《説文》古文从苗聲。中山王𩵦方壺（《集成》15.9735）“廟”作　，同此石
經古文；上博簡《周易》42 號簡“廟”作　，从宀苗聲；从宀苗聲的“廟”又見於
清華簡《越公其事》4、22、26、74 號簡及《四告》42、46 號簡。上博簡《孔子詩
論》5 號簡作　，“田”變成“日”形。郭店簡《語叢四》27 號簡有字作　，亦
“廟”字異體，但用法不很明白。石經古文从“淖（潮）”，與郭店簡《唐虞之道》
5 號簡“廟”字同。

569. 厥　　(石)

王國維説：“此字訛舛。　殆古文‘屰’之訛，　則‘欠’之訛也。”[1]古文字
包括戰國文字用“氒”字表示“厥”這個詞。

570. 厲　　(石)

所从“萬”的字形參看 852“萬”字條。

571. 石　　(石)

此石經古文“石”與楚文字“石”相同（《楚文字編》554 頁）。

---

[1] 王國維：《魏石經殘石考》，24 頁。

572. 礦

許云："古文礦，《周禮》有卝人。"段玉裁注指出此是"卯"字。望山二號墓 53 號簡"卯"作 ，曾侯乙墓 18 號簡作 （偏旁），上博簡《子羔》11 號簡"卯"作 。古文假"卯"爲"礦"。

573. 碣

小徐本古文作 。古文从阜。"曷"旁的字形參看 227"羯"字條。

574. 磬

小徐本古文作 ，从石从篆文"巠"聲，《汗簡》引作 ，从石从古文"巠"聲。大徐本誤从坙。燕侯脮石磬銘文"磬"作" "，[1]齊國石磬銘文作 ，[2]清華簡《五紀》106 號簡作 ，與古文之形相合。

575. 長

小徐本古文第二形作 。楚文字"長"作 、 形。[3] 此古文第一形可能即 形之寫脱，而第二形與 相近，大徐本可能受篆文的影響而把 形寫成了 形。

576. 而 （石）

子禾子釜（《集成》16.10374）"而"作 ，中山王𰯼鼎（《集成》5.2840）作 ，郭店簡《忠信之道》3 號簡作 ，《唐虞之道》1 號簡或作 ，均與此石經古文相近。

577. 豕

小徐本古文作 ，較篆文少一筆。楚文字如包山 211 號簡"豕"作 ，與此古文之形比較接近。

578. 帚

小徐本古文作 。郭店簡《語叢二》24 號簡此字作 ，與小徐本古文相同。郭店簡此字讀爲"肆"。

---

① 魏成敏等：《山東臨淄齊國故城出土燕侯脮磬及相關問題》，《文物》2020 年第 10 期。

② 曹錦炎：《新見齊國石磬銘文考論》，《古文字研究》第三十四輯，中華書局，2022 年。

③ 參看李守奎：《楚文字編》，557 頁。

579. 繇 [字形][字形](石)

《說文》在古文下引《虞書》"繇類于上帝","繇"今作"肆"。石經古文見於《多士》,今本作"肆",對應的篆文亦作"肆"。清華簡《皇門》1 號簡"繇"作[字形];《厚父》3 號簡作[字形],8 號簡作[字形];《攝命》2 號簡作[字形],7 號簡作[字形];《四告》4 號簡作[字形]。

580. 豹 [字形](隸石) [字形](韻石)

此石經古文用爲《春秋經》人名"叔孫豹"之"豹",从鼠勺聲。望山一號墓 7、54 號簡及包山 277 號簡、曾侯乙墓 167 號簡等"豹"字均从鼠,同此石經古文。从鼠的"豹"又見於上博簡《逸詩》2 號簡、清華簡《晉文公入於晉》6 號簡及安大簡《詩經》46、112、113 號簡。

581. 兕 [字形]

此字篆文作[字形]。小徐本古文作[字形]。

582. 易 [字形](石)

583. 豫 [字形]

小徐本古文作[字形],略異。右旁即"象"之訛體。楚帛書"象"作[字形](《楚帛編》95 頁,"像"字偏旁),郭店簡《老子乙》12 號簡等"象"作[字形]。

卷 十

584. 馬 [字形][字形](石)

西周金文"馬"作[字形]、[字形]等(《金文編》675—676 頁),古文變"目"形爲"日"形,《說文》古文又把象鬃毛的三筆寫析,係傳抄之誤。

585. 驗 [字形](韻石)

用"噞"爲"驗"。

586. 驅 [字形]

古書中對象不是馬的驅趕以及驅除之"驅"多用"歐"字。師袁簋(《集成》8.4314)"歐孚士女羊牛",《石鼓·車工》"吾歐其特",龍崗秦簡 23 號簡

“毆入禁苑中”，都用“毆”字。上博簡《周易》10 號簡“王三驅”，用“驅”字。清華簡《繫年》57 號簡“思(使)毆羿(盂)者(諸)之廪”、92 號簡“毆車至于東晦(海)”，用“毆”字；安大簡《詩經》45 號簡“遊(游)環靉(脅)毆”，用“毆”字；106 號簡“弗駝(馳)弗驅”，用“驅”字。

587. 馳　駴(汗石)　駩(韻石)

從古文“馬”，也聲，結構同篆文。關於所從“也”的字形參看 736“也”字條。包山 187 號簡、詛楚文、上博簡《競建內之》9 號簡、清華簡《趙簡子》10 號簡、安大簡《詩經》106 號簡都有從馬從它的“駝”，應該就是“馳”的本來寫法，《說文》篆文從也是從它之訛。① 此古文乃據篆文而造。

588. 法　𡿩 𡿩(汗石)　𡿩(韻石)

黃錫全認爲，此古文從宀乏聲而有訛變(按古文字“乏”作𠂤，從止，上加一斜筆)，“法”“乏”音近，故古文用爲“法”。② 上博簡《緇衣》14 號簡“法”作𡿩，下從止，上從“全”形，此古文“法”當即由之訛變。《汗簡》“法”字又作𡿩(無出處)，與上博簡《緇衣》“法”字形體更爲接近。可見古文“法”並不從乏。但從全從止之字爲何能讀爲“法”，不可解。③

589. 鹿　麤(石)

與篆文基本相同。

590. 麋　麤(石)

此石經古文見於《無逸》，用爲“迷”。所從“鹿”旁與上“鹿”字不同形。古璽有“亡麋”(《璽彙》360)，何琳儀疑讀爲“無迷”。④

591. 麗　丽 麗(石)

小徐本古文作丽，《汗簡》引《說文》同。《說文》篆文作丽。金文“麗”作麗、麗(《金文編》680 頁)，曾侯乙墓 163 號簡作麗，清華簡《尹誥》2 號簡作麗，

---

① 關於“它”訛成“也”，參看裘錫圭：《文字學概要(修訂本)》，84 頁。

② 黃錫全：《汗簡注釋》，107—108 頁。

③ 參看白於藍：《〈上海博物館藏戰國楚竹書(一)〉釋注商榷》第六則，簡帛研究網，2002 年 1 月 8 日。

④ 《戰國古文字典》，下冊 1305 頁。

《子產》3 號簡作 。《集成》17.11082（齊兵器）有字作 ，吳大澂《説文古籀補》釋爲"麗"。清華簡《湯處於湯丘》13 號簡此字作 ，《廼命二》3 號簡作 ，《四告》2 號簡作 。《説文》古文及篆文"麗"本從二"元"會意，①也可以看作"麗"省"鹿"旁而只保留上端的簡體，情況與"爾"簡爲"尔"相類。石經古文上端與上舉金文第二形相近，所從"鹿"則同篆文，與上"麋"字所從"鹿"不同。

592. 麀 （汗石） （韻石）

《説文》"麀"字或體從幽聲，此石經古文從幽省聲。

593. 逸 （石）

多友鼎（《集成》5.2835）有"湯（盪）鐘一 "，卯簋蓋（《集成》8.4327）有"宗彝一 "，"一"後面的字從屮從兔從肉，都應該讀爲"肆"（義爲列）。此石經古文與西周金文之字形體聯繫明顯，而讀爲"逸"，"逸"與"肆"讀音相近。

上博簡《性情論》28 號簡有 字，李天虹隸作從屮從兔，並據此石經古文讀爲"逸"，可從。② 上博簡《周易》58 號簡有字作 ，左旁殘去，殘存的筆畫與此石經古文右旁相近。上博簡《周易》此字應據此石經古文釋爲"逸"，殘去的左旁可能就是"屮"。③ 其對應的今本文字是"曳"，"逸""曳"音近相通，猶《儀禮·士相見禮》"曳踵"之"曳"，武威簡《士相見禮》作"肆"。

594. 狟 （隸石） （汗石） （汗石） （韻石）

《隸續》所録石經用爲《春秋經》桓公十七年"葬蔡桓侯"之"桓"，對應的篆隸都作"桓"。《汗簡》引石經亦釋爲"桓"。《説文》"狟"字下引《周書》曰"尚狟狟"，今本作"尚桓桓"。包山 132 號簡等偏旁"亘"作 ，曾姬無卹壺（《集成》15.9710、9711）作 ，陳侯因资敦（《集成》9.4649）作 ，中山王𰯲方壺（《集成》15.9735）作 ，均與此古文相近。

---

① 參看郭永秉：《補説"麗"、"瑟"的會通》，《中國文字》新三十八期，藝文印書館，2012 年；收入氏著《古文字與古文獻論集續編》，20—21 頁。

② 李天虹：《郭店簡竹簡〈性自命出〉研究》，256—257 頁，湖北教育出版社，2003 年。

③ 參看何琳儀、程燕、房振三：《滬簡〈周易〉選釋（修訂）》，《周易研究》2006 年第 1 期。

595. 戾　𤘌(石)

古文从犬立聲。"立"讀爲"涖",見於郭店簡《成之聞之》3 號簡、上博簡《緇衣》13 號簡、《舉治王天下》8 號簡、清華簡《子産》9 號簡。古文"戾"所從的"立"當表示質部"涖"的音,故可以作質部字"戾"的聲旁。

596. 獲　𤟌(石)

石經古文此字左不知所從,用爲《微子》"乃罔恒獲"之"獲",對應的篆隸亦作"獲"。

597. 狂　𤠗 𤠗(石)

小徐本古文作𤠗。《説文》古文从心,从心的"狂"見於包山 22、24 號簡以及天星觀簡(《楚系簡帛文字編》767 頁),都用爲人名。从心的"狂"字上博簡、清華簡亦常見。石經古文从火,可能是从犬之訛。

598. 狄　𤘌(石)

石經古文"狄"从爪从卒,"卒"與"衣"古文字混用不分(如郭店簡《窮達以時》3 號簡"衣"作𤘌),所以此字象以手脱衣之形,王國維疑爲"裼"字之訛,[1]林澐認爲是"裼"的表意初文。[2] 林説可信。"裼""狄"音近,故石經古文假借爲"狄"。侯馬盟書有从爪从衣的字,作人名(《侯馬》309 頁)。从爪从卒之字,楚文字用爲"卒"。[3]

599. 猶　𤜽(石)

用爲"猶"。"猶""猷"本一字。

600. 能　𤜽(石)

哀成叔鼎(《集成》5.2782)"能"作𤘌,鄂君啓舟節作𤘌(偏旁),均與此古文相近。這樣寫的"能"楚簡習見。

601. 羆　𤲶

古文从能皮聲。

---

① 王國維:《魏石經殘石考》,34 頁。
② 林澐:《古文字學簡論》,128—129 頁。
③ 參看李守奎:《楚文字編》,512 頁。

602. 爐　（汗石）

許云：“灼龜不兆也。从火从龜。《春秋傳》曰：龜爐，不兆。讀若焦。”引
《左傳》見於哀公二年，今本作“龜焦”。

603. 裁　（隸石）　（汗石）

《説文》古文从火才聲。石經古文大概就是从才之訛。舒連景認爲是
“栽”之省。从火才聲的“災”見於上博簡《周易》21、56 號簡。

604. 煙　

古文从宀亜聲，但所从的“亜”同篆文，土部“亜”的古文作　。此字籀文
作　，見於哀成叔鼎（《集成》5.2782），形作　，用爲“裡”。古文不从火，可能
是假借“亜”的繁體爲“煙”。

605. 焯　（石）

此石經古文殘損大半。《説文》：“焯，明也。……《周書》曰：焯見三有俊
心。”見於《立政》，今本“焯”作“灼”。此石經古文即見於《立政》，從殘畫看，
右旁从卓，正同《説文》。

606. 光　

中山王䶮鼎（《集成》5.2840）“光”作　，楚簡“光”作　（上博簡《周易》
2 號簡）、　（郭店簡《老子甲》27 號簡），都是上从火，下从人形而左右各加兩
筆飾畫。此《説文》古文之形無徵，其第二形即第一形之下部。李天虹認爲
古文第二形是“黄”之省文，假借爲“光”；第一形則是从炎黄省聲，也可能是
由上舉“光”形訛來。[①]

607. 熾　

小徐本古文作　，略異。包山 139 號簡有字作　，與此古文基本同形。

608. 燾　（汗石）　（韻石）　（韻石）

《汗簡》所引石經古文从炎，《古文四聲韻》所引石經古文第一形从貝，但
都釋爲“燾”。《公羊傳》文公十三年有“周公盛，魯公燾”；《左傳》襄公二十九
年“如天之無不幬也”，《史記·吳太伯世家》引作“燾”。

① 李天虹：《説文古文新證》，《江漢考古》1995 年第 2 期，79 頁。

609. 囟 🐾

此字古文字未見。

610. 赤 🔥 炎(隸石)

"赤"字从大从火,古文字基本如此。但春秋晚期的郘公華鐘(《集成》1.245)作🔥,包山272號簡作🔥,上所从的"大"都訛成了"火",使"赤"字與"炎"同形。《隸續》所錄石經古文"赤"全同"炎"字,《説文》古文增从土。

611. 洓 🌊(汗石)

此《汗簡》所引石經古文用爲"經"。"洓""經"同音。經,通作"緽"。"經""緽"見於《詩經》《儀禮》《爾雅》。

612. 大 🧍 🧍(石)

《説文》字形爲字頭,許云此是古文"大"。

613. 夷 🧍(石)

形同《説文》古文"仁"。參見478"仁"字條。

614. 亦 🧍(石)

615. 吳 🧍

《璽彙》1166、1170等(晉璽)"吳"作🧍,吳王夫差矛(《集成》18.11534)作🧍,郭店簡《唐虞之道》作🧍,都是在"大"形上加共用筆畫的"口"。此《説文》古文由上舉字形變來,即將"大"的兩臂拉直,又把下部改成"大"形。[1]

616. 夭 🧍(石)

此石經古文下部殘,見於《君奭》,用爲人名"閔夭"之"夭"。對應的篆文殘去,從"奔"字石經篆文的字形來看,此字的石經篆文也應該同古文之形。今本《説文》篆形作🧍,與"矢"字只有上端傾斜方向的不同,在古文字中這種左右方向的不同不是區別性特徵,今本《説文》篆形有誤。"夭"爲"走""奔"所从,象人奔走之形。《璽彙》911、5621等(晉璽)及楚帛書(《楚帛編》33頁)、郭店簡《唐虞之道》11號簡"夭"作🧍形,增从宀,楷書"夭"即由此

---

① 參看董珊:《戰國題銘與工官制度研究》,86頁。

125

形變來。①

617. 奔　齋(石)

石經古文對應的篆文與此同形。西周金文大盂鼎"奔"作卉，下從三"止"，但克鼎等作卉（《金文編》701 頁），"止"已訛作"中"。清華簡《攝命》8 號簡"奔"作卉，亦訛從卉，清華簡"奔"字多數不訛。

618. 交　交(石)

同篆文。楚簡"交"多作交形。

619. 允　程

古文增從坒聲，"坒"是"往"的初文。

620. 奏　屌 敠

《古文四聲韻》引《古尚書》"奏"作屌，與此《説文》古文第一形相近，比較兩形，可知《説文》古文第一形上所從"尸"形是由一撇變來的。《古文四聲韻》引《籀韻》"奏"作㞷，李家浩據此釋黝鐘銘文②的㞷爲"奏"。③ 古文字包括篆文"奏"字都是從収從夲，《説文》古文第一形也是從収，剩下的部分應該就是"夲"的變形；古文第二形從攴，與從収同意，剩下的部分也是"夲"的變形。④《古文四聲韻》所引《籀韻》和黝鐘銘文的"奏"字省去了"収"或"攴"。

621. 暴　臮(石)

用爲《春秋經》人名公孫敖之"敖"。《説文》"暴"讀若傲。上博簡《三德》11 號簡"暴"作臮。⑤ 石經古文上部訛。清華簡《四告》33 號簡作臮。

622. 粿

許云："《周書》曰伯粿。古文粿古文囿字。"段玉裁認爲"古文粿古文囿

---

① 參看林澐：《"天租丞印"封泥與"天租葳君"銀印新考》，《揖芬集——張政烺先生九十華誕紀念文集》，364—365 頁，社會科學文獻出版社，2002 年。

② 見河南省文物研究所、河南省丹江庫區考古發掘隊、淅川縣博物館編：《淅川下寺春秋楚墓》，272 頁，文物出版社，1991 年。

③ 李家浩：《著名中年語言學家自選集·李家浩卷》，68—70 頁。

④ 參看陳劍：《據郭店簡釋讀西周金文一例》，《北京大學中國古文獻研究中心集刊 2》，395—396 頁，北京燕山出版社，2001 年，收入氏著《甲骨金文考釋論集》，36—37 頁。

⑤ 趙平安：《上博簡〈三德〉"毋暴貧"解讀》，《簡帛語言文字研究》第三輯，巴蜀書社，2007 年；收入氏著《新出簡帛與古文字古文獻研究》，商務印書館，2009 年。

字"當作"古文以爲囧字",注云:"孔壁多得十六篇古文《尚書》有《囧命》。《書序》曰:'穆王命伯囧爲太僕正,作《囧命》。'《周本紀》曰:'穆王閔文武之道缺,乃命伯臩,申誡太僕之政,作《臩命》。'蓋臩、囧古通用也。"

623. 大 ⟨隷石⟩ ⟨汗石⟩

《説文》有兩個"大"字,一作⟨古文⟩,謂是古文;一作⟨籀⟩,謂是籀文。兩形都作部首,各有隷字。《隷續》所録石經古文也有這兩種形體的"大"。《汗簡》此形作部首,注明出石經。

624. 臭

許云:"古文以爲澤字。"西周金文有⟨字⟩、⟨字⟩、⟨字⟩(《金文編》217 頁)、⟨字⟩(《金文編》373 頁),據文例,都可以確定讀爲無斁之"斁",《説文》此字即由之變來。郭店簡《語叢一》87 號簡此字作⟨字⟩,用爲"擇";清華簡《厚父》4 號簡作⟨字⟩,《封許之命》2 號簡作⟨字⟩,用爲"斁";郭店簡《老子甲》9 號簡、《緇衣》41 號簡等"懌"字從此字爲聲,作⟨字⟩。古文以爲"澤"字,"澤"與"斁""擇""懌"皆音近。

625. 夫 ⟨石⟩

626. 立 ⟨石⟩ ⟨石⟩ ⟨石⟩

第一形右半殘,用爲《皋陶謨》"柔而立"之"立"。第二形下部殘,用爲《春秋經》文公元年"公即位"之"位"。"立"用爲"位"是古文字一般的用法。第三形見於《立政》,用爲"立"。

627. 替 ⟨汗石⟩ ⟨韻石⟩

《説文》字頭作⟨替⟩,下從白,或體從曰。此石經古文從日,與"普"字混。上博簡《周易》44 號簡"替"作⟨字⟩,清華簡《成人》1、4 號簡作⟨字⟩,《廼命二》7 號簡作⟨字⟩,《四告》3 號簡作⟨字⟩,均從日,同此石經古文。

628. 凶 ⟨凶⟩

此古文是訛體。

629. 慮 ⟨汗石⟩ ⟨韻石⟩

結構同篆文。所從"虍"與《説文》"虐"字古文所從基本相同,參看 311 "虐"字條。

630. 心　🔣(石)

形同篆文。

631. 悳　🔣🔣(石)

“悳”字通作“德”。石經古文對應的篆隸都作“德”。古文所從的“直”從古文“目”之形，但《説文》古文字形訛誤。中山王𧊒鼎（《集成》5.2840）“悳”作🔣，侯馬盟書作🔣、🔣、🔣（《侯馬》347 頁），郭店簡《語叢三》54 號簡作🔣。楚文字“德”的“直”旁不從乚。[1]

632. 慎　🔣🔣(石)

邾公華鐘（《集成》1.245）“慎”作🔣，叔弓鎛（《集成》1.285.2）作🔣，郭店簡《語叢一》46 號簡作🔣。上舉三形皆從亦從日，[2]《説文》古文和石經古文字形略訛。前人根據邾公華鐘中的字形，認爲此字從日從火，現在根據郭店簡中的字形，可以認爲上部其實是“亦”形，宋人摹寫叔弓鎛的字形也是準確的。但從亦不可説，可能從亦還是由從火變來的。劉樂賢認爲此字與秦漢文字中用爲“熱”的“炅”爲一字，是一個從日得聲的形聲字，以音近假借爲“慎”。[3] 按“慎”與“熱”讀音不近，此説不可信。

633. 念　🔣(石)

所從“今”旁的字形參看 325“今”字條。

634. 願　🔣(石)

635. 恭　🔣(石)

此石經古文從龍從兄，用爲《春秋經》文公九年“曹共公”之“共”，對應的篆隸作“恭”。參看 152“龏”字條。

636. 恕　🔣🔣(石)

此形《説文》以爲“恕”的古文，而石經古文用爲“怒”。蚉壺（《集成》15.9734）作🔣，用爲“怒”，同石經古文；郭店簡《語叢一》46 號簡作🔣，《語叢

---

① 參看李守奎：《楚文字編》，604—606 頁，第一欄除外。

② 邾公華鐘此字“亦”旁上作橫筆，這是齊系文字的特點。上博簡《緇衣》10 號簡“亦”作🔣，完全同形。

③ 劉樂賢：《釋〈説文〉古文慎字》，《考古與文物》1993 年第 4 期。

二》25、26 號簡作🔲，亦皆用爲"怒"。"恕"和"怒"的聲符都从女得聲，所以此从心女聲之字，既可以是"怒"的異體，也可以是"恕"的異體。郭店簡《老子甲》34 號簡及《性自命出》2、64 號簡"怒"作🔲，上博簡《從政乙》3 號簡作🔲。上博簡《天子建州（甲本）》6 號簡、《天子建州（乙本）》5 號簡、《舉治王天下》35 號簡、清華簡《赤𪔂之集湯之屋》5 號簡，皆用"忞"爲"怒"。

637. 忱　🔲(石)

此古文見於《君奭》，對應的篆隸作"忱"，今本作"諶"。包山 165、193 號簡等偏旁"尤"作🔲，郭店簡《窮達以時》9 號簡偏旁"尤"作🔲，與此古文所从略近。此古文之形有訛誤。

638. 悹　🔲(石)

此石經古文見於《石刻篆文編》所録"悹人"殘石。偏旁"官"所从"自"橫置，與石經古文"歸""師"所从同。卅二年平安君鼎（《集成》5.2764.2）"官"作🔲，所从"自"亦橫置。

639. 懼　🔲

古文从心䀠聲。上博簡《從政乙》3 號簡"懼"作🔲，同此古文。"懼"作"思"，清華簡亦常見。

640. 恃　🔲(汗石)　🔲(韻石)

《古文四聲韻》所引石經古文訛。

641. 悟　🔲

古文从重五爲聲。余贎逨兒鐘（《集成》1.184.1）"語"作🔲，《璽彙》1878（晉璽）"語"作🔲，亦皆从重五爲聲。參看 114"衙"字條。

642. 悤　🔲 🔲(石)

悤，通作"愛"，石經古文對應的篆隸亦作"愛"，秦簡同（《睡編》81 頁）。《説文》古文从既聲。《璽彙》4655（晉璽）作🔲，盞壺（《集成》15.9734）作🔲，郭店簡《尊德義》33 號簡作🔲，《老子甲》36 號簡作🔲，《唐虞之道》6 號簡作🔲，結構均同《説文》字頭和石經古文。郭店簡《語叢一》92 號簡、《語叢二》8 號簡、《語叢三》40 號簡等作🔲，从心既聲，結構同《説文》古文。清華簡《治邦之道》13 號簡、《治政之道》36 號簡"愛"亦作"㤅"。

643. 忞　（石）

《説文》："忞，彊也。……《周書》曰：在受德忞。"見於《立政》，今本"忞"作"暋"。此石經古文即見於《立政》，正同《説文》。

644. 憜　

《説文》或體作"惰"，此古文从女。女部有"嫷"字，訓"好"。

645. 愵　

許云："拒（"拒"字原脱，據段注補）善自用之意也。从心銘聲。《商書》曰：今汝愵愵。"今本作"聒聒"。古文从耳，即"聒"之異體。

646. 怨　（石）

王國維注此石經古文云："與《説文》古文同。从令者，殆亦从夗之訛。"[1]上博簡《緇衣》6 號簡用爲"怨"的字作、，12 號簡作，後兩形與此古文所从相同，均與"令"形相混。馮勝君論證了這種與"令"相混的字形就是"夗"的變體。[2] 其説可信。

647. 患　

古文第一形从關聲。陳純釜（《集成》16.10371）、子禾子釜（《集成》16.10374）以及《璽彙》177（齊璽）、《璽彙》340（晉璽）中的"關"字作，古文第一形所从"關"的字形與之基本相同。古文第二形从串聲。"串"是貫穿之"貫"的初文，象穿貝形，晉姜鼎（《集成》5.2826）作，此古文所从左右寫析。[3] 清華簡《子產》17 號簡"患"字作。

648. 恐　

古文从心工聲，見於中山王譻鼎（《集成》5.2840）、九店 621 號墓 13 號簡、新蔡 15＋60 號簡以及上博簡《彭祖》8 號簡、《仲弓》26 號簡、《曹沫之陣》5 號簡。"恐"作"忎"，清華簡亦常見。

① 王國維：《魏石經殘石考》，27 頁。
② 馮勝君：《釋戰國文字中的"怨"》，《古文字研究》第二十五輯，281—283 頁，中華書局，2004 年。
③ 參看李天虹：《説文古文新證》，《江漢考古》1995 年第 2 期，79 頁。

卷 十 一

649. 江 (石)

从《説文》古文"工"。

650. 温 (石)

此石經古文見於《春秋經》,用爲地名"温"。此字右从邑,左上半可能即"盈"的聲旁"囚"的寫訛。王孫遺者鐘(《集成》1.261.2)"囚(温)"作 ,包山260號簡作 。①

651. 洮 (石) (石)

形同篆文。

652. 漾

古文从養聲。

653. 漢

小徐本古文作 ,大徐本或本作 ,皆从"大",此本从"火"。段玉裁注:"按古文从或从大。或者,今之國字也。"舒連景、陳邦懷都認爲古文會國之大水之意。② 趙平安認爲此古文"漢"就是"漢"字的訛體。③ 其説可信。

654. 汝 (石)

655. 潞 (隸石) (韻石)

此《隸續》所録石經古文用爲《春秋經》宣公十五年"赤狄潞氏"之"潞";《古文四聲韻》亦釋"潞",注出石經外,亦出《古春秋》,皆即《隸續》所録"赤狄潞氏"之"潞"。此字怪異,可能即"各"字或"洛"字寫訛。

656. 沇

大徐本注:"口部已有,此重出。"按口部但有"合",段玉裁據此改古文爲

---

① "盈"所从的"囚",與囚牢之"囚"非一字。關於"盈"所从的"囚",参看陳劍:《殷墟卜辭的分期分類對甲骨文字考釋的重要性》,《甲骨金文考釋論集》,428—430 頁。

② 陳説見陳邦懷:《一得集》,25 頁,齊魯書社,1989 年。

③ 趙平安:《〈説文〉古文考辨(五篇)》,《河北大學學報(哲學社會科學版)》1998 年第 1 期,20 頁。

甘。�即本部"沿"字，古文假借爲水名"沇"。

657. 沛 ⬛(石)

此石經古文用爲《春秋經》僖公三十一年"取濟西田"之"濟"，對應的篆隸亦作"濟"。《説文》"沛""濟"都是水名，沛是東入於海的四瀆之一，濟則東入泲，但除《漢書·地理志》外，古書中兩水名都寫作"濟"。所從"疕"的字形參看535"次"字條。

658. 治 ⬛(石) ⬛(隸石)

此石經古文見於古篆二體《禹貢》，从糸台聲，用爲"治"。从糸台聲的字見於郭店簡《老子甲》26 號簡與《性自命出》58、59 號簡、《六德》31 號簡，亦用爲"治"。上博簡、清華簡亦常見這樣寫的"治"。《隸續》所録石經古文不知何經殘字，其字从糸ㄥ聲，是前形的異體。

659. 漳 ⬛(石)

石經古文用爲"朝"。十年陳侯午敦（《集成》9.4648）、陳侯因資敦（《集成》9.4649）"朝"作⬛，此古文與之合。

660. 演 ⬛(汗石) ⬛(韻石)

从古文"寅"。

661. 淵 ⬛

小徐本古文作⬛。《集成》17.11105（齊兵器）作⬛，中山王𧵹鼎（《集成》5.2840）"淵"作⬛，楚帛書作⬛（《楚帛編》84 頁），郭店簡《性自命出》62 號簡作⬛，上博簡《彭祖》4 號簡作⬛，皆與此古文相近。上博簡《卜書》7 號簡作⬛，《顏淵問於孔子》1 號簡作⬛，與此古文之形至近。

662. 澤 ⬛(石)

此石經古文用爲"釋"。《老子》第十五章"渙兮若冰之將釋"，帛書甲、乙本作"澤"。

663. 淫 ⬛(石)

左訛从"米"形。王國維説，此古文訛舛。[①]

---

① 王國維：《魏石經殘石考》，24 頁。

664. 津　

段玉裁説,古文从舟从水進省聲。西周金文有此字,作、(《金文編》736 頁)。

665. 湛　

西周金文有"湛"字,作、(《金文編》736 頁);包山 169 號簡作。舒連景認爲古文是傳寫之訛。

666. 涿　

許云:"奇字涿,从日乙。"《集成》5.2533(西周中期)器主名有字,陳邦懷認爲即此字。①

667. 湯　(石)

見於《君奭》,用爲"成湯"之"湯"。叔弓鎛(《集成》1.285.5)、宋公欒簠(《集成》9.4589)"成湯"之"湯"作"唐"。"成湯"之"湯",楚簡多寫作"湯"。

668. 漿　

小徐本古文作。古文从水刃聲,參看 884"醬"字條。

669. 洒

許云:"古文以爲灑埽字。"《説文》訓"洒"爲"滌",即今"洗"字。《詩·唐風·山有樞》:"子在廷内,弗洒弗埽。"(安大簡《詩經》106 號簡"洒"字同)毛傳:"洒,灑也。"按《説文》:"汛,灑也。"訓"灑"之"洒"即"汛"之異體,猶"訊"之古文作"誶"(參看 138"訊"字條),同義換讀爲"灑"。

670. 沫　(石)

小徐本古文作,段玉裁改古文爲。金文作、(《金文編》627 頁);陳逆簠(《集成》7.4096)"眉壽"之"眉"作,與此古文相同。

671. 泰　

古文即"太"字。《古陶文字徵》65 頁有字作,釋爲"太",出《雲水山人匋文萃》2.10,文例爲"太言"。

---

① 陳邦懷:《一得集》,27 頁。

672. 滅 [字形](石) [字形](石)

古文第二形下端稍殘，"火"上少一橫；《隸續》所錄石經古文作[字形]，《汗簡》所引作[字形]。郭店簡《唐虞之道》28 號簡"滅"作[字形]，不從火。燕王職壺"滅"作[字形]，①與此古文結構相同。清華簡《繫年》7 號簡"滅"作[字形]，132 號簡作[字形]，與此古文形近。

673. 畎 [字形]

《説文》字頭作"く"，篆文作"畎"。古文从田川聲。上博簡《子羔》8 號簡"畎"作[字形]，與此古文結構相同。

674. 壬 [字形]

《璽彙》2530（齊璽）偏旁"壬"作[字形]，《璽彙》5645（晉璽）偏旁"壬"作[字形]，郭店簡《尊德義》13 號簡"壬"作[字形]，《緇衣》28 號簡偏旁"壬"作[字形]，《唐虞之道》19 號簡"壬"作[字形]，下皆从王，與此《説文》古文同。《説文》古文似漏寫一橫。

675. 州 [字形]

《説文》古文與西周金文和六國文字都相合。②

676. 泉 [字形](石)

《璽彙》363（燕璽）"泉"作[字形]，郭店簡《成之聞之》14 號簡作[字形]（用爲"源"），上博簡《周易》45 號簡作[字形]，皆增从意符"水"。此石經古文亦从水，但"水"旁在右，左旁寫訛。

677. 槀 [字形](石)

西周金文屢見[字形]字（《金文編》682 頁），从毳从泉，用爲一個形容性的疊音詞。《説文》木部有"槀"字，从木毳聲（"毳"音丑略切），音義皆同"擇"（都是他各切，義爲葉落）。《説文》無"槀"，類比"槀"字，"槀"是一個从泉毳聲的字，讀音也與"槀""擇"相近。此石經用爲"澤"，正與"槀""擇"音近。石經古文字形訛變，所从的"毳"和"泉"有共用筆畫。清華簡《攝命》11 號簡"槀"作

---

① 參看董珊、陳劍：《郾王職壺銘文研究》，《北京大學中國古文獻研究中心集刊》第三輯。摹見52 頁。

② 參看《金文編》，744 頁；何琳儀：《戰國古文字典》，上册 188 頁。

，《四告》9 號簡作🔲。

678. 原 🔲(汗石) 🔲(韻石)

此《汗簡》和《古文四聲韻》所引石經古文形同《説文》字頭，但都注爲“泉”，疑誤。

679. 永 🔲(石)

《説文》篆文“永”作🔲，古文字皆相近。此石經古文之形稍寫訛。

680. 谷 🔲

681. 睿 🔲

《説文》字頭作“睿”，或體作“濬”。古文從水睿聲，“睿”是“叡”的古文。古書中用古文“濬”。上博簡《性情論》19 號簡“濬深”之“濬”作🔲，從水睿聲，同此古文。清華簡《湯處於湯丘》19 號簡作🔲，《湯在啻門》13 號簡作🔲，與此古文形近。

682. 仌 🔲(石)

石經古文同《説文》，用爲“冰”，對應的篆隸皆作“冰”。《説文》以“冰”爲“凝”字。陳逆簋(《集成》7.4096)“冰月”之“冰”作🔲，已從水。

683. 冬 🔲 🔲(石)

陳章壺(《集成》15.9703.2B)“冬”作🔲，郭店簡《老子甲》8 號簡作🔲，《緇衣》10 號簡作🔲，上博簡《緇衣》6 號簡作🔲，清華簡《治邦之道》6 號簡作🔲，皆從日，此《説文》和石經古文與之相合，與其中陳章壺、上博簡《緇衣》和清華簡《治邦之道》之字形體更相近。

684. 雨 🔲 🔲(石) 🔲(石)

小徐本古文作🔲。石經古文第二形下部殘，其字上端從中起筆，寫法與“罔”字同。郭店簡《緇衣》9 號簡“雨”作🔲，《陶彙》3.1264 作🔲，鼄壺(《集成》15.9734)作🔲。《説文》古文之形無徵。

685. 雷 🔲 🔲

古文第一形小徐本作🔲。西周春秋金文“雷”作🔲、🔲(《金文編》751 頁)，包山 174、175 號簡“雷”作🔲，《璽彙》3694(齊璽)作🔲。古文第二形所從的二“回”是“申”之訛。

135

686. 賨 ［圖］

从籀文"員"。《玉篇》注爲籀文，段玉裁認爲此當是籀文，是。

687. 電 ［圖］

从籀文"申"，詳 880"申"字條。

688. 震 ［圖］（石）

《説文》籀文作［圖］，此石經古文亦有"火"旁，字形待考。

689. 雹 ［圖］

段玉裁注："象其磊磊之形。"

690. 霉 ［圖］（汗石） ［圖］（韻石）

《説文》："霉，雨零也。"《古文四聲韻》引石經用爲"露"，《汗簡》脱注出處。《春秋經》定公八年有"曹伯露卒"。上博簡《孔子詩論》21 號簡詩篇名"湛露"之"露"亦作"霉"。"露"作"霉"，清華簡、安大簡亦常見，如清華簡《皇門》10 號簡、《筮法》59 號簡、安大簡《詩經》28 號簡。

691. 霂 ［圖］（汗石） ［圖］（韻石）

《古文四聲韻》注出石經，《汗簡》脱注出處。"霂"字見於《詩經》《爾雅》。下所从是"衁"字訛體。

692. 露 ［圖］（汗石） ［圖］（韻石）

《古文四聲韻》注出石經，《汗簡》脱注出處。其字从辵，是"露"字異體。除上舉《春秋經》外，"露"字又見於《左傳》《詩經》等，可能石經古文把人名之"露"和其他"露"寫成不同的字形。

693. 霜 ［圖］（石）

此石經古文所从可能即"相"之訛變，待考。

694. 雩 ［圖］（石）

从羽，同《説文》或體。所从"于"同《説文》篆文。从羽从于的字見於包山簡、曾侯乙墓簡、曾侯乙編鐘等，但都用爲"羽"（包括羽毛之"羽"和五音之"羽"），[1]與此不同。

---

① 參看何琳儀：《戰國古文字典》，上册 459 頁。

695. 雲 云

郭店簡《緇衣》35 號簡"大雅云"之"云"作，楚帛書丙一"云（雲）則至"之"云"作，古文第二形即由之變來。又清華簡《禱辭》9 號簡作；《四時》"云"字多見，如 2 號簡作。

696. 霒 会

《説文》："霒，雲覆日也。"通作"陰"。《璽彙》68（晉璽）此字作，郭店簡《太一生水》2 號簡等作，《語叢四》16 號簡作，均從云今聲，古文與之相合。又上博簡《天子建州（乙本）》4 號簡作，清華簡《筮法》14 號簡作，《繫年》94 號簡作。

697. 鰥 (隸石) (汗石)

西周金文"鰥"作、（《金文編》756 頁），上下結構，此《隸續》所録和《汗簡》所引石經古文結構與之相同，但上部均寫脱。

698. 非 (石)

石經古文與古文字相合，《説文》篆文作，字形有問題。

699. 棐 (汗石) (韻石)

此石經古文用爲"斐"。《春秋經》文公十三年有地名"斐"，襄公十年有"公子斐"。所從"非"同《説文》篆文，訛。

700. 熒 (汗石)

石經古文省一"火"旁。《陶彙》6.108（三晉陶文）"滎陽"之"滎"作，上亦從一"火"，與此石經古文同。

卷 十 二

701. 不 (石)

702. 至 (石)

邾公牼鐘（《集成》1.151）"至"作，蠽鎛（《集成》1.271）作，中山王嚳鼎（《集成》5.2840）作，郭店簡《語叢三》26 號簡作，65 號簡作，上博簡《緇衣》7 號簡作▨，皆同此古文之形。郭店簡《老子甲》24 號簡等“至”作▨，包山簡、楚帛書、上博簡其他篇“至”字皆相近。清華簡《治邦之道》1 號簡“至”作▨，14 號簡作▨，與古文之形相同。

703. 臻　　▨（汗石）　▨（韻石）

石經古文從古文“至”，從《説文》籀文“秦”。石經古文“秦”作▨。“臻”字見於《尚書·顧命》。

704. 西　▨ ▨（石）

《璽彙》3966（燕璽）作▨，侯馬盟書作▨（《侯馬》307 頁），楚帛書作▨（《楚帛編》28 頁），《石鼓·吳人》作▨，皆與《説文》古文相近。楚簡“西”字絕大多數作▨形。《陶彙》3.431 作▨，《璽彙》3997（晉璽）作▨，與石經古文相近。

705. 鹹　▨（石）

此石經古文見於《春秋經》文公十一年，用爲地名。古文作上下結構，與篆文作左右結構不同。清華簡《八氣五味五祀五行之屬》4 號簡“鹹”作▨，同此石經古文。

706. 户　▨

《説文》古文“户”增從意符“木”。陳胎戈（《集成》17.11127）作▨，郭店簡《語叢四》4 號簡作▨，上博簡《周易》52 號簡作▨，並從木。

707. 闓　▨

古文從淢聲。商承祚、舒連景、胡小石都指出《詩·大雅·文王有聲》“築城伊淢”，《韓詩》“淢”作“洫”。“闓”音云母職部（于逼切）。《毛詩》之“淢”是溝洫之“洫”的異體。“洫”從血聲，通常歸質部。《文王有聲》：“築城伊淢，作豐伊匹。”“淢”與質部字“匹”韻，亦可證。但從中古音來看，“洫”可能有職部的異讀，故“闓”字古文可以從淢聲。

708. 闢　▨

今本《説文》此形下但引“虞書曰闢四門”，未注明是或體還是古文、籀文。段玉裁據《玉篇》《匡謬正俗》認爲此形是古文，可從。郭店簡《語叢三》42 號簡作▨，上博簡《卜書》1 號簡作▨，清華簡《治政之道》12 號簡作▨，《四

告》7 號簡作、10 號簡作，《貨系》2541 齊刀作，《陶彙》3.1220 作，
《璽彙》4091（燕璽）作，中山王𪫫鼎（《集成》5.2840）作，皆相近。信陽
2-023 號簡有从竹从此古文的字。

709. 開　

段玉裁注："一者，象門閇；者，象手開門。"於出土古文字無徵。上博
簡《陳公治兵》16 號簡"開"作，从門开聲；《子儀》16 號簡作，从户开聲。
《説文》古文所从當由隸書"开"之形篆改。①

710. 閒　

古文之形各本皆同，中間从人、卜，段玉裁據古文"恒"之形改爲从"外"，
是。曾姬無卹壺（《集成》15.9710、9711）"閒"作，中从夕、刀，包山 13、
152 號簡與天星觀簡（見《楚系簡帛文字編》846 頁）等皆同，或省"門"旁。
《璽彙》183、321、5559（並楚璽）"閒"字中从外，同此古文之形。中山王𪫫方
壺（《集成》15.9735）"載之簡策"之"簡"作从竹从外之形，所从"外"是此古文
"閒"之省。从門从外的"閒"上博簡、清華簡亦常見。

711. 閔　(隸石)　(汗石)　(韻石)

《汗簡》和《古文四聲韻》所引石經古文从古文"民"、从目、又，加三撇飾
筆。《隸續》所録省"又"旁。小徐注："古文閔，从思、民。"《説文》古文上所从
爲古文"民"之譌，"囟"爲"目"之譌，又去"又"旁改加意符"心"。此字見於仰
天湖、包山、望山二號墓楚簡以及郭店簡，如郭店簡《語叢一》60 號簡作，與
《汗簡》和《古文四聲韻》所引字形基本相同。清華簡《良臣》5 號簡作，《子
產》21 號簡作，皆省去"又"旁，同《隸續》所録石經古文。此字在簡文中都
用爲"文"，②"文"與"閔"音相近。③

712. 耳　(石)

近篆文。郭店簡《五行》45 號簡作，《唐虞之道》236 號簡作。

---

① 參看張富海：《清華簡零識四則》，《古文字研究》第三十二輯，412 頁，中華書局，2018 年。
② 參看李天虹：《郭店簡竹簡〈性自命出〉研究》，14—19 頁，湖北教育出版社，2003 年。
③ 關於此字的結構分析見陳劍：《甲骨金文舊釋"尤"之字及相關諸字新釋》，《北京大學中國古
　文獻研究中心集刊》第四輯，85—88 頁，北京大學出版社，2004 年；收入氏著《甲骨金文考釋論
　集》，71—74 頁。

713. 聖 　（石）

此石經古文从耳从口（筆畫有共用），是"聖"字的異體，用爲"聽"。"聽"和"聖"是同源詞，古文字"聖"可以表示"聽"和"聖"兩個詞。从耳从口的"聖"字見於郭店簡《唐虞之道》6 號簡和中山王䂴鼎（《集成》5.2840），前者用爲"聖"，後者用爲"聽"，後者同此石經古文。

714. 聞 　　（石）

小徐本古文作左"昏"右"耳"形。《説文》古文从耳昏聲。从耳昏聲的"聞"字見於中山王䂴鼎（《集成》5.2840）、信陽 1-07 號簡、望山一號墓 5 號簡、包山 137 號簡、郭店簡《成之聞之》1 號簡、《語叢四》24 號簡等，上博簡《容成氏》《從政》《曹沫之陣》等篇亦頻見。清華簡亦常見，又見於安大簡《詩經》105 號簡。

西周金文"聞"作　、　（《金文編》772 頁）。侯馬盟書"聞"作　（《侯馬》329 頁），王孫誥鐘作　（《淅川下寺春秋楚墓》157 頁，圖 129-6），《璽彙》649（齊璽）作　，清華簡《攝命》18 號簡作　，均承西周金文。新蔡零 173 號簡作　，去人形而改从聲符"昏"。這樣寫的"聞"清華簡亦常見。郭店簡《五行》15、26 號簡等"聞"作　，同此石經古文，則是去掉人形，又把上端的"尔"形寫成了"米"形。从耳昏聲的"聞"大概是省去　形的上端而來的。

715. 臣 　

此形爲字頭，篆文作　、籀文作　，知許以此爲古文。但其形不古，實爲較晚的秦文字，[1]看作古文是《説文》字形分析的結果，即認爲"臣"是"頤"的初文，从頁或从首者皆後起，故"臣"是古文。

716. 配 　

許云："古文从户。"齊侯敦此字作　，从臣，商承祚、舒連景都認爲"户"是"臣"的寫訛，可從。又上博簡《吳命》8 號簡作　，清華簡《四告》49 號簡作　。參看 728"姬"字條。

---

① 參看何琳儀：《戰國古文字典》，上冊 61—62 頁从"臣"諸字。

717. 手 [字形]

郭店簡《五行》45 號簡"手"字作[字形]，《緇衣》7 號簡作[字形]（偏旁），包山 96 號簡作[字形]（偏旁），《璽彙》1824（晉璽）作[字形]（偏旁），均與此古文之形相近。《説文》古文把豎筆上本來的橫筆寫成弧形，字形稍誤。郭店簡《老子甲》33 號簡作[字形]（偏旁），由前舉字形進一步變來。

718. 拜 [字形] [字形](石)

石經古文"拜"從二古文"手"，《汗簡》引《説文》作[字形]，亦從二古文"手"。商承祚認爲此《説文》古文是譌形，無疑是正確的。郭店簡《性自命出》21 號簡作[字形]，包山 272 號簡作[字形]，不降矛（《集成》18.11541，燕兵器）作[字形]，清華簡《鄭武夫人規孺子》11 號簡作[字形]，《厚父》5 號簡作[字形]，並與此古文之形相近。

719. 扶 [字形]

古文從攴。清華簡《芮良夫毖》6 號簡作[字形]，《良臣》2 號簡作[字形]，同此古文之形。

720. 握 [字形]

此即古文"屋"，假借爲"握"。參看 519"屋"字條。

721. 撫 [字形]

商承祚説："此字《玉篇》入辵部，訓爲逃走之'亡'，而不用爲撫。品式石經古文作[字形]，……疑改爲撫之古文，辶爲逃亡之專字，而亦可借爲撫。"其説是。此字見於郭店簡《性自命出》34 號簡，用爲"舞"。包山 164 號簡、清華簡《治政之道》26 號簡有從攴無聲之字，是"撫"的異體。

722. 揚 [字形]

古文從攴。

723. 播 [字形]

古文從攴。信陽 1-24 號簡作[字形]，從攴，同此古文。"敽"又見於清華簡《治政之道》39、41 號簡。

724. 撻 [字形]

古文從虍。許在古文下引"《周書》曰：遾以記之"。段玉裁注："周當作虞，此《皋陶謨》文，壁中古文作䖒也。”

725. 捷 （石）

此石經古文見於《春秋經》僖公三十二年，用爲“鄭伯捷卒”之“捷”。此字西周春秋金文數見，如䡑鼎（《集成》5.2731）作（《金文編》783 頁），四十二年逑鼎（《文物》2003 年第 6 期 16—17 頁，圖二一）作，庚壺（《集成》15.9733）作，从艸不从木，皆讀爲“捷”。上博簡《曹沫之陣》42 號簡此字作，43 號簡作，但用法不明，左上所从亦有所不同。

726. 女 （石） （石）

此石經古文用爲第二人稱“汝”和義爲“適”的“如”。“女”用爲“汝”“如”是古文字中的一般用法。上博簡《魯邦大旱》2 號簡“女”作，竪筆上多加了一飾筆，同此古文第二形。

727. 姓 （石）

石經古文又借“眚”爲“姓”，見 214“眚”字條。

728. 姬 （石） （石）

包山 176 號簡“姬”作。此石經古文第二形所从“𦣞”旁似“户”非“户”，可能是寫脱筆畫，也可能就是“𦣞”的簡寫。古文“配”（見上 716 條）从户，即由這樣的“𦣞”旁訛變。第一形同篆文。

729. 妻

許謂从古文“貴”字，但“貴”字下並無此形。郭店簡《老子甲》18 號簡“妻”作，《語叢一》34 號簡作；《老子甲》12 號簡“貴”作，29 號簡作。“妻”和“貴”兩字上部所从相同。《説文》“莊”字古文作，而郭店簡《語叢三》9 號簡“莊”作，《説文》“莊”字古文所从當即之訛。此古文“妻”所从（《汗簡》引《説文》所从作）也應該是形傳抄之訛。《古文四聲韻》引《古孝經》“妻”从，不誤。

730. 母 （汗石） （韻石）

近篆文，所从“女”與上石經古文“女”形不合。

731. 奴

古文“奴”从人女聲，包山 122、123 號簡“奴”字同。从人从女之字又見於《陶彙》6.195(三晉陶文)。

732. 婁 ⿰ ⿰(石)

《璽彙》3662(齊璽)"婁"作⿰,郭店簡《成之聞之》5 號簡作⿰,《語叢二》44 號簡作⿰。《説文》古文寫脱"角"旁兩側的"爪"形,石經古文在"女"旁兩側各加兩筆飾畫,同上舉郭店簡《語叢二》44 號簡的"婁"字。

733. 姦 ⿰

許云:"古文姦,从心旱聲。"《説文》心部有"悍",此古文是姦私之"姦"的專字,與"悍"不是一字。

734. 民 ⿰ ⿰(石) ⿰(石)

燕侯載器(《集成》16.10583)"民"作⿰,與石經古文第一形基本相同。郭店簡《忠信之道》2 號簡"民"作⿰,《語叢一》68 號簡作⿰,皆與古文"民"相似。九店 56 號墓 41 號簡"民"作⿰。

735. 弗 ⿰(石)

此石經古文增兩小撇飾筆。哀成叔鼎(《集成》5.2782)"弗"作⿰,《陶彙》3.524 作⿰(偏旁),新弨戟(《集成》17.11161,楚兵器)作⿰,上博簡《從政甲》14 號簡作⿰,郭店簡《唐虞之道》1 號簡等作⿰,皆與石經古文相近。

736. 也 ⿰(隸石)

此《隸續》所録石經古文"也"同《説文》秦刻石"也"字。三十二年平安君鼎(《集成》5.2764.2)作⿰,詛楚文作⿰,郭店簡《語叢三》66 號簡作⿰,皆相近。

737. 氏 ⿰(隸石) ⿰(汗石)

形同篆文。

738. 戍 ⿰(石)

739. 戰 ⿰(石)

郭店簡《老子丙》10 號簡"戰"作⿰,酓悍鼎(《集成》5.2795)、酓悍盤(《集成》16.10158.2)作⿰,同此石經古文。上博簡《曹沫之陣》"戰"字出現 26 次,除一例作⿰外,皆同此。又如清華簡《繫年》55 號簡作⿰,《越公其事》

64 號簡作![字形]。

740. 域　![字形]（石）　![字形]（石）

《説文》訓“或”爲邦，以“域”爲“或”的或體。此石經古文用爲“國”。“國”“域”音義皆近，是同源詞。古文字多用“或”爲“國”。

741. 武　![字形]（石）　![字形]（石）

陳侯因資敦（《集成》9.4649）“武”作![字形]、燕王職劍（《集成》18.11634）作![字形]，武陽左戈作![字形]（《考古》1988 年第 7 期 617 頁圖四，趙兵器），均與石經古文第一體同形，石經古文第二體寫脱一筆。又清華簡《管仲》18 號簡作![字形]，《四告》17 號簡作![字形]。楚簡“武”字一般作上下結構的![字形]形，同篆文。

742. 戚　![字形]（石）

此石經古文用爲《春秋經》文公元年“公孫敖會晉侯於戚”之“戚”，爲地名，對應的篆隸均作“戚”。殷墟卜辭有“![字形]”字，也用爲地名。朱德熙釋“![字形]”爲“就”，並認爲卜辭之“![字形]”地就是《春秋經》文公元年“公孫敖會晉侯於戚”之“戚”，“就”與“戚”音近古通；又指出石經古文之從高是從京之變。[1] 其説均確。西周册命金文習見“申就”之語，“就”字亦作“![字形]”。史惠鼎有成語“日就月將”，其中的“就”字即作“![字形]”（《集録》2.346）。“![字形]”在“![字形]”上加意符“辵”，大概就是爲“趨近”之“就”造的專字。

在楚文字中，“![字形]”字變作![字形]形，見於鄂君啓節、包山簡、郭店簡《六德》等，何琳儀指出其形是“亯”和“京”互相借用筆畫重疊而成。[2] 從辵從![字形]形的“![字形]”見於望山一號墓 30、34 號簡、上博簡《容成氏》7 號簡、《曹沫之陣》10、44、51 號簡與《弟子問》13 號簡、《王居》6 號簡和清華簡《鄭文公問於太伯（甲本）》2、7 號簡及《子儀》8 號簡等，都用爲“就”。另外，郭店簡《六德》48 號簡有![字形]字，整理者隸作“![字形]”，讀爲親戚之“戚”。但其字所從的“![字形]”與楚文字的“![字形]”不同，而與此石經古文差近，也是訛變之體。清華簡《鄭文公問於太伯（乙本）》6 號簡作![字形]，訛從高，與此石經古文相同。

---

① 朱德熙：《朱德熙古文字論集》，1—2 頁。
② 何琳儀：《戰國古文字典》，上册 232 頁。

743. 我　羕 我(石)

令狐君壺"我"(《集成》15.9719.2)作我，郭店簡《老子甲》31 號簡等作我，均與古文相近。

744. 義　羛(隸石) 羛(汗石)

《隸續》所録石經古文用爲《春秋經》宣公十一年中人名"儀行父"之"儀"。"義"用爲"儀"，是古文字的一般用法。《隸續》所録石經古文上從"竹"形，訛。

745. 琴　琴

此古文"琴"從古文"瑟"，金聲。郭店簡《性自命出》24 號簡"琴"作琴，上博簡《性情論》15 號簡作琴，《孔子詩論》14 號簡作琴，皆從金聲。從金聲的"琴"字又見於清華簡《周公之琴舞》1、2 號簡、《子儀》5、7 號簡、安大簡《詩經》2、93 號簡。

746. 瑟　瑟

郭店簡《性自命出》24 號簡"瑟"作瑟，上博簡《性情論》15 號簡作瑟，《孔子詩論》14 號簡作瑟。[1] 徐寶貴説，花園莊東地甲骨卜辭已有"瑟"字，作瑟、瑟形，與此古文之形相近。[2] 按甲骨文此字應與"瑟"無關。[3]

747. 直　直

小徐本古文作直。此古文是假"植"爲"直"。郭店簡《緇衣》3 號簡、《五行》34 號簡、上博簡《緇衣》2 號簡、《性情論》28 號簡、清華簡《邦家之政》5 號簡"直"作直，同此古文。

748. 亡　亡(石)

形同篆文，用爲"無"。"亡"用爲"無"，是古文字的一般用法。

---

[1] 古文字"瑟"字的考釋，參看劉國勝：《曾侯乙墓 E61 號漆箱書文字研究附"瑟"考》，《第三屆國際中國古文字學研討會論文集》，699 頁，香港中文大學，1997 年；郭永秉：《補説"麗"、"瑟"的會通》，《中國文字》新三十八期；收入氏著《古文字與古文獻論集續編》。

[2] 徐寶貴：《殷商文字研究兩篇》，《出土文獻與古文字研究》第一輯，155—158 頁，復旦大學出版社，2006 年。

[3] 參看郭永秉：《補説"麗"、"瑟"的會通》，《中國文字》新三十八期；收入氏著《古文字與古文獻論集續編》，23 頁注㊲。

749. 乍 ⺄（石）

形同篆文，用爲“作”。“乍”用爲“作”，是古文字的一般用法。

750. 望 望（石）

此石經古文見於《春秋經》僖公三十一年，用爲“乃免牲，猶三望”之“望”，對應的篆隷皆作“望”。

751. 無 无

許云：“奇字无，通於元者。王育説，天屈西北爲无。”秦和西漢文字此字作 无 ，此《説文》奇字中筆不出頭，是東漢以後的寫法。[1]

752. 曲 ⺄

十一年皋落戈（《集録》4.1179，韓兵器）“曲”作 ⺄ ，包山 260 號簡作 ⺄ ，郭店簡《六德》43 號簡作 ⺄ ，均與此古文之形相近。相近字形又見於上博簡《季庚子問於孔子》23 號簡、《弟子問》13 號簡、《邦人不稱》3 號簡及清華簡《繫年》55、93、94 號簡、《筮法》57 號簡等。

753. 甾 甾

《説文》篆文作甾，比古文少一筆。石經“迪”字古文作 德 ，所從“由”形近此古文，而石經篆文所從“由”同此篆文。《説文》無“由”字，王國維據漢簡“由”字的寫法，認爲《説文》此字即“由”字，所謂“東楚名缶曰甾”，實即《方言》“甾，嬰也，淮、汝之間謂之甾”，甾，郭璞音“由”。[2] 從石經“迪”字古文、篆文所從“由”分別對應此字的古文、篆文來看，王説是有道理的。睡虎地秦簡、馬王堆帛書等秦漢簡帛文字“由”往往寫作“古”字形，如睡虎地秦簡《秦律雜抄》125 號簡“軸”字所從的“由”作 古 ，[3]而楚文字中的“由”如郭店簡《成之聞之》28 號簡作 古 ，比秦漢文字多出一筆，這與此字篆文作甾而古文作甾的關係是平行的。可以認爲，甾由 古 形變來，而甾由 古 形變來。但是，古文字中另有“甾”字，如西周金文作 甾 、甾 、甾 （《金文編》847 頁），郭店簡《語叢

---

[1] 參看《秦漢魏晉篆隷字形表》，904 頁。

[2] 王國維：《觀堂集林》卷六《釋由》。

[3] 關於秦漢簡帛文字中的“由”，參看李家浩：《馬王堆漢墓帛書祝由方中的“由”》，《河北大學學報（哲學社會科學版）》2005 年第 1 期。

三》9 號簡"莊"所从變成⬛形,石經古文"聘"所从演變相同;此篆形⬛與⬛、⬛、⬛形的繼承關係也很明顯。因此,《説文》實際上是把古文字中不同的兩個字形合而爲一了。

754. 膚　⬛

此形是字頭,篆文作⬛,籀文作⬛,知許以此爲古文。甲骨金文此字作⬛形,戰國文字省變作"田""目"等形。[1]　此訛从甾,無徵。

755. 弓　⬛(韻石)

形訛。

756. 彊　⬛(隸石)　⬛(汗石)　⬛(韻石)

此《隸續》所録石經古文用爲"疆",對應的篆隸作"疆",《汗簡》引石經古文亦注"疆"。但《汗簡》《古文四聲韻》並訛作从人,故《汗簡》入人部,而《古文四聲韻》引石經此字在"僵"字下。郭店簡《語叢三》48 號簡"思無疆"之"疆"作⬛,也是假"彊"爲"疆",所从"弓"旁亦與"人"旁相混。"彊"用爲"疆"是古文字和古書中常見的用法。

757. 弼　⬛ ⬛ ⬛(石)

小徐本另有古文作⬛,大徐本以爲或體;小徐本以⬛爲或體。《説文》正篆作⬛,从丙("簟"之初文)弜聲,[2]古文字"弼"字皆同。[3]《説文》古文第一形和石經古文从攴弜聲,《説文》古文第二形从弓弗聲。

758. 孫　⬛(石)　⬛(石)

邿公鈺鐘(《集成》1.102)"孫"作⬛,令狐君壺(《集成》15.9719.3)作⬛,中山王兆域圖(《集成》16.10478)作⬛,郭店簡《魯穆公問子思》2、4 號簡作⬛,《唐虞之道》12 號簡作⬛,均从幺,同此石經古文。除清華簡《繫年》58 號簡作⬛外,上博簡、清華簡、安大簡"孫"字亦均从幺。莒公孫潮子編鎛(《集録》1.4,5)"孫"字"子"旁的筆畫穿過"幺"旁中間,與石經古文第二形有相同的特徵。

---

[1] 參看何琳儀:《戰國古文字典》,上册 449 頁。

[2] 參看王國維:《觀堂集林》卷六《釋弼》。

[3] 參看《金文編》,851 頁;何琳儀:《戰國古文字典》,下册 1295 頁。

卷 十 三

759. 糸

古文"糸"省去下部象絲穗的兩筆。郭店簡《唐虞之道》《忠信之道》和上博簡《緇衣》中偏旁"糸"大多數作"幺"形，與此古文相近。《陶彙》3.267、《璽彙》2580（晉璽）、《璽彙》5623（楚璽）中偏旁"糸"均作"幺"形。①

760. 繭

此古文從古文"糸"，見聲。從糸見聲之字見於包山 268、277 號簡，其後接"組"字，疑讀爲"練"，與此古文的用法不同。又見於清華簡《周公之琴舞》13 號簡，用法不明。

761. 純 （石）

形同篆文。

762. 絶

中山王 方壺（《集成》15.9735）"絶"作，曾侯乙墓竹簡作（《楚系簡帛文字編》895 頁），象以刀斷絲形，此古文"刀"旁寫譌。清華簡《子儀》8 號簡作，"刀"旁方向相反。包山 249、250 號簡以及郭店簡《老子乙》4 號簡等"絶"作形，《老子甲》1 號簡作，字形有省略，且"刀"旁方向也相反。

763. 續

商承祚説："《爾雅·釋詁》：'賡，續也。'《詩·大東》'西有長庚'，傳：'庚，續也。'庚訓更，亦訓續，猶亂亦訓治矣。庚、賡同義，賡與續，殆非一字也。"按賡、續同義，《説文》以"賡"爲"續"之古文，屬於同義换讀。

764. 紹 （石）

段玉裁據《玉篇》《廣韻》《汗簡》改《説文》古文爲，與石經古文相合。此古文從古文"糸"，卲聲。畲悍盤（《集成》16.10158.1）有人名作，《古匋文

---

① 參看馮勝君：《論郭店簡〈唐虞之道〉、〈忠信之道〉、〈語叢〉一～三以及上博簡〈緇衣〉爲具有齊系文字特點的抄本》，7 頁。

香録》13.1 有字作，均與此古文結構相同。陳侯因資敦(《集成》9.4649)有字作，從卲聲，用爲"紹"。清華簡《虞夏殷周之治》2 號簡作，用爲"韶"。

765. 終

郭店簡《老子甲》15 號簡"終"作，34 號簡作，《語叢四》3 號簡作，清華簡《湯在啻門》10 號簡作，《四告》31 號簡作；《語叢一》49 號簡作，從糸。此古文之形同篆文所從。參看 683"冬"字條。

766. 絑 (石)

此石經古文上端稍殘，見於《皋陶謨》，用爲"粉米、黼黻、絺繡"之"米"。《説文》："絑，繡文如聚細米也。"絑是十二章紋之"粉米"之"米"的專字，石經古文與《説文》合。石經古文對應的篆隸殘去。

767. 纓 (隸石) (汗石) (韻石)

此《隸續》所録石經古文用爲《春秋經》襄公三年"晉荀罃帥師伐許"之"罃"，對應的篆隸作"嬰"。此石經古文從古文"糸"從羽，晏聲，應該是"纓"的異體。望山二號墓 12、62 號簡與包山 259、277 號簡等"纓"字從糸晏聲。[1] 清華簡《封許之命》6 號簡"纓"作，《越公其事》30 號簡作，亦同。

768. 綱

古文從木從古文"糸"，無徵。

769. 綫

古文從泉聲。

770. 徽 (石)

篆文從糸微省聲，此石經古文從古文"糸"敳聲。

771. 縢 (隸石) (汗石) (韻石) (韻石)

此石經古文用爲國名之"縢"。石經古文又用"朕"爲"縢"，見 522"朕"字條。

772. 繘 (汗石) (韻石)

許云："古文從絲。"《汗簡》和《古文四聲韻》所引石經古文從糸。

---

① 參看《望山楚簡》，120 頁注[五二]，中華書局，1995 年。

773. 總

古文从古文"糸"，囱聲。

774. 緫 （隸石）（韻石）（韻石）

《古文四聲韻》所引第一形左从女，疑寫誤。

775. 彝 （石）

石經古文與《説文》古文第一形相近。《汗簡》引《説文》作，今本寫脱"廾"旁。楚王酓章鎛（《集成》1.85）"彝"作，與《汗簡》引《説文》古文極近。中山王嚳方壺（《集成》15.9735）作，拍敦（《集成》9.4644，齊器）作，亦相近。

776. 緌 （汗石）（韻石）

《説文》字頭从素，此《汗簡》和《古文四聲韻》所引石經古文同《説文》字頭。

777. 蜄

許云："古文从辰土。"按古文从辰聲。《尚書·無逸》"治民祇懼"，《史記·魯周公世家》"祇"作"震"；《禮記·內則》"祇見孺子"，鄭注："祇或作振。"

778. 蜼 （石）

上端殘，用爲"惟"。"蜼"見清華簡《子産》28號簡，字形作，亦用爲虛詞"惟"。

779. 蟙 （石）

此石經古文見於《石刻篆文編》所録"惷人"殘石。此字从虫則聲，即"蟙"字。"蟙"字不見於《説文》，《爾雅·釋蟲》作"賊"，《廣韻》德韻："蟙，食禾節蟲。亦作賊。"

780. 螽 （隸石）（汗石）（韻石）

此《隸續》所録石經古文和《汗簡》《古文四聲韻》所引古文"螽"从虫古文"冬"聲，字形均有訛誤。

781. 蠹

許云："古文省。"古文从羍聲。

782. 蠹 𧕦

《汗簡》引《說文》作𧕦，从㕥；《古文四聲韻》引《說文》作𧕦。此《說文》古文和篆文的區別在於"虫"旁的不同。

783. 蠢 𧑶

古文"蠢"从戈，古文"春"聲。古文下引《周書》曰："我有載于西。"段玉裁注："《大誥》曰：'有大艱于西土，西土人亦不静，越兹蠢。'爲壁中古文真本。其辭不同者，蓋許隸栝其辭如此也。"

784. 蟲 𧒒（石）

包山 191 號簡、郭店簡《老子甲》21 號簡"蟲"字作𦱾。郭店簡和其他楚簡中的"虫"旁均作🄰形，上列《說文》"蠹"字和"蠹"字古文所从"虫"亦同。此石經古文所从"虫"旁多出一短橫飾筆。《璽彙》1099（晉璽）有人名"虫"作🄰。

785. 蟊 𧒒

古文从虫牟聲。

786. 風 𩙪

古文从日凡聲。所从"凡"多加一筆，同楚文字中的"凡"，如楚帛書作𠘨（《楚帛編》8 頁），郭店簡《語叢四》5 號簡作𠘨。楚帛書"風"作𩙪，清華簡《子犯子餘》10 號簡"風"作𩙪，从虫凡聲，同篆文。清華簡《金縢》9 號簡作𩙪。

787. 黿 𪓣 𪓣（石）

石經古文見於古篆二體殘石，根據辭例"大寶黿"和對應的篆文可以確定爲古文"黿"字。《說文》"電"字籀文作𩃓，此石經古文"黿"與之相似。郭店簡《緇衣》46 號簡"黿"作𩃓，從字形上看，實是"電"字，但用爲"黿"，與石經古文的情況正相同。蓋因"黿""電"兩字形體相近而混用。楚簡"黿"字皆如此。

788. 二 𠄞 二（石）

參看 001"一"字條。

789. 恒　𣻎

小徐本古文作𣻎。西周金文"恒"作⊡，"亙"（《説文》以爲"楒"字古文）作𒀭（並《金文編》881 頁），从月；篆文从舟是从月之訛變。此古文𣻎即"亙"字，从月變爲从外，變化同"閒"字古文。"𣻎"字楚簡常見，多用爲"恒"，同此古文，字形大多作𣻎，與此古文相近；或作𣻎（包山 197 號簡），多一筆，晉系文字"𣻎"皆如此。[1]

790. 凡　𠁫(石)

𠁫形之訛。

791. 土　土(石)

792. 墺　𡎚

《禹貢》"四隩既宅"，"隩"即此"墺"。古文右旁同"奏"字古文所从（參看620"奏"字條），陳劍認爲是"桼"的變形，作聲符。[2] 按從讀音看，即从金文"述"的聲旁。參看337"就"字條。

793. 坶　𡎤(石)

《説文》："坶，朝歌南七十里地。《周書》武王與紂戰于坶野。"通作"牧"。此石經古文見於《立政》，《立政》中的"牧"是官名，並非地名。

794. 垣　𡎨(石)

此石經古文用爲《春秋經》僖公二十八年"衛元咺出奔晉"之"咺"。左旁"亯"參看339"亯"字條，右旁"亘"參看594"狟"字條。《説文》籀文"垣"从𢀜。

795. 堪　𡍫(石)

"甚"旁寫訛。

796. 堂　𡩡

古文省"口"。中山王兆域圖（《集成》16.10478）"堂"作𡩡，清華簡《祝辭》1 號簡作𡩡，皆同此古文。

---

① 參看何琳儀：《戰國古文字典》，上册 135—136 頁，"𣻎"及从"𣻎"諸字。

② 參看陳劍：《據郭店簡釋讀西周金文一例》，《北京大學中國古文獻研究中心集刊2》，395 頁；收入氏著《甲骨金文考釋論集》，36—37 頁。

797. 坐　（圖）

小徐本古文作（圖）。信陽 2-18 號簡"坐"作（圖），包山 243 號簡"坐山"之
"坐"作（圖），象人坐形。信陽 2-21 號簡"一錦坐茵"之"坐"作（圖），包山 237 號
簡"坐山"之"坐"作（圖），从人。秦簡"坐"字作（圖）、（圖）（《睡編》201 頁），"卪"和
"土"形寫析，上部對稱，形近"卯"。此古文亦是訛變之形。

798. 封　（圖）（圖）（石）

《説文》籀文作（圖）。《説文》古文从土丰聲，上下結構。石經古文从土丰
聲，左右結構，形同《説文》籀文。春秋金文魯少司寇盤（《集成》16.10154）
"封"作（圖），齊刀幣銘文作（圖）（《貨系》2541—2546），《璽彙》839（晉璽）作
（圖），上博簡《容成氏》18 號簡作（圖），清華簡《繫年》18 號簡作（圖），《晉文公入於
晉》2 號簡作（圖），並與此石經古文形近。

799. 型　（圖）（隸石）

此《隸續》所録石經古文用爲"刑"。盞壺（《集成》15.9734）、信陽 1-01 號
簡、郭店簡《性自命出》52 號簡、《成之聞之》39 號簡與上博簡《緇衣》13、14 號簡
等皆用"型"爲"刑"，同此石經古文。"型"用爲"刑"，清華簡亦常見。

800. 城　（圖）（隸石）

中山王𰮯鼎（《集成》5.2840）"城"作（圖），郭店簡《語叢四》22 號簡作（圖）。
此古文疑有脱筆。

801. 墉　（圖）

此古文《説文》五下重出，作字頭，爲城郭之"郭"。參看 339"𩫨"字條。

802. 坴　（圖）

古文从即聲。古文下引《虞書》曰："龍，朕堲讒説殄行。"段玉裁注："此
釋經以説假借，謂'堲'即'疾'之假借。"

803. 垔　（圖）

《汗簡》引《説文》作（圖）。垔戈（《集成》17.10824，齊兵器）"垔"作（圖），中山
王𰮯方壺（《集成》15.9735）作（圖）（偏旁），下皆从壬。此古文寫訛。

804. 毀　（圖）

篆文从土，古文从壬。鄂君啓車節作（圖），與此古文形同；郭店簡《語叢

一》108 號簡作，从攴，上博簡《從政甲》18 號簡、《曹沫之陣》10 號簡同。清華簡"毀"字亦常見，皆同郭店簡字形。

805. 壞

許云："古文壞省。"郭店簡《唐虞之道》28 號簡"壞"作，與此古文相近。

806. 圭

古文从意符"玉"。郭店簡《緇衣》35 號簡"圭"作，上博簡《緇衣》18 號簡作，《魯邦大旱》2 號簡作，皆从玉。清華簡"圭"字亦皆从玉。

807. 堯

《璽彙》262（齊璽）"堯"作，郭店簡《六德》7 號簡作，上博簡《子羔》2、5 等號簡作，《曹沫之陣》2 號簡作，清華簡《良臣》1 號簡作，均與此古文之形相同。

808. 堇

小徐本古文第一形作，石經古文作（偏旁，見下"勤"字），同小徐本。洹子孟姜壺（《集成》15.9729、9730）"堇"作，陳曼簠（《集成》9.4595、4596）作，分別同小徐本古文和大徐本古文第一形。古文第二形，段玉裁據"難"字古文所从改爲。

809. 艱 （隸石）（汗石）（韻石）

此石經古文从堇从喜，同《說文》籀文"艱"。《隸續》所錄石經古文字形訛變較甚。

810. 釐 （隸石）（韻石）

此《隸續》所錄石經古文用爲《春秋經》桓公十五年"葬齊僖公"之"僖"，石經對應的篆隸皆作"僖"，《古文四聲韻》引石經亦在"僖"字下。陳賄簠蓋（《集成》8.4190）"僖叔和子"之"僖"作，从宀从來从里；清華簡《皇門》3 號簡"釐"作。此石經古文字形有訛變。

811. 野

許云："古文野，从里省，从林。"商承祚引羅振玉說以及舒連景、胡小石並謂《說文》古文本當作"埜"，不从予聲，可從。《璽彙》3992（齊璽）"野"作

埜，从林从土；包山 173、183、207 簡以及郭店簡《尊德義》14 號簡、上博簡《采風曲目》1 號簡、《柬大王泊旱》16 號簡、清華簡《楚居》10 號簡與《子産》24、25、26 號簡、《四告》27、28 號簡及安大簡《詩經》37 號簡等"野"字並作"埜"。秦簡"野"作**埜**（《睡編》203 頁），从予聲。

812. 田　⊕（石）

813. 畕　畺（隷石）

《説文》或體作"疆"。石經對應的篆文作"疆"。此古文同《説文》字頭。

814. 黄　**炎 炎**（石）　**黄**（隷石）　**黄**（隷石）　**黄**（汗石）　**黄**（韻石）

《隷續》所録石經古文和《汗簡》《古文四聲韻》所引石經古文都用爲"光"。陳侯因資敦（《集成》9.4649）"黄"作**黄**，趙孟壺（《集成》15.9678）作**黄**，哀成叔鼎（《集成》5.2782）作**黄**，燕王職矛（《集成》18.11517）作**黄**，上皆从"止"形，《隷續》所録石經古文第一形和《汗簡》《古文四聲韻》所引石經古文與之相合。《隷續》所録石經古文第二形上端寫脱。石經古文見於《春秋經》，用爲國名之"黄"。

815. 男　**男**（石）　**男**（石）

816. 勳　**勳**

古文从員聲。中山王嚳方壺（《集成》15.9735）"勳"作**勳**，清華簡《子産》17 號簡作**勳**，《鄭文公問於太伯（甲本）》6 號簡作**勳**，《鄭文公問於太伯（乙本）》5 號簡作**勳**，並从員聲。

817. 勥　**勥**

古文从彊聲。《説文》以"勥"爲强迫之"强"的專字。郭店簡《五行》41 號簡有**勥**字，从"彊"省，對應於《詩·商頌·長發》"不競不絿，不剛不柔"之"競"。

818. 勸　**勸**（石）

819. 動　**動**

古文从辵。郭店簡《老子甲》23 號簡"動而愈出"之"動"作**動**，清華簡《金縢》12 號簡"今皇天動威"之"動"作**動**，皆从辵，同此古文。

820. 勞　〔图〕

黧鎛（《集成》1.271）"勞"作〔图〕，中山王𰯀鼎（《集成》5.2840）作〔图〕，郭店簡《緇衣》6 號簡作〔图〕，上博簡《彭祖》2 號簡、《從政乙》1 號簡、《容成氏》35 號簡、《曹沫之陣》34 號簡並同。清華簡亦常見，如《金縢》11 號簡作〔图〕。此古文中間的"米"形可能是〔图〕形傳寫之訛。郭店簡《六德》16 號簡"勞"作〔图〕，从心，同此古文。

821. 勤　〔图〕(石)

此石經古文从心堇聲，用爲"勤"。从心堇聲之字見於郭店簡《緇衣》6、33 號簡，用爲"謹"；又見於《窮達以時》2 號簡和 3 號簡，分別用爲"艱"和"巾"。

822. 勇　〔图〕

古文从心。郭店簡《尊德義》33 號簡、《性自命出》63 號簡及清華簡《芮良夫毖》11、14 號簡"勇"皆从心，同此古文。

823. 劦　〔图〕(石)

此石經古文見於《立政》，用爲"用協于厥邑"之"協"。《説文》："劦，同力也。""劦"是"協"的初文。

824. 協　〔图〕〔图〕

大徐本〔图〕在前，〔图〕在後，云"或作〔图〕"；小徐本〔图〕在前，〔图〕在後，云"叶或从曰"。兩形俱是古文。古文从口或从曰，从十。

卷　十　四

825. 金　〔图〕〔图〕(石)

石經古文下端殘。陳肪簋蓋（《集成》8.4190）"金"作〔图〕，郳公孫班鎛（《集成》1.140）作〔图〕，《璽彙》363（燕璽）作〔图〕，王孫遺者鐘（《集成》1.261）作〔图〕，並同《説文》古文。十年陳侯午敦（《集成》9.4648）作〔图〕，郳公華鐘（《集成》1.245）作〔图〕，中山王𰯀方壺（《集成》15.9735）作〔图〕，《璽彙》4479（晉璽）作〔图〕，欒書缶（《集成》16.10008）作〔图〕，郭店簡《語叢四》24 號簡作〔图〕，並同石經古文。

826. 錫　（石）

从古文“金”。

827. 鐵

古文从夷聲。當从古文“金”，如下“鈞”字。

828. 鈕

古文从玉。包山 214 號簡有字作，亦从玉丑聲，但並非印鼻之鈕。

829. 鈞

小徐本古文作。古文从旬聲。此大徐本古文所从“金”旁同石經古
文。子禾子釜（《集成》16.10374）“鈞”作，所从雖然不很清晰，應該也是从
旬聲。

830. 劉　（石）

此石經古文見於《君奭》，用爲“咸劉厥敵”之“劉”，對應的篆隸亦作
“劉”。今本《説文》無“劉”，有“鎦”字訓“殺”，大徐本引徐鍇説“鎦”即“劉”
字。此石經古文从卯从金省从又，無徵。

831. 尻　（汗石）

此《汗簡》引石經，釋爲“居”，同《説文》。《説文》引《孝經》“孔子尻”，今
本作“居”。鄂君啓節和楚簡如包山 32 號簡、郭店簡《成之聞之》8 號簡、《性
自命出》61 號簡等“尻”字都用爲“處”，“居”仍从古作“居”，與《説文》和《汗
簡》所引石經古文不同。但上博簡《周易》26 號簡“尻”字（原形作），對應
的今本、帛書本都作“居”。

832. 且

大徐本無此形，小徐本此形下云：“古文以爲且，又以爲几字。”段注以上
“以爲”二字爲衍文，是。古文“且”省去中間的兩橫。楚簡中“几”或作（如
包山 260 號簡“几”字、郭店簡《性自命出》61 號簡“尻”字所从），去掉上面的
一橫飾筆，即與此古文“且”完全相同，故《説文》又以爲古文“几”字。[①]

[①] 參看李家浩：《著名中年語言學家自選集·李家浩卷》，236 頁。

833. 所　𠨘（石）　𠕛（石）

从斤户聲，同篆文。

834. 斷　𢽳𢽳𢿃（隸石）　𢿃（汗石）　𢿃（韻石）

此石經古文用爲《春秋經》宣公十七年地名“斷道”之“斷”。郭店簡《六德》43、44 號簡“斷”作𢿃，《語叢二》35 號簡作𢿃，二十五年陽春戈（《集成》17.11324，魏兵器）作𢿃（人名），皆與石經古文和《説文》古文第二形相近。

835. 料　𣁳（韻石）

形同《説文》小篆。

836. 矛　𥎡

小徐本古文“矛”旁形同篆文。郭店簡《五行》41 號簡“矛”（用爲“柔”）作𥎡，盇壺（《集成》15.9734）“茅”字所从作𥎡，皆與此古文所从“矛”相近。此古文又增从“戈”旁。

837. 矜　𥍒（汗石）　𥍒（韻石）

此《汗簡》和《古文四聲韻》所引石經古文从矛今聲，結構同今本《説文》。段玉裁據漢石經等改从令聲，是。郭店簡《老子甲》7 號簡此字作𥍒，从矛命聲，“命”即“令”也。此《汗簡》《古文四聲韻》所引石經古文不可信。

838. 𨸏　𨸏

石經古文“陟”“降”等所从的“𨸏”旁作𨸏，《説文》“陳”字古文所从作𨸏。此古文上从三個圈形，無徵。

839. 陟　𨽰𨽰（石）

《説文》古文从人，商承祚、舒連景、胡小石都認爲是从𨸏之訛。《汗簡》“步”作𣥚，同此古文所从。包山 105 號簡“步”作𣥚，與此古文所从相近。《陶彙》3.1292 單字作𨽰，3.1293 單字作𨽰，可能與此《説文》古文有關。

840. 降　𨽍（石）

此石經古文所从“夂”上加一飾筆。郭店簡《成之聞之》31 號簡“天降大常”之“降”作𨽍，清華簡《成人》5 號簡“降”作𨽍，上博簡《曹沫之陣》32、65 號簡“各”作𨽍，所从“夂”上都有飾筆。

841. 隤

古文从谷。

842. 陳 (石)

小徐本古文作。《説文》古文从申聲，關於“申”字的形體，參看880“申”字條。陳曼簠（《集成》9.4595、4596）“陳”作，陳逆簠（《集成》9.4630）作，子禾子釜（《集成》16.10374）作，石經古文與之相近。楚文字“陳”一般作形，[①]“土”旁與“東”旁相連，同此石經古文，但“東”形很特别。

843. 絫 (汗石) (韻石)

《説文》：“絫，增也。”通作“累”，《汗簡》和《古文四聲韻》即釋爲“累”。

844. 四 (石)

《陶彙》4.6（燕陶文）作，包山266、271等號簡及郭店簡《老子甲》22號簡作，與《説文》古文相近。石經古文同《説文》籀文，六國文字常見。[②] 上博簡、清華簡兩種寫法的“四”並見。

845. 綴 (石)

右旁同篆文。

846. 亞 (石)

詛楚文“亞”作，與此相近。

847. 晋 (汗石) (韻石)

《説文》作“𦣞”，注一“闕”字。《集韻》禡韻亞小韻“𦣞”或作“晋”。此《汗簡》和《古文四聲韻》引石經用爲“惡”。

848. 五 (石)

許云：“古文五省。”這樣寫的“五”字見於《陶彙》3.378、3.661—666以及《貨系》75、724、797等（三晉布幣），又見於清華簡《筮法》54、56號簡。

① 參看李守奎：《楚文字編》，825—826頁。

② 參看何琳儀：《戰國古文字典》，下册1283—1284頁。

849. 六　穴（石）穴（石）

850. 七　七（石）

戰國文字"七"一般作十形，但也有個別如石經古文此形的，如《貨系》728（三晉布幣）。

851. 九　尢（石）

852. 萬　（石）

陳逆簠（《集成》9.4630）"萬"作，邾公牼鐘（《集成》1.151）作，上端與此石經古文特徵相同。

853. 禹　（石）

《璽彙》5124（晉璽）"禹"作，郭店簡《緇衣》12 號簡、《唐虞之道》10 號簡、《尊德義》6 號簡以及上博簡《緇衣》7 號簡與《容成氏》17、18 號簡等大禹之"禹"皆从土从禹，所从"禹"作、形，均與此古文相近。清華簡《良臣》1 號簡"禹"作，《四告》40 號簡作。

854. 禼　

上博簡《子羔》10 號簡"禼"作，上端與此古文之形接近。

855. 嘼　

許云："古文嘼，下从屮。"存說而脫古文之形，段玉裁等謂古文當作，石經古文"獸"所从的"嘼"同。按《說文》以"嘼"爲牲畜之"畜"的本字，根據古文字，"嘼"實即"單"之增"口"繁文。

856. 獸　（石）

此石經古文"獸"从《說文》古文"嘼"，用爲"狩"。"獸"是"狩"的表意初文。安大簡《詩經》44、77、80 號簡"獸（獸）"亦用爲"狩"。郭店簡《緇衣》38 號簡、《六德》43 號簡等"獸（獸）"用爲"守"。

857. 甲　（石）

小徐本古文作。西周金文"甲"或作（《金文編》960 頁）。石經古文是訛變的形體，《說文》古文是在篆形上增加"宀"形而來。

858. 乙　㇈(石)

859. 乾　乾(汗石)　乾(韻石)　乾(韻石)

《説文》籀文"乾"作乾。《古文四聲韻》兩形分別在寒韻和宣韻,第二形寫脱兩筆。

860. 丙　丙(石)　丙(石)

莒侯小子簠(《集成》8.4152)"丙"作丙,子禾子釜(《集成》16.10374)作丙。石經與之相合。

861. 丁　丁(石)

《璽彙》1724(晉璽)作丁,秦簡或作丁(《睡編》217頁),清華簡《良臣》2號簡作丁,《越公其事》3號簡作丁,並與此石經古文相近。

862. 戊　戌(石)

此石經古文增从口。陳純釜(《集成》16.10371)"戊"作戌。

863. 成　麻(石)　馘(石)

叔弓鎛(《集成》1.272.2)"成"作麻,包山120號簡作成,楚帛書作成(《楚帛編》30頁),郭店簡《忠信之道》7號簡作成,都在竪筆上增加一短橫飾畫,同此古文之形。其中郭店簡《忠信之道》的"成"字左上加飾筆,同石經古文。《説文》篆文从丁,此古文从"午"形,都是訛體。

864. 己　王(石)　王(石)

莒公孫潮子編鎛(《集錄》1.4、5)"己"作王,《璽彙》5587(齊璽)作王(偏旁),都與此古文相近。

865. 皐　皐(石)

此石經古文所从"辛"多出一筆,參看551"辟"字條。

866. 辜　辜(石)　辜(石)

从古文"死",古聲。盍壺(《集成》15.9734)"辜"作辜,結構相同。包山217號簡作辜,清華簡《筮法》47號簡作辜,《子犯子餘》12號簡作辜,《治政之道》36號簡作辜,《成人》19號簡作辜,皆从歺。

867. 壬　王(石)

《説文》篆文中横最長，此石經古文中横最短，與古文字字形相合。

868. 癸　꽃(石)

陳侯因資敦（《集成》9.4649）"癸"作꽃，侯馬盟書作꽃（《侯馬》321 頁），包山 23 等號簡作꽃，清華簡《筮法》44 號簡作꽃。此石經古文之形無徵。

869. 子　ꚝ ꚝ(石)

《説文》古文"子"上戴髮，戴髮的"子"見於甲骨文（《甲骨文編》564 頁）。

870. 季　ꚝ(隸石)

871. 孟　ꚝ

此古文"孟"與古文"保"同形。魯大司徒子仲伯匜（《集成》16.10277）、禾簋（《集成》7.3939，齊器）等"孟"字从此古文之形。此古文又省去"皿"旁。

872. 丑　ꚝ(石)

莒公孫潮子編鎛（《集録》1.4、5）"丑"作ꚝ，與此石經古文相近。這樣寫的"丑"又見於天星觀簡（《楚系簡帛文字編》1076 頁）。清華簡《保訓》1 號簡作ꚝ，亦相近。

873. 寅　ꚝ

陳純釜（《集成》16.10371）"寅"作ꚝ，與此古文除去"土"旁的部分相同。

874. 卯　ꚝ ꚝ(石)

陳卯戈（《集成》17.11034）"卯"作ꚝ，《璽彙》920（晉璽）作ꚝ（"留"字所从），包山 207 號簡作ꚝ，清華簡《筮法》55 號簡作ꚝ。此古文之形當是進一步的變體。

875. 辰　ꚝ ꚝ(石)

《説文》古文較篆文少一横，石經古文又較《説文》古文少一横。陳璋方壺（《集成》15.9703.2）"辰"作ꚝ，增从口；包山 20 等號簡作ꚝ，从日；上博簡《仲弓》19 號簡作ꚝ。除去"口"和"日"的部分都與石經古文比較接近。

876. 巳　ꚝ(石)

石經古文增一點，變化方式同石經古文"公"。邾公釛鐘（《集成》

162

1.102)"祀"字所从的"巳"作㇗，同此石經古文。

877. 㠯　㇗(石)

用爲"以"，與古文字相合。石經古文對應的隸書皆作"以"，對應的篆文或作"以"或作"㠯"。

878. 午　午(石)

879. 未　米(石)

880. 申　㇗申(石)

《説文》古文形同古文"玄"，段注據古文"陳"和籀文"虹"所从的"申"形改爲㇗。《璽彙》876（燕璽）"申"作㇗，郭店簡《忠信之道》6 號簡作㇗，均與此古文之形相近。此古文是進一步的訛變之體。石經古文同篆文。

881. 酉　丣㾇(石)

許云："古文酉，从卯。"《説文》"留""柳"等字从此，與古文字不相合。此古文"酉"可能是《説文》爲解釋"留""柳"等字而把"卯"的變體有意當作古文"酉"。石經古文"酉"用爲"酒"，對應的篆隸皆作"酒"。《璽彙》2081（晉璽）"酉"作㾇，國差罐（《集成》16.10361）作㾇，包山 233 號簡作㾇，秦簡或作㾇（《睡編》222 頁）。此石經古文多出一横，可能是寫誤，下"配""酗"所从的"酉"旁不誤。國差罐和包山 233 號簡"酉"皆用爲"酒"，秦簡"酉"亦或用爲"酒"，同石經古文。

882. 配　㋡(石)

此石經古文从酉从卪，同西周春秋金文。[1] 清華簡《説命下》2 號簡"配"作㋡。陳逆簠（《集成》9.4629）作㋡，所从"卪"已發生變異。《説文》篆文訛作从己。

883. 酗　㾇凶(石)

从酉凶聲，古文對應的篆隸都作"酗"。《説文》此字从句聲。

884. 醬　腤

小徐本古文作㾇。古文从酉爿聲。《璽彙》307（齊璽）此字作㋡，九年

---

① 參看《金文編》，1002 頁。

將軍戈（《集成》17.11325B，燕兵器）作㞧，中山王嚳方壺（《集成》15.9735）作㾕，郭店簡《老子甲》13 號簡等作㾕，上博簡《魯邦大旱》《曹沫之陣》等篇此字頻見，皆用如"將"字。清華簡、安大簡亦常見，用如"將"字。

885. 亥 㞢 㞢（隸石）

小徐本古文作㓁。許云："古文亥爲豕，與豕同。"此古文之形正與《説文》古文"豕"同。王孫遺者鐘（《集成》1.261）"亥"作㲢，鬞鎛（《集成》1.271）作㲢，鄂君啟舟節作㾕，與此古文之形比較接近。

附

1. 㡀 㡀（字頭）

許云："㡀，分也。从重八。八，別也，亦聲。《孝經説》曰：故上下有別。"《説文》"乖"字下云："㡀，古文別。"是古文用"㡀"爲"別"。

2. 釆 㓁（字頭）

許云："釆，辨別也，象獸指爪分別也。……讀若辨。"古文作㓁。《説文》"乔"字下云："釆，古文辨字（大徐本辨作辨，從小徐本）。"是古文用"釆"爲"辨"。

3. 霝 㾕（字頭）

《説文》小徐本"竉"字下云："霝，古文靈。"是古文用"霝"爲"靈"。《古文四聲韻》引《古尚書》"靈"或作㾕。

4. 乓 㾕（字頭）

許云："乓，木本。……讀若厥。"《説文》小徐本"昏"字下云："乓，古文厥字。"是古文用"乓"爲"厥"，與古文字相合，但字形不古。

5. 疇 㲢（或體）

《説文》"疇"字正篆作㾕。《説文》"蜀"字下云："㾕，古文疇。"

第三章　漢代經注中的古文資料

一、《儀　禮》古　文

士冠禮第一

001. 闑西闑外　　注：古文闑爲槷。^①（又見於士喪禮、特牲饋食禮）

《周禮·考工記·匠人》"置槷以縣"，注："槷，古文臬，假借字。""槷"从執聲，可以看作"臬"的異體字，此處用爲門橜之"闑"。

002. 旅占卒　　注：古文旅作臚也。

《漢書·叙傳》"大夫臚岱"，即《論語·八佾》"季氏旅於泰山"，"臚"亦通"旅"。《漢書》用古文。

003. 服纁裳　　注：今文纁皆作熏。（又見於士昏禮）

纁爲淺絳色，古文用本字，今文假借"熏"。

004. 側尊一甒　　注：古文甒作廡。（又見於既夕禮、士虞禮、少牢饋食禮）

古文假借"廡"爲"甒"。《説文》無"甒"字。

005. 各一匴，執以待于西坫南　　注：古文匴作纂，坫作檐。

釋文本"纂"作"篹"。《説文》無"篹"。古文假借"纂"爲"匴"。

檐，原誤作"襜"，釋文本作"檐"，據《校勘記》改正。古文假借"檐"爲"坫"。

---

① 又有"闑爲槷"，徐養原《儀禮今古文異同疏證》、胡承珙《儀禮古今文疏義》皆以爲一物二名。可信。

006. 兄弟畢袗玄　　注：古文袗爲均也。

《淮南子·齊俗》"尸祝袀祓"，"袗玄"即"袀祓"，因"勻""㐱"漢代隸書形近易混，"袀"誤爲"袗"。① 上下同玄之服。古文用"均"字，《左傳》僖公五年"均服振振"亦用"均"字。郭店簡《成之聞之》7 號簡："君[字]冕而立於阼。""冕"前一字整理者釋爲"均"，裘錫圭師讀爲"袀"。② 如釋"均"不誤，則簡文用"均"爲"袀"，與此《儀禮》古文相合。

007. 采衣紒　　注：古文紒爲結。（又見於下文"主人紒而迎賓"注）

注："紒，結髮。"《説文》作"髻"，通作"髻"。大徐本《説文·新附》："髻，緫髮也。……古通作結。"《漢書·陸賈傳》："尉佗魋結箕踞。"顏師古注："結，讀曰髻。"

008. 贊者盥于洗西　　注：古文盥皆作浣。（又見於鄉射禮）

古文假借"浣"爲"盥"。武威簡《儀禮》"盥""浣"並用。

009. 贊者奠纚笄櫛于筵南端　　注：古文櫛爲節。

古文假借"節"爲"櫛"。

010. 壹揖壹讓　　注：古文壹皆作一。（又見於士相見禮、鄉飲酒禮、聘禮等）

"壹"見於秦文字，如詛楚文"兩邦若壹"，商鞅量（《集成》16.10372）"皆明壹之""爰積十六寸五分寸壹爲升"，《陶彙》5.384"冬十壹月"。清華簡《越公其事》19—20 號簡"孤用銜（率）我壹（一）弎（二）子弟吕（以）逩（奔）告於鄩（邊）"，亦用"壹"字。

011. 加柶覆之，面葉　　注：古文葉爲擖。

擖，原作撦，是俗字，據《校勘記》改正。葉、擖音近相通，此指柶盛物的

---

① 參看陳劍：《結合出土文獻談古書中因"勻"、"㐱"及"勿"旁形近易亂而生的幾個誤字》，復旦大學出土文獻與古文字研究中心、耶魯—新加坡國立大學學院陳振傳基金漢學研究委員會編：《出土文獻與中國古典學》，128—129 頁，中西書局，2018 年。

② 荆門市博物館編：《郭店楚墓竹簡》，169 頁注［七］，文物出版社，1998 年。此句其他字均據此注釋讀。

部位。《禮記·少儀》"執箕膺揭（按亦當作擸）"，用"擸"不用"葉"，同此古文。

012. 加柶，面枋　　注：今文枋爲柄。（又見於士昏禮、特牲饋食禮）

古文"枋"，從方聲，"柄"的異體字。《周禮·春官·内史》"掌王之八枋之灋"，"柄"作"枋"，同此古文。"柄"作"枋"，見睡虎地秦簡、馬王堆帛書等。[①]

013. 束帛儷皮　　注：古文儷爲離。

古文假借"離"爲"儷"。

014. 再醮攝酒　　注：今文攝爲聶。（又見於有司）

古文用本字，今文假借"聶"爲"攝"。

015. 設扃鼏　　注：今文扃爲鉉，古文鼏爲密。（又見於士昏禮、公食大夫禮、士喪禮、士虞禮、特牲饋食禮、少牢饋食禮、有司）

扃、鉉音近，都是指橫貫鼎耳舉鼎的木棍。此"扃"的本字作"鼏"，從門（冋）聲。《説文》："鼏，以木橫貫鼎耳而舉之。……《周禮》廟門容大鼏七箇，即《易》玉鉉大吉也。""鉉，舉鼎也。《易》謂之鉉，《禮》謂之鼏。"今本《周禮》作"扃"，同此《儀禮》。鼏，指覆蓋鼎的用具，從冖，字又通作"幦"（《説文》"冖"字下大徐本注曰："今俗作幦，同。"）。今本《説文》有"鼏"無"鼏"，段注本補正。《説文》"鼏"字下段注認爲，《儀禮》正文原作"鼏鼏"，因兩字易混，後人改前字爲同音的"扃"。今文作"鉉"，同《易》；古文用"鼏"。古文假借"密"爲"鼏"，今文用本字。武威簡《少牢饋食禮》《有司》作"扃密"，同此古文。

016. 蠃醢　　注：今文蠃爲蝸。（又見於士喪禮、既夕禮、少牢饋食禮）

蠃，今通作"螺"。《説文》："蝸，蠃也。"段注："今人謂水中可食者爲螺，陸生不可食者曰蝸牛，想周、漢無此分別。"《周禮·天官·醢人》作"蠃醢"，同此《儀禮》古文；《禮記·内則》作"蝸醢"，同此《儀禮》今文。

[①] 參看白於藍：《簡帛古書通假字大系》，1015 頁，福建人民出版社，2017 年。

017. 某有子某　　注：古文某爲謀。

古文用“謀”爲“某”。

018. 以病吾子　　注：古文病爲秉。

古文假借“秉”爲“病”。

019. 眉壽萬年　　注：古文眉作麋。

古文用“麋”爲“眉壽”之“眉”。石經古文用“麋”爲“迷”，見第二章590“麋”字條。用“麋”爲須眉之“眉”，見睡虎地秦簡、馬王堆帛書等。[①]

020. 嘉薦宣時　　注：古文宣爲癉。

古文假借“癉”爲“宣”。

021. 孝友時格　　注：今文格爲假。

石經古文、篆隸來格字作“佫”，此古文可能本作“佫”，後人從通行字改作“格”。

022. 章甫，殷道也　　注：甫，或爲父，今文爲斧。

士昏禮第二

023. 當阿　　注：今文阿爲庪。

此今文之“庪”當即屋上之“阿”的後起專字或同源詞。

024. 肫骼不升　　注：肫或作純；純，全也。……古文純爲鈞，骼爲脾。

古文用“脾”爲“骼”。武威簡《特牲饋食禮》《少牢饋食禮》《有司》亦均作“脾”。此古文從肉，猶郭店簡《窮達以時》10號簡、上博簡《民之父母》5號簡等“體”從“肉”。秦簡“體”字亦從肉（《睡編》59頁）。

025. 大羹湆在爨　　注：今文湆皆作汁。（又見於公食大夫禮、特牲饋食禮、有司）

《説文》：“湆，幽溼也，從水音聲。”張參《五經文字》又有從肉的“渧”，爲大羹汁。“渧”字從肉泣聲，音同泣。此“湆”字，張參曰：“傳寫久訛，不敢便改。”

---

① 參看白於藍：《簡帛古書通假字大系》，500—501頁。

026. 姆加景　　注：今文景作憬。

《校勘記》：“浦堂云：‘憬，釋文同，疑幬字之誤。’按从心者是。从巾者，後人改也。”按“憬”當作“幬”。《説文》無“幬”。古文用“景”爲“幬”。

027. 啓會却于敦南　　注：古文却爲綌。

古文假借“綌”爲“却”。

028. 主人説服于房　　注：今文説皆作税。（又見於鄉飲酒禮、鄉射禮、既夕禮、士虞禮）

古文“説”，通作“脱”。《老子》三十六章“魚不可脱於淵”，帛書乙本“脱”作“説”。《燕禮》“説屨”，武威簡《燕禮》亦作“説”，同此古文。

029. 皆有枕，北止　　注：古文止作趾。

《詩·豳風·七月》“四之日舉趾”，《漢書·食貨志》引作“止”；《左傳》桓公十三年“舉趾高”，《漢書·五行志》引作“止”。《漢書》多用古文，疑此“古文”是“今文”之誤。《説文》無“趾”，“止”即“趾”的初文。

030. 舅姑　　注：古文舅皆作咎。

古文假借“咎”爲“舅”。武威簡甲、乙本《服傳》亦皆作“咎姑”，同古文。阜陽漢簡《詩·小雅·伐木》“以速諸舅”之“舅”亦作“咎”；馬王堆帛書《戰國縱横家書·朱己謂魏王章》“穰侯，咎也”，亦假借“咎”爲“舅”。假借“咎”爲“舅”，又見於上博簡《吳命》6 號簡、《志書乃言》5 號簡、安大簡《詩經》55 號簡等。“舅”字晚起，最早見於東漢。

031. 並南上　　注：今文並當作併。（又見於聘禮、公食大夫禮、士喪禮、少牢饋食禮、有司。此“當”字應作“皆”。）

《説文》“並”“併”互訓。《廣韻》“併”字二音，一同“並”，一同“并”。此今文之“併”通“並”。

032. 加于橋　　注：今文橋爲鎬。

注：“橋，所以庋笲，其制未聞。”

033. 我與在　　注：古文與爲豫。（又見於鄉飲酒禮、鄉射禮、聘禮、公食大夫禮、士虞禮）

古文假借“豫”爲參與之“與”。

034. 夙夜毋違命　　注：古文毋爲無。（又見於士相見禮、公食大夫禮）

今本《儀禮》大率禁止之詞作“毋”，有無之“無”作“無”。武威簡《儀禮》兩字混用無別。此古文則皆作“無”。

035. 視諸衿鞶　　注：視乃正字，今文作示，俗誤行之。

古文作“視”，用本字。

士相見禮第三

036. 左頭奉之　　注：今文頭爲脰。

徐養原《儀禮今古文異同疏證》説：“頭固訓首，然經傳言首者多，言頭者少。此經左頭當作左脰解。古文多假借，故以頭爲脰耳。首、脰相連，言左脰則左首可知。士虞禮‘脰臑’，古文作頭嗌，其非訓頭爲首明矣。”徐説是。此古文之“頭”可以視爲“脰”字異體。

037. 妥而後傳言　　注：古文妥爲綏。

注：“妥，安坐也。”古文假借“綏”爲“妥”。

038. 衆皆若是　　注：今文衆爲終。

古文用本字，今文假借“終”爲“衆”。

039. 若父則遊目　　注：今文父爲甫。

古文用本字，今文假借“甫”爲“父”。

040. 君子欠伸，問日之早晏　　注：古文伸作信，早作蚤。

古文假借“信”爲“伸”，假借“蚤”爲“早”。借“信”爲“伸”，古書多見。帛書《老子》甲本卷後古佚書《明君》“安邦信志”，《老子》乙本卷前古佚書《經法·國次》“先屈後信”，銀雀山漢簡《孫子兵法·九地》“詘信之利”，亦皆假“信”爲“伸”。《漢書》多用“蚤”爲“早”。秦漢簡帛亦多用“蚤”爲“早”。[1] 武威簡《士相見禮》“伸”作“申”；“早”作“蚤”，同此古文。

---

[1] 參看《睡編》，198頁；陳松長編著，鄭曙斌、喻燕姣協編：《馬王堆簡帛文字編》，540頁；駢宇騫：《銀雀山漢簡文字編》，419頁。

041. 膳葷　　注：古文葷作薰。

古文假借"薰"爲"葷"，視"薰"爲"葷"的異體亦可。

042. 曳踵　　注：古文曳作抴。

"曳""抴"皆牽引之義，古書中通用無別。武威簡《士相見禮》此字作"肆"。《周易·未濟》"曳其輪"之"曳"，帛書《周易》作"抴"；甘肅武威磨咀子漢墓《王杖詔書令册》"雲陽白水亭長張熬坐毆抴受王杖主"，[①]用"抴"字，皆同此古文。

043. 宅者在邦……草茅之臣　　注：今文（"文"字原脱）宅爲託，古文茅作苗。

今文假借"託"爲"宅"，古文用本字。武威簡《士相見禮》此字作"詫"。古文假借"苗"爲"茅"。

鄉飲酒禮第四

044. 坐挩手　　注：古文挩作説。（又見於鄉射禮、特牲饋食禮、有司）

注："挩，拭也。"古文假借"説"爲"挩"。

045. 衆賓辯有脯醢　　注：今文辯皆作徧。（又見於燕禮、大射、少牢饋食禮、有司）

古文假借"辯"爲"徧"。

046. 賓厭介升　　注：今文厭皆爲揖。（又見於鄉射禮）

古文假借"厭"爲"揖"。

047. 遵者降席　　注：今文遵爲僎，或爲全。（又見於鄉射禮）

注："遵者，謂此鄉之人仕至大夫者也。今來助主人樂賓，主人所榮而遵法者也。"遵，指助主人者，與介相類，今文之"僎"似可看作本字。《禮記·鄉飲酒義》："介僎，象陰陽也。"注："古文禮僎皆作遵。"《禮記》同今文《禮》。

---

① 甘肅省文物工作隊、甘肅省博物館編：《漢簡研究文集》，36 頁，甘肅人民出版社，1984 年。

048. 主人釋服　　注：古文釋作舍。（又見於大射）

古文用"舍"爲"釋"。《周禮·春官·占夢》"乃舍萌于四方"，注："古書釋菜、釋奠多作舍字。"武威簡《大射》"釋弓""不貫不釋"之"釋"皆作"舍"。

049. 肫胳肺　　注：今文胳作骼。（有司"羊骼"，注：古文骼爲胳。）

今文假借"骼"爲"胳"，古文用本字。武威簡《有司》作"胳"，同古文。

050. 磬階閒縮霤　　注：古文縮爲蹙。（又見於大射、士虞禮、少牢饋食禮、有司）

注："縮，從（縱）也。霤以東西爲從（縱）。""蹙""縮"音近通用。武威簡《大射》《少牢饋食禮》作"摵"，《有司》作"宿"。

鄉 射 禮 第 五

051. 兼挾乘矢　　注：古文挾皆作接。（又見於大射）

《漢書·賈誼傳》："竊恐陛下接王淮南諸子。"孟康曰："接音挾。"武威簡《大射》作"挾"。古文假借"接"爲"挾"。《國語·吳語》"挾經秉枹"，清華簡《越公其事》3 號簡作"疌弳秉櫜（枹）"，"疌"與"接"音近。

052. 豫則鉤楹內，堂則由楹外　　注：今文豫爲序。序乃夏后氏之學，亦非也。

鄭讀此"豫"爲成周宣謝災之"謝"，即"榭"。古文假借"豫"爲"榭"。

053. 而后下射射　　注：古文而后作後，非也。孝經説，然后曰后者，後也，當從后。

鄭謂古文不當作"後"。古書以及漢代簡帛"然後""而後"之"後"或作"后"。武威簡《大射》"而后下射射"，亦作"后"。郭店簡《唐虞之道》3 號簡"然後"之"後"亦作"后"，與同篇其他用法的"後"用不同的字形。

054. 不貫不釋　　注：古文貫作關。（又見於大射）

武威簡《大射》作"關"，同此古文。《左傳》昭公二十一年"豹則關矣"，注："關，引弓也。"通作"彎"。

055. 以茅上握焉　　注：今文上作尚。

今文假借"尚"爲"上"，古文用本字。

056. 五臟，祭半臟　　注：古文臟爲戠，今文或作植。

注："臟，猶脡也。"《說文》："戠，大臠也。"古文用"戠"爲"臟"。

057. 韜上二尋　　注：今文韜爲翿。

注："翿，旌也，亦所以進退衆者。"古文假借"韜"爲"翿"。

058. 則皮樹中　　注：今文皮樹爲繁樹。

注："皮樹，獸名。""皮""繁"韻部陰陽對轉。

059. 唯君有射于國中　　注：古文有作又。

古文用"又"爲"有"，同石經古文，是古文字的一般用法。

燕　禮　第　六

060. 冪用綌若錫　　注：今文錫爲緆。（又見於大射）

《說文》："緆，細布也。"古文假借"錫"爲"緆"。武威簡《大射》以及其他篇細布字亦皆作"錫"，同此古文。

061. 媵觚于賓　　注：媵，送也，讀或爲揚；揚，舉也。……今文媵皆爲騰。（大射"媵觚于賓"，注：古文媵皆作騰。）

武威簡《大射》作"騰"。疑《大射》注以"騰"爲古文爲是。

062. 以賜鍾人　　注：古文賜作錫。（覲禮"天子賜舍"，注：今文賜皆作錫。）

兩處"古文""今文"互易，難定孰是。武威簡《儀禮》賜予字皆作"賜"。秦漢簡帛賜予字作"賜"，不作"錫"。中山王譽鼎（《集成》5.2840）"是以賜之厥命"，不作"錫"。《周易》師卦九二爻辭"王三錫命"，上博簡《周易》7 號簡"錫"作"賜"。

063. 寡君有不腆之酒　　注：古文腆皆作殄。

古文假借"殄"爲"腆"。《毛詩·邶風·新臺》"籧篨不殄"，箋："殄，當作腆。腆，善也。"武威簡《燕禮》"腆"字从西从典。

173

大 射 第 七

064. 頌磬東面　　注：古文頌爲庸。

武威簡《大射》作"容磬"。"頌""容"古書常通用，"庸""容"同音。

065. 綴諸箭蓋　　注：古文箭作晉。

古文假借"晉"爲"箭"。《周禮·夏官·職方氏》"其利金錫竹箭"，注："故書箭爲晉。"

066. 相者皆左何瑟，後首，內弦　　注：古文後首爲後手。

古文"手"當爲"首"之音誤。武威簡《大射》作"後首"。

067. 不異侯　　注：古文異爲辭。

古文假借"辭"爲"異"。武威簡《大射》作"異"。

068. 又諾以商至乏聲止　　注：古文聲爲磬。

古文假借"磬"爲"聲"。武威簡《大射》作"聲"。

069. 獲者興　　注：古文獲皆作護，非也。

古文假借"護"爲"獲"。武威簡《大射》"獲""護"並用。

070. 順羽且左還　　注：古文且爲阻。

古文用"阻"爲虛詞"且"。武威簡《大射》作"且"。胡承珙《儀禮古今文疏義》："《尚書》'黎民阻飢'，今文作祖飢。孟康曰：'古文言阻。'蓋《尚書》本作且，故今文家作祖，古文家作阻。此《儀禮》古文與《尚書》古文同。"

071. 揚觸梱復　　注：古文梱作魁。

注："梱復，謂矢至侯不著而還復。""魁""梱"韻部陰陽對轉。武威簡《大射》作"淳復"。

072. 公親揉之　　注：古文揉爲紐。

古文假借"紐"爲"揉"。武威簡《大射》作"柔"。

聘 禮 第 八

073. 帥眾介夕　　注：古文帥皆作率。（又見於覲禮）

睡虎地秦簡、馬王堆帛書、銀雀山簡等秦漢簡帛文字"率"一般作"衛",①不作"率"或"帥"。《説文》:"率,捕鳥畢也。""帥,佩巾也。"此古文用"率",今文用"帥",皆假借字。《周禮·春官·樂師》"帥射夫",注:"故書帥爲率。"

074. 管人布幕于寝門外　　注:古文管作官,今文布作敷。

注:"管猶館也。"古文假借"官"爲"館"。《穆天子傳》"館人"之"館"均作"官"。包山99號簡有"官人",即"館人"。

075. 使者載旜　　注:古文旜皆作膳。(又見於既夕禮)

古文假借"膳"爲"旜"。

076. 取圭垂繅　　注:今文繅作璪。(又見於覲禮)

下文"繅三采六等"注:"古文繅或作藻,今文作璪。"是古文作"藻""繅",今文作"璪"。三字音近相通。

077. 裼降立　　注:古文裼皆作賜。

古文假借"賜"爲"裼"。

078. 賓進訝　　注:今文訝爲梧。(又見於公食大夫禮)

《説文》:"訝,相迎也。"通作"迓"。今文假借"梧"爲"訝",古文用本字。

079. 歸饔餼五牢　　注:今文歸或爲饋。

古文用"歸"爲"饋"。西周金文如中方鼎(《集成》5.2751、2752)"中乎歸生鳳于王",貉子卣(《集成》10.5409)"王令士道歸貉子鹿三",用"歸"爲"饋"。望山一號墓28號簡、包山219號簡等亦用"歸"爲"饋"。

080. 車秉有五籔　　注:今文籔或爲逾。

今文或假借"逾"爲"籔",古文用本字。

081. 壹食再饗　　注:古文壹皆爲一,今文饗皆爲鄉。(公食大夫禮"設洗如饗"注、"皆如饗拜"注並云:"古文饗或作鄉。")

兩處"古文""今文"互易,古文作"鄉"還是作"饗"不能確定。"鄉"是"饗"的初文,"饗"字後起。睡虎地秦簡、馬王堆帛書"饗"都作"鄉"。② 武威

---

① 參看《秦漢魏晉篆隸字形表》,129頁。
② 參看《睡編》,101頁;陳松長編著,鄭曙斌、喻燕姣協編:《馬王堆簡帛文字編》,271頁。

簡《特牲饋食禮》作"饗"。

082. 俶獻無常數　　注：古文俶作淑。

注："俶，始也。"古文假借"淑"爲"俶"。

083. 以侑幣　　注：古文侑皆作宥。（又見於有司）

古文用"宥"爲"侑"。武威簡《特牲饋食禮》《少牢饋食禮》《有司》作"侑"。

084. 赴者未至　　注：今文赴作訃。（又見於士喪禮）

《說文》無"訃"，"訃"是"赴"的後起分化字。

085. 問幾月之資　　注：古文資作齎。

"齎"字从齊聲，可以看作"資"的異體。《周禮·天官·外府》"共其財用之幣齎"，注："鄭司農云：齎或爲資，今禮家定爲資。玄謂齎、資同耳。"馬王堆帛書《老子》甲本"善人之齎"、《老子乙本卷前古佚書·經法·國次》"利其齎財"等，"資"亦作"齎"。上博簡《曹沫之陣》17號簡"毋愛貨資"，作"資"。"資"又見於清華簡《越公其事》42號簡、《治政之道》16簡等。

086. 出祖釋軷　　注：古文軷作祓。

《說文》："軷，出將有事于道，必先告其神，立壇四通、樹茅以依神爲軷。"古文用"祓"爲"軷"。

087. 長尺絢組　　注：今文絢作約。

"約"是"絢"的異體字。

088. 爲肆　　注：古文肆爲肄。

注："肄猶陳列也。"古文用"肄"爲"肆"。古書中兩字常相通用。"肄"字見於秦簡（《睡編》43頁）和秦印（《璽彙》5120）。武威簡《少牢饋食禮》"肆"皆作"肄"，同此古文。

089. 義之至也　　注：今文至爲砥。

今文應即假借"砥"爲"至"。

090. 賓入門皇　　注：古文皇皆作王。

注："皇，自莊盛也。"古文假借"王"爲"皇"。

091. 皮馬相閒可也　　注：古文閒作干。

古文假借"干"爲"閒"。

092. 賄在聘于賄　　注：古文賄皆作悔。

古文假借"悔"爲"賄"。"賄"有異體字作"賑"。

093. 唯羹飪　　注：古文羹爲羔，飪作胜。

注："羹飪，謂飪一牢也。""胜"即"飪"的異體。《説文》"飪"的古文作"肝"。武威簡《特牲饋食禮》作"羹念"，假"念"爲"飪"。

094. 肦肉，及廋車　　注：古文肦作紛。

注："肦猶賦也。"此"肦"字即頒布之"頒"。《説文》無"肦"。古文假借"紛"爲"肦（頒）"。

095. 既致饔旬而稍，宰夫始歸乘禽，日如其饔餼之數　　注：古文既爲餼。

段玉裁《周禮漢讀考》改作古文餼爲既。段改是。古文"饔餼"之"餼"作"既"，假借字。

096. 十筥曰稯　　注：古文稯作緫。

古文假借"緫"爲"稯"。

公食大夫禮第九

097. 左人待載　　注：古文待爲持。

古文假借"持"爲"待"。

098. 倫膚七　　注：今文倫或作論。

注："倫，理也。謂精理滑脆者。"

099. 宰夫設黍稷六簋于俎西　　注：古文簋皆作軌。

古文假借"軌"爲"簋"。洛陽出土秦代銅簋自名作"軌"，[①]此古文與之相同。《説文》"簋"的古文作"匭"。

100. 腶以東，臐　　注：古文腒作香，臐作薰。

古文假借"香"爲"腒"，假借"薰"爲"臐"。

---

① 杜廼松：《記洛陽西宫出土的幾件銅器》，《文物》1965 年第 11 期，47—49 頁。

101. 牛鮨　　注：今文鮨作鰭。

"鰭""鮨"一字異體。《説文》有"鮨"無"鰭"。

102. 苦豕　　注：今文苦爲苄。（又見於特牲饋食禮）

注："苦，苦荼也。"《特牲饋食禮》"用苦若薇"注："苄乃地黄，非也。"

覲 禮 第 十

103. 侯氏裨冕　　注：今文冕皆作絻。

《説文》"冕"字或體作"絻"。

104. 伯父實來，予一人嘉之　　注：今文實作寔，嘉作賀。

《毛詩·大雅·韓奕》"實墉實壑"，箋："實當作寔，趙、魏之間實、寔同聲。寔，是也。""寔""實"古書通用。今文假"賀"爲"嘉"。

105. 大史是右　　注：古文是爲氏也。

古文用"氏"爲"是"。用"氏"爲"是"，見於中山王𣍘鼎（《集成》5.2840）、郭店簡《緇衣》3 號簡（上博簡《緇衣》對應的字作"是"）、《忠信之道》8 號簡、上博簡《孔子詩論》4 號簡、上博簡《彭祖》7 號簡、清華簡《命訓》10 號簡、《管仲》30 號簡等，又見於馬王堆帛書《老子甲本卷後古佚書·明君》《戰國縱橫家書·觸龍見趙太后章》等。

106. 祭地瘞　　注：古文瘞作殪。

古文假借"殪"爲"瘞"。

士喪禮第十二

107. 綴足用燕几　　注：今文綴爲對。

注："綴猶拘也。"今文假借"對"爲"綴"。

108. 書銘于末，曰某氏某之柩　　注：今文銘皆爲名。（又見於既夕禮）

《説文》無"銘"，但𪉷羌鐘（《集成》1.157—161）、中山王𣍘鼎（《集成》5.2840）已有"銘"字。上博簡《武王踐阼》6 號簡"銘"作"名"。

109. 西領南上不繢　　注：古文繢皆爲䋘。

注："繢讀爲綷；綷，屈也。"古文假借"䋘"爲"綷"。

110. 布巾環幅　　注：古文環作還。

古文用"還"爲環繞之"環"。《左傳》襄公十年"還鄭而南"、《漢書·食貨志》"還廬樹桑"，皆用"還"爲"環"，而秦漢簡帛多用"環"爲"還"。[①]

111. 牢中旁寸　　注：今文樓爲縷，旁爲方。

今文假借"方"爲"旁"，古文用本字。

112. 褖衣　　注：古文褖爲緣。

注："黑衣裳赤緣謂之褖。"古文假借"緣"爲"褖"。《説文》無"褖"字。

113. 竹笏　　注：今文笏作忽。

今文假借"忽"爲"笏"。《説文》無"笏"。

114. 抾用巾　　注：古文抾皆作振。

疏："抾謂拭也。"古文假借"振"爲"抾"。

115. 澳濯棄于坎　　注：古文澳作緣，荆沔之閒語。

釋文緣作潒。《説文》："澳，湯也。"此澳濯指浴屍的温水。古文假借。

116. 鬠用組　　注：古文鬠皆爲括。

《説文》無"鬠"，下文"主人髺髮袒"，作"髺"，注："古文髺爲括。"古文用"括"爲髺髮之"鬠"。"鬠"應是後起分化字。

117. 設鞈帶　　注：古文鞈爲合也。

古文假借"合"爲"鞈"。

118. 麗于擘……乃連擘　　注：古文擘作捥。

《説文》："擘，手擘也。"通作"腕"。古文作"捥"，亦"擘"之異體。

119. 免于房　　注：今文免皆作絻。（又見於既夕禮）

今文用《説文》"冕"的或體"絻"爲袒免之"免"。今文"冕"亦作"絻"，見上《覲禮》。

---

① 參看《睡編》，4 頁；陳松長編著，鄭曙斌、喻燕姣協編：《馬王堆簡帛文字編》，11 頁；駢宇騫：《銀雀山漢簡文字編》，16 頁。

120. 奉尸侇于堂　　注：今文侇作夷。

注：“侇之言尸也。”謂陳屍。《説文》無“侇”。

121. 乃杙載載兩髀于兩端……兩胉……進柢　　注：古文杙爲
匕（又見於少牢饋食禮），今文胉爲迫，柢皆爲胑（又見於士虞禮）。

《説文》無“杙”，匕栖字只作“匕”。《説文》無“胉”，《周禮·天官·醢人》
有“豚拍”，作“拍”。今文假借“迫”爲“胉”。注：“柢，本也。”今文假借“胑”
爲“柢”。

122. 襚者以褶　　注：古文褶爲襲。

褶爲複衣。古文用“襲”爲“褶”。

123. 兩籩無縢　　注：古文縢爲旬。

古文假借“旬”爲“縢”。

124. 進鬠三列　　注：古文鬠爲耆。

古文假借“耆”爲“鬠”。

125. 命曰：……度兹幽宅兆基，無有後艱　　注：古文無兆，基
作期。

古文可能即假借“期”爲“基”。郭店簡《忠信之道》8 號簡“信，義之期
也”，“期”亦應讀爲“基”。古文之“期”也可能讀爲“其”，屬下讀。

126. 不述命　　注：古文述皆作術。

注：“述，循也。既受命而申言之曰述。”古文用“術”爲“述”。“術”
“述”本一字異體，古通用。《少牢饋食禮》“遂述命曰”，武威簡作“術”，同
此古文。

既夕禮第十三

127. 緇翦有幅　　注：今文翦作淺。

注：“翦，淺也。”疏：“謂染爲淺緇之色。”古文假借“翦”爲“淺”。

128. 賓奠幣于棧　　注：今文棧作輚。

《説文》：“棧，棚也。竹木之車曰棧。”今文从車旁，即“棧”之異體字。

129. 以其班祔　　注：今文班爲胖。（士虞禮“以其班祔”注：“古文班或爲辨，辨氏姓，或然。今文爲胖。”）

注：“班，次也。”古文或假借“辨”爲“班”。今文假借“胖”爲“班”。

130. 設牀笫　　注：古文笫爲茨。

古文假借“茨”爲“笫”。

131. 楔貌如軛　　注：今文軛作厄。

“厄”即“戹”之俗訛體，是“軛”的初文。西周金文（原形作。《金文編》766—767 頁）直至秦簡“軛”均作“戹”（原形作。《睡編》144 頁）。从車之“軛”後起。

132. 坌用塊　　注：古文坌爲役。

古文假借“役”爲“坌”。《説文》無“坌”。

133. 倫如朝服　　注：古文倫爲輪。

注：“倫，比也。”古文假借“輪”爲“倫”。

134. 主人乘惡車　　注：古文惡作堊。

古文假借“堊”爲“惡”，或即用其本義。

135. 白狗幦　　注：古文幦爲冪。

“幦”“冪”一字異體。《周禮・春官・巾車》作“禊”，《説文》“幦”字下引《周禮》作“幦”。

136. 御以蒲菆　　注：古文菆作騶。

古文假借“騶”爲“菆”。

137. 木鑣　　注：古文鑣爲苞。

古文假借“苞”爲“鑣”。

138. 馬不齊髦　　注：今文髦爲毛。

今文假借“毛”爲“髦”。

139. 夷牀輁軸　　注：古文輁或作拱。

《説文》無“輁”字。“輁”字應是後起分化字。

140. 鞸載旜載　　注：古文鞸爲殺。

注：“鞸，韜也。”古文假借“殺”爲“鞸”。

141. 抗木刊　　注：古文刊爲竿。

注："剝削之。"古文假借"竿"爲"刊"。

142. 弓矢之新沽功　　注：今文沽作古。

"沽""古"音近通用，義爲粗。《周禮·天官·典婦功》"辨其苦良"，作"苦"。《荀子·王霸》"百工忠信而不楛"，作"楛"。武威簡乙本《服傳》"冠者，古功也"，郭店簡《忠信之道》7 號簡"忠之爲道也，百工不古"，作"古"，並同此今文。此"今文"或是"古文"之誤。

143. 有柲　　注：古文柲作枈。

"枈"是"柲"的異體。

士虞禮第十四

144. 祝命佐食墮祭　　注：今文墮爲綏。

《特牲饋食禮》"祝命挼祭"，注："挼祭，祭神食也。《士虞禮》古文曰：祝命佐食墮祭。《周禮》曰：既祭則藏其墮。墮與挼讀同耳。今文改挼皆爲綏，古文此皆爲挼祭也。"《少牢饋食禮》"上佐食以綏祭"，注："綏或作挼，讀爲墮。"《有司》"其綏祭"，注："綏皆當爲挼，挼讀爲藏其墮之墮，古文爲撱。"胡承珙曰："凡尸未食前之祭謂之墮祭，又謂之挼祭。""墮""挼""綏""撱"皆音近相通。武威簡《特牲饋食禮》《少牢饋食禮》作"繻"。

145. 尸飯播餘于篚　　注：古文播爲半。

古文假借"半"爲"播"。

146. 酌酒酳尸　　注：古文酳爲酌。（又見於特牲饋食禮、少牢饋食禮，特牲饋食禮誤"古文"爲"今文"。）

《説文》有"酳"無"酳"。"酳""酳"一字異體。

147. 明齊溲酒　　注：今文曰明粢；粢，稷也，皆非其次。今文溲爲醙。

注："明齊，新水也。"今文用"粢"爲"明齊"之"齊"。徐養原《儀禮今古文異同疏證》："《説文》無醙字。《聘禮》'醙黍清'注云：'醙，白酒也。'蓋古文借

用溲字，今文别作醙。《聘禮》不叠古文者，偶遺之耳。"

148. 哀薦袷事　　注：今文曰合事（合，原誤古，據《校勘記》改）。

今文用"合"爲"袷"。

149. 他用剛日　　注：今文他爲它。

古文作"他"，"他"是"佗"的訛體。《璽彙》968、1135、1421、3776 等（皆晉璽）以及包山 102、161 號簡等"佗"用爲人名。

150. 乃餞　　注：古文餞爲踐。

注："餞，送行者之酒。"古文假借"踐"爲"餞"。

151. 脯四脡　　注：古文脡爲挺。

古文假借"挺"爲"脡"。《鄉飲酒禮》"薦脯五挺"，作"挺"，正文用古文。《説文》無"脡"。武威簡《少牢饋食禮》《有司》皆作"脡"。

152. 隮祔爾于爾皇祖某甫　　注：今文隮爲齊。

今文假借"齊"爲"隮"。

153. 取諸脰膉　　注：古文脰膉爲頭嗌。

古文用"頭"爲"脰"。"嗌""膉"一字異體。《説文》無"膉"。

154. 朞而小祥　　注：古文朞皆作基。

古文假借"基"爲"朞"。參看上 125 條。

155. 中月而禫　　注：古文禫或爲導。

古文或假借"導"爲"禫"。

特牲饋食禮第十五

156. 乃宿尸　　注：古文宿皆作羞。

注："宿讀爲肅；肅，進也；進之者，使知祭日當來。""羞""宿""肅"皆音近通用。

157. 主婦視饎　　注：古文饎作糦，周禮作饋。

《説文》"饎"的或體作"糦"。武威簡《特牲饋食禮》作从食巳聲。

158. 尸以醋主人　　注：古文醋作酢。

酬酢之"酢"，《説文》作"醋"。此今文作"醋"，同《説文》。《儀禮》全書酬酢之"酢"多作"酢"，或作"醋"。武威簡《儀禮》作"酢"。

159. 挂于季指　　注：古文挂作卦。（又見於少牢饋食禮）

古文假借"卦"爲"挂"。武威簡《特牲饋食禮》《少牢饋食禮》皆作"卦"，同此古文。

160. 簨者舉奠許諾　　注：古文簨皆作餕。（又見於有司）

"餕"爲食餘，《禮記》皆作"餕"。此今文用"簨"爲食餘之"餕"。《説文》"簨"爲"饌"之正篆，訓"具食"，而無食餘之"餕"字。段玉裁《説文》"簨"字下注疑此"古文"爲"今文"之誤。武威簡《特牲饋食禮》假借作"選"。

161. 主婦俎觳折　　注：古文觳皆作穀。

"穀""觳"音近通用。武威簡《特牲饋食禮》作"穀"，同此古文。

少牢饋食禮第十六

162. 廩人摡甄　　注：古文甄爲烝。

古文假借"烝"爲"甄"。

163. 司馬升羊右胖　　注：古文胖皆作辯。

《説文》："胖，半體肉也。"古文假借"辯"爲"胖"。武威簡《少牢饋食禮》作"辨"。

164. 舉尸牢幹　　注：古文幹爲肝。

注："幹，正脅也。"古文用"肝"爲正脅之"幹"。武威簡《少牢饋食禮》作"乾"。

165. 以嘏于主人……眉壽萬年，勿替引之　　注：古文嘏爲格……眉爲微，替爲㚈，㚈或爲載，載、替聲相近。

據《校勘記》"㚈"當爲"秩"。古文用"格"（本當作"挌"）爲"嘏"，武威簡《少牢饋食禮》作"假"。古文用"微"爲眉壽之"眉"，武威簡《少牢饋食禮》作"牛"。古文假借"秩"或"載"爲"替"，武威簡《少牢饋食禮》作"瑟"。

有司第十七

166. 乃燅尸俎　　注：古文燅皆作尋。

注："燅，溫也。……記或作燖。《春秋傳》曰：若可燖也，亦可寒也。"按

疏，此"記或作燖"之"記"指《禮記·郊特牲》。今《左傳》哀公十二年作"尋"，同此古文。古文用假借字，今文"燅"是本字，"燖"則"燅"之異體。武威簡《有司》作"深"。

167. 執桃匕枋，以挹湆　　注：今文桃皆作抗，挹皆作扱。

注："桃謂之歃，讀如或春或抗之抗，字或作桃者，秦人語也。"據《校勘記》"桃"或本作"挑"。今文作"抗"，據《説文》，"抗"即"㪭"的或體。"㪭"古音在幽部，"桃（或挑）"古音在宵部，兩部相近。武威簡《有司》作"桃"，同此古文。"挹""扱"音義並近。武威簡《有司》作"扱"，同此今文。

168. 豛脩　　注：今文豛爲斷。

今文假借"斷"爲"豛"，古文用本字。《説文》無"豛"字。武威簡《有司》作"段"。

169. 其脀體，儀也　　注：今文儀皆作牂，或爲議。

《集韻》平聲支韻："牂，度牲體骨曰牂，通作儀。"古文假借"儀"爲"牂"。

170. 乃摭于魚腊俎　　注：古文摭爲撆。

武威簡《有司》"摭"字作"摭"，右旁从席聲，即"摭"字的異體。此古文"撆"所从"帶"由"席"之俗體"廗"省寫而來，古文本來作"摭"。[1]

171. 右几扉用席　　注：古文右作侑，扉作弗。

古文假借"侑"爲"右"。注："扉，隱也。"古文假借"弗"爲"扉"。

二、《周　禮》故　書

天官冢宰第一

001.（籩人）羞籩之實，糗餌粉餈　　注：故書餈作茨。

故書假借"茨"爲"餈"。

---

[1] 參看李家浩：《秦漢簡帛文字詞語雜釋》，《著名中年語言學家自選集·李家浩卷》，349—350頁。

002.（掌舍）設梐枑再重　　注：故書枑爲柜（據《校勘記》，或本作拒，孫詒讓《周禮正義》以爲誤）。

"巨""互"形音皆近，可能即一字分化。故書"柜"是"枑"字的異體。參看下條。

003.（司會）以參互攷日成　　注：故書互爲巨。（又見於《秋官・脩閭氏》）

説見上條。

004.（職幣）皆辨其物而奠其録　　注：故書録爲祿。

注："杜子春云：祿當爲録，定其録籍。"故書假借"祿"爲"録"。

005.（司裘）大喪廞裘　　注：故書廞爲淫。（又見於《春官・司服》《春官・大師》《夏官・司兵》）

注："鄭司農云：淫裘，陳裘也。玄謂廞，興也，若《詩》之興，謂象似而作之。凡爲神之偶衣物必沽而小耳。"《春官・司服》注："鄭司農云：淫讀爲廞；廞，陳也。"《夏官・司兵》注："鄭司農云：淫，陳也。淫讀爲廞。"《説文》："廞，陳輿服於庭也。"故書假借"淫"爲"廞"。

006.（内宰）出其度量淳制　　注：故書淳爲敦。

注："杜子春讀敦爲純。純謂幅廣也，制謂匹長。""敦""淳""純"皆音近通用。

007.（九嬪）贊玉齍　　注：故書玉爲王。

注："杜子春讀爲玉。"故書"玉"字形同小篆，是較古的字形，秦簡（《睡編》4頁）、馬王堆帛書（《馬王堆簡帛文字編》10頁）皆同。

008.（典婦功）以授嬪婦及内人女功之事齎　　注：故書齎爲資。（又見於《典枲》）

《外府》"共其財用之幣齎"，注："鄭司農云：齎或爲資，今禮家定齎爲資。玄謂齎、資同耳，其字以齊、次爲聲，從貝變易，古字亦多或。"《儀禮・聘禮》"問幾月之資"，古文"資"作"齎"。此故書同《儀禮》今文。"齎""資"一字異體。參看上文"《儀禮》古文"085條。

009.（縫人）衣翣柳之材　　注：故書翣柳爲接槾。

注：“鄭司農云：接讀爲翣，槾讀爲柳，皆棺飾。《檀弓》曰：周人牆置翣，《春秋傳》曰四翣不蹕。”按今本《檀弓》《左傳》“翣”皆作“翣”。故書假借“接”爲“翣”，用“槾”爲棺飾之“柳”。

010.（染人）夏纁玄　　注：故書纁作䵫。

注：“鄭司農云：䵫讀當爲纁，纁謂絳也。”故書假借“䵫”爲“纁”。又王引之説，故書“䵫”爲黄黑色，則是別一義。①

011.（夏采）以乘車建綏　　注：故書綏爲緌。

注：“杜子春云：當爲綏，緌非是也。”故書假借“緌”（《集韻》以爲“襚”之或體）爲“旞”（《説文》或體作“旝”），杜子春誤改爲“綏”。②

地官司徒第二

012.（序官）廛人　　注：故書廛爲壇。（又見於《載師》，云：“故書廛或作壇。”）

故書用“壇”爲“廛”。《管子·五輔》：“辟田疇，利壇宅。”亦用“壇”爲“廛”。

013.（序官）泉府　　注：故書泉或作錢。

故書或爲“錢”，即用通行字改古假借字。

014.（序官）饎人　　注：故書饎作䭒。

《説文》“饎”字或體作“䭣”。

015.（大司徒）以儀辨等　　注：故書儀或爲義。（又見於《春官·小宗伯》《春官·肆師》《春官·典命》，並無“或”字。）

故書假借“義”爲“儀”。《春官·肆師》“治其禮儀”注“鄭司農云：……古者書儀但爲義，今時所謂義爲誼。”郭店簡《緇衣》30、32、39 號簡以及上博簡《緇衣》16、20 號簡與《孔子詩論》22 號簡等均用“義”爲“儀”；馬王堆帛書

---

① 《經義述聞》卷八“夏纁玄”條。
② 《經義述聞》卷八“故書綏爲緌”條。

《老子乙本卷前古佚書·稱》“有義而義則不過，侍表而望則不惑”，亦用“義”爲“儀”。

016.（大司徒）正日影以求地中　　注：故書求爲救。

注：“杜子春云：當爲求。”故書用“救”爲“求”。用“救”爲“求”，見於清華簡《保訓》4 號簡、《皇門》3 號簡及《祝辭》3、4、5 號簡、《廼命一》7 號簡等。

017.（鄉師）正治其徒役與其輂輦　　注：故書輦作連。

注：“輦，人輓行。”《說文》：“輦，輂車也。”又：“連，負（原誤爲員，據段注改）車也。”據《說文》訓釋，則“輦”“連”本一字異體。《管子·立政》“不敢畜連乘車”，亦用“連”爲“輦”。用“連”爲“輦”，見於上博簡《曹沫之陣》32 號簡。

018.（鄉師）執斧以涖匠師　　注：故書涖爲立。（又見於《司市》《春官·大宗伯》）

注：“鄭司農云：……立讀爲涖，涖謂臨視也。”古文字包括秦西漢簡帛“立”字包含後世“立”“位”“涖”三個字的用法，“立”“位”“涖”三個詞也是同源的。“立”用爲“涖”之例，如郭店簡《成之聞之》3 號簡“故君子之立民也”、睡虎地秦簡《日書》乙種 236—237 號簡“利以臨官立政”、馬王堆帛書《老子》甲本“以悲哀立之”、阜陽漢簡《周易》454 號簡“臨官立政”。

019.（鄉師）巡其前後之屯　　注：故書巡作述，屯或爲臋。

注：“杜子春讀爲在後曰殿，謂前後屯兵也。玄謂前後屯，車徒異部也。今書多爲屯，從屯。”“述”“巡”音近，故書用“述”爲“巡”。“臋”“屯”音同，故書或假借“臋”爲“屯”。《說文》無“臋”字。

020.（鄉大夫）五曰興舞　　注：故書舞爲無。

“無”是“舞”的初文。秦簡《日書》甲種 76 號簡背“爲人我我然好歌無”，亦用“無”爲“舞”。

021.（族師）春秋祭酺　　注：故書酺或爲步。

故書或假借“步”爲“酺”。

022.（閭胥）凡春秋之祭祀役政喪紀之數，聚衆庶；既比，則讀灋　　注：故書既爲曁。

故書假借"曁"爲"既"。用"曁"爲"既"，見於馬王堆帛書《老子甲本卷後古佚書·九主》《戰國縱橫家書》以及銀雀山漢簡《孫臏兵法》《六韜》等。[1]

023.（牧人）凡外祭毀事，用尨可也　　注：故書毀爲甈，尨作龍。

注："杜子春云：甈當爲毀，龍當爲尨。"按"毀"與"甈"的讀音不近，[2]兩字的關係待考。古書假借"龍"爲"尨"，或係字之誤。

024.（載師）任近郊之地……任稍地　　注：故書郊或作蒿，稍或作削。

故書假借"蒿"爲"郊"。上博簡《容成氏》53 號簡正、《周易》2 號簡、《柬大王泊旱》15 號簡、馬王堆帛書《老子甲本卷後古佚書·明君》"戰於邦蒿"，皆用"蒿"爲"郊"。馬王堆帛書《戰國縱橫家書·朱己謂魏王章》與阜陽漢簡《周易》34、63 號簡"郊"作"鄗"。《説文》："郶，國甸，大夫稍稍所食邑。……《周禮》曰：任郶地。在天子三百里之内。"段注《説文》認爲此故書之"削"是"郶"之誤。

025.（載師）唯其漆林之征二十而五　　注：故書漆林爲桼林。

《説文》"桼"爲髤漆字，"漆"爲水名，則故書用本字。秦簡《日書》甲種 68 號簡有"桼器"，作"桼"，同此故書。

026.（遺人）以恤民之囏阨……以待羈旅　　注：故書囏阨作攃阨，羈作寄。（下《委人》"待羈旅"注："故書羈作奇。"）

注："杜子春云：攃阨當爲囏阨，寄當爲羈。"故書假借"攃"爲"囏"，假借"寄"或"奇"爲"羈"。

027.（師氏）凡祭祀、賓客、會同、喪紀、軍旅，王舉則從　　注：故書舉爲與。

注："舉猶行也。……杜子春云：當爲與，謂王與會同喪紀之事。"兩義並通。或故書即假借"與"爲"舉"。

---

[1] 參看陳松長編著，鄭曙斌、喻燕姣協編：《馬王堆簡帛文字編》，277 頁；駢宇騫：《銀雀山漢簡文字編》，240 頁。

[2] 參看張富海：《補説"毀"的上古音及其字形結構》，《中國文字》二〇二一年夏季號（總第五期），萬卷樓圖書股份有限公司，2021 年。

028.（師氏）帥四夷之隸　　注：故書隸或作肆。

故書或假借"肆"爲"隸"。

029.（司市）有附于刑者　　注：故書附爲柎。

故書假借"柎"爲"附"。

030.（廛人）凡珍異之有滯者　　注：故書滯爲廛。

故書假借"廛"爲"滯"。參下032條。

031.（胥）襲其不正者　　注：故書襲爲習。

注："杜子春云：當爲襲，謂掩捕其不正者。"故書假借"習"爲"襲"。

032.（泉府）貨之滯於民者　　注：故書滯爲癉。

故書假借"癉"爲"滯"。參上030條。

033.（遂師）庀其委積　　注：故書庀爲比。

注："鄭司農云：比讀爲庀；庀，具也。"故書假借"比"爲"庀"。《説文》"庀"作"庇"。

034.（草人）墳壤用麋　　注：故書墳爲蚠。

注："鄭司農云：……墳（段改蚠）壤，多蚠鼠也。玄謂墳壤，潤解。"當以鄭玄説爲是。故書假借"蚠"爲"墳"。

春官宗伯第三

035.（大宗伯）以血祭祭社稷、五祀、五嶽　　注：故書祀爲禩。（又見於《小祝》《夏官·小子》）

注："鄭司農云：禩當爲祀，書亦或爲祀。"故書同《説文》"祀"字或體。

036.（小宗伯）掌建國之神位　　注：故書位爲立。

注："鄭司農云：立讀爲位。古者立、位同字。古文春秋經公即位爲公即立。"故書用"立"爲"位"，這是古文字包括秦西漢簡帛文字的一般用法。

037.（小宗伯）肆儀爲位　　注：故書肆爲肄。

注："肄，習也。"故書用"肄"爲"肆"。上"《儀禮》古文"088條"古文肆爲肄"，正相反。

190

038.（肆師）以歲時序其祭祀及其祈珥　　注：故書祈爲幾。

注："杜子春讀幾爲祈，珥當爲餌。玄謂祈當爲進機之機，珥當爲衈。機衈者，釁禮之事。"故書假借用"幾"字。

039.（肆師）表齋盛　　注：故書表爲剽。

故書假借"剽"爲"表"。"剽"字見於秦簡（《睡編》64頁）。

040.（肆師）凡師不功　　注：故書功爲工。

注："鄭司農工讀爲功。古者工與功同字。""工"用爲"功"，參看第二章286"工"字條。

041.（鄙人）禁門用瓢齎　　注：故書瓢作剽。

故書假借"剽"爲"瓢"。

042.（司尊彝）其朝踐用兩獻尊　　注：故書踐作餞。

"踐""餞"同音通用。上"《儀禮》古文"150條"古文餞爲踐"。

043.（司尊彝）鬱齊獻酌，醴齊縮酌，盎齊涗酌，凡酒脩酌　　注：故書縮爲數，齊爲齍。

注："鄭司農云：……齍讀皆爲齊和之齊。杜子春云：數當爲縮，齍讀皆爲粢。"故書假借"數"爲"縮"，用"齍"爲"五齊"之"齊"。①

044.（司几筵）凶事仍几　　注：故書仍爲乃。

注："鄭司農云……乃讀爲仍；仍，因也。""乃""仍"韻部陰陽對轉，故書用"乃"爲"仍"。用"乃"爲"仍"，見於睡虎地秦簡《爲吏之道》20、21號簡。

045.（天府）凡國之玉鎮大寶器藏焉　　注：故書鎮爲瑱。（又見於《典瑞》"執鎮圭"注）

注："鄭司農云：瑱讀爲鎮。""瑱""鎮"音近相通。

046.（司服）弁絰服　　注：故書弁作絣。

"絣"字見於郭店簡《緇衣》18號簡和上博簡《緇衣》10號簡，用爲"煩"。此故書之"絣"當即增从意符"糸"的"弁"字繁體。

---

① "五齊"見《天官·酒正》，指五種淡酒。彼注亦云杜子春讀"齊"爲"粢"。

047.（守祧）守祧　　注：故書祧作濯。

故書假借"濯"爲"祧"。

048.（大司樂）播之以八音　　注：故書播爲藩。

注："杜子春云：藩當爲播，讀如后稷播百穀之播。"故書假借"藩"爲"播"。

049.（樂師）有皇舞　　注：故書皇作翌。

《説文》："翌，樂舞以羽翿自翳其首以祀星辰也。……讀若皇。"故書用本字。

050.（樂師）帥射夫以弓矢舞　　注：故書帥爲率。

參看"《儀禮》古文"073 條"帥衆介夕"注"古文帥皆作率"。

051.（樂師）遂倡之　　注：故書倡爲昌。

注："鄭司農云：樂師主倡也。昌當爲倡，書亦或爲倡。"故書用"昌"爲"倡"。銀雀山漢簡《六韜·五》"不可先昌"，亦用"昌"爲"倡"，郭店簡《緇衣》30 號簡、《成之聞之》9 號簡皆同。

052.（大師）合奏擊拊　　注：故書拊爲付。

注："鄭司農云：……付字當爲拊，書亦或爲拊。"故書假借"付"爲"拊"。

053.（瞽矇）奠世繫　　注：故書奠或爲帝。（又見於《小史》，無"或"字。）

注："杜子春云：帝讀爲定，其字爲奠，書亦或爲奠。"故書或假借"帝"爲"奠（定）"。"定""帝"韻部陽入對轉。

054.（典同）六同之和　　注：故書同作銅。

六同，指十二律中的六陰律。注："鄭司農云：陽律以竹爲管，陰律以銅爲管。"故故書"同"作"銅"。

055.（典同）凡聲，高聲硈　　注：故書硈或作硍。

注："杜子春讀硈爲鏗鎗之鏗。""硍""硈"音近相通。

056.（鍾師）奏九夏：王夏、肆夏……納夏　　注：故書納作内。

故書用"内"爲"納"，這是古文字包括秦西漢簡帛文字的一般用法。

057.（占夢）遂令始難毆疫　　注：故書難或爲儺。

注：“杜子春儺讀爲問難之難。”此義通作“儺”，同故書或本。《説文》訓“儺”爲“行有節”，別一義。

058.（眠禖）七曰彌……九曰隮　　注：故書彌作迷，隮作資。

“迷”“彌”音近相通，“資”“隮”音近相通。

059（大祝）二曰造　　注：故書造作竈。

注：“杜子春讀竈爲造次之造，書亦或爲造。造，祭於祖也。”“竈”“造”音近通用。

060.（男巫）冬堂贈　　注：故書贈爲矰。

注：“杜子春云：矰當爲贈。堂贈，謂逐疫也。”“矰”“贈”音近通用。

061.（大史）讀禮書而協事　　注：故書協作叶。（又見於《秋官・大行人》）

故書作“叶”，同《説文》古文。

062.（小史）史以書叙昭穆之俎簋　　注：故書軌或爲九（原誤几，從段玉裁改正）。

注：“鄭司農云：九（原誤几，據段玉裁校改正）讀爲軌，書亦或爲軌（原脱，從段玉裁補），簋古文也。”故書假借“九”爲“簋”。

063.（巾車）鉤樊纓　　注：故書鉤爲拘。

故書假借“拘”爲“鉤”。

064.（巾車）王后之五路……彫面鷖總　　注：故書……鷖或作繄。

注：“鄭司農云：繄（原誤鷖，據段玉裁校改正）讀爲鳧鷖之鷖。鷖總者，青黑色，以繒爲之。”《説文》：“繄，……一曰青（今本誤赤，從段注改正）黑色繒。”鄭司農以鷖色青黑，故定爲鷖總。如據《説文》“繄”有黑色繒之義，則故書或本用本字。

065.（巾車）有翣羽蓋　　注：故書翣爲馲。

注：“杜子春云：當爲翣，書亦或爲馲。”“馲”“毨”皆“毨”之訛，“毨”是

193

"鬚"的異體,故書以音近通"斠"。

066.（巾車）駹車……髤飾　　注：故書駹作龍（又見於《秋官・犬人》）,髤爲軟。

注："杜子春云:龍讀爲駹,軟讀爲桼垸之桼,直謂髤桼也。"故書假借"龍"爲"駹",參看上023條。段玉裁改經文"髤"爲"桼"。故書假借"軟"爲"桼"。

067.（巾車）孤乘夏篆　　注：故書夏篆爲夏緣。

"緣""篆"音近通用。《說文》作"輨",云："車約輨也。……《周禮》曰：孤乘夏輨。"

068.（巾車）鳴鈴　　注：故書鈴或作軩（原誤"軫",據《校勘記》改正）。

故書假借"軩"爲"鈴"。

069.（典路）苹車之萃　　注：故書苹作平。

注："杜子春云:平（原誤苹,據徐養原《周官故書攷》改）車當爲軿車,其字當爲苹（原誤萃,據徐養原《周官故書攷》改）,書亦或爲苹（同上）。"故書假借"平"爲"軿"。

夏官司馬第四

070.（序官）司勳　　注：故書勳作勛。

注："鄭司農云:勛讀爲勳;勳,功也。"故書从員聲,同《說文》"勳"字古文。

071.（大司馬）九畿　　注：故書畿爲近。

故書假借"近"爲"畿"。

072.（羊人）積,共其羊牲　　注：積,故書爲眦。

注："鄭司農云:眦讀爲漬,謂釁國寶、漬軍器也。玄謂積,積柴禋祀,楛燎實柴。"故書假借"眦"爲"漬"或"積"。

073.（司士）掌群臣之版　　注：故書版爲班。

注："鄭司農云:班,書或爲版;版,名籍。"故書假借"班"爲"版"。

074.（諸子）掌國子之倅　　注：故書倅爲卒。

注："鄭司農云:卒讀如物有副倅之倅。"故書假借"卒"爲"倅"。

075.（太僕）戒鼓傳達于四方　　注：故書戒爲骇。

注："戒鼓，擊鼓以警衆也。"故書假借"骇"爲"戒"。

076.（戎右）桃茢　　注：故書茢爲滅。

注："杜子春云：滅當爲厲。"故書假借"滅"爲"茢"。

077.（大馭）掌馭玉路以祀及犯載　　注：故書載作罰。

注："杜子春云：罰當爲載，載讀爲（段玉裁改作讀如）別異之別，謂祖道轢載磔犬也。"故書假借"罰"爲"載"。

078.（大馭）右祭兩軹，祭軓　　注：故書軹爲斬，軓爲範。

注："軹，謂兩轊也。"《説文》："軓，車軾前也。"故書"斬"應即"軹"字異體。故書假借"範"爲"軓"。

079.（圉師）夏庌馬　　注：故書（原誤"字"）庌爲訝。

注："鄭司農云：當爲庌。玄謂庌，廡也，廡所以庇馬者也。"故書假借"訝"爲"庌"。

080.（職方氏）其利金錫竹箭　　注：故書箭爲晉。

注："箭，篠也。……杜子春云：晉當爲箭。書亦或爲箭。"參看上"《儀禮》古文"065 條"綴諸箭蓋"注"古文箭作晉"。

秋官司寇第五

081.（序官）司烜氏　　注：故書烜（原誤燧，從孫詒讓《周禮正義》改正）爲垣。

注："烜，火也，讀如衛侯燬之燬。"故書假借"垣"爲"烜"。

082.（序官）壺涿氏　　注：故書涿爲獨。

注："鄭司農云：獨讀爲濁其源之濁，音與涿相近，書亦或爲涿（原誤濁，從段玉裁改正）。""獨""涿"音近相通。

083.（小司寇）附于刑　　注：故書附作付。（又見於下文"附刑罰"注）

故書假借"付"爲"附"。

084.（士師）爲邦朋　　注：故書朋作倗。

注："朋黨相阿，使政不平者。""朋友"之"朋"，《説文》作"倗"。秦簡有"倗"字（《睡編》130 頁），用爲"棚"。銀雀山漢簡《六韜》朋友之"朋"作"崩"。[1] 阜陽漢簡《周易》3 號簡"朋"作"倗"，同此故書。

085.（朝士）慮刑貶　　注：故書貶爲窆。

注："貶猶滅也。"故書假借"窆"爲"貶"。

086.（蜡氏）掌除骴　　注：故書骴作脊。

注："鄭司農云：脊讀爲漬，謂死人骨也。"故書假借"脊"爲"骴"。

087.（薙氏）春始生而萌之　　注：故書萌作蘴。

注："杜子春云：蘴當爲萌，謂耕反其萌牙，書亦或爲萌。"故書假借"蘴"爲"萌"。《説文》"夢"讀若萌，《爾雅・釋草》作"萌"。

088.（赤友氏）以蜃炭攻之　　注：故書蜃爲晨。

注："鄭司農云：晨當爲蜃，書亦或爲蜃。"故書假借"晨"爲"蜃"。

089.（壺涿氏）以炮土之鼓　　注：故書炮作泡。

故書假借"泡"爲"炮（步交反）"。

090.（壺涿氏）以牡橭午貫　　注：故書橭爲梓，午爲五。

注："杜子春云：梓當爲橭，橭讀爲枯，枯榆，木名，書或爲樗。又云：五貫，當爲午貫。"故書"梓"由"橭"字脫筆而成，"五""午"音近相通。

091.（大行人）再裸而酢　　注：故書裸作果。

故書假借"果"爲"裸"。

092.（大行人）其貢嬪物　　注：故書嬪作頻。

注："鄭司農云：嬪物，婦人所爲物也。"故書假借"頻"爲"嬪"。

093.（大行人）協辭命　　注：故書協辭命作叶詞命。

"叶"見上 061 條，"詞""辭"古書通用。

094.（小行人）令賻補之……令槁襘之　　注：故書賻作傅，槁

---

① 參看駢宇騫：《銀雀山漢簡文字編》，309 頁。

（原誤稿，據《校勘記》改正）爲櫜（《校勘記》以爲當作櫜）。

　　注：“鄭司農云：賻補之，謂賻喪家，補助其不足也。……櫜（《校勘記》以爲當作櫜）當爲槁，謂槁（原誤稿，據《校勘記》改正）師也。”故書假借“傅”爲“賻”。槁師字通作“犒”，故書假借“櫜”。

冬官考工記第六

　　095. 通四方之珍異以資之　　注：故書資作齊。

　　注：“杜子春云：齊當爲資，讀如冬資絺綌之資。”故書假借“齊”爲“資”。

　　096. 作舟以行水　　注：故書舟作周。

　　故書假借“周”爲“舟”。馬王堆帛書《老子》甲本“有車周无所乘之”、馬王堆帛書《春秋事語》“齊桓公與蔡夫人乘周”、銀雀山漢簡《孫子兵法·九地》“當其同周而濟也”，皆假借“周”爲“舟”。

　　097. 刮摩之工：玉、柳、雕、矢、磬　　注：故書雕或爲舟。

　　故書或假借“舟”爲“雕”。

　　098.（輪人）取諸圜也　　注：故書圜或作員。

　　“員”是“圜”的初文。睡虎地秦簡《爲吏之道》26 號簡“外不員”、馬王堆帛書《老子乙本卷前古佚書·經法·四度》“規之內曰員”、銀雀山漢簡《孫子兵法·見吳王》“員中規”、武威簡《儀禮·大射》“兩員壺”，皆用“員”爲“圜（圓）”。

　　099.（輪人）必矩其陰陽　　注：故書矩爲距。

　　注：“矩謂刻識之也。……鄭司農云：當作矩，謂規矩也。”故書假借“距”爲“矩”。

　　100. 萬之以眡其匡也　　注：故書萬作禹。

　　注：“等爲萬蔞，以運輪上，輪中萬蔞，則不匡此也。……鄭司農云：讀爲萬，書或作矩。”故書用假借字。

　　101.（輪人）弓長六尺謂之庇軹……　　注：故書庇作秘。

　　注：“庇，覆也。”故書假借“秘”爲“庇”。

102.（輿人）以其隧之半爲之較崇　　注：故書較作摧（按《校勘記》，或本作㩧）。

注："較，車輢上出式者。"故書假借"摧（或㩧）"爲"較"。

103.（輿人）飾車欲侈　　注：故書侈作移。（又見於《鳧氏》）

故書假借"移"爲"侈"。

104.（輈人）不伏其轅　　注：故書伏作偪。

故書假借"偪"爲"伏"。

105.（輈人）必緧其牛後　　注：故書緧作鰌。

故書假借"鰌"爲"緧"。

106.（輈人）輈注則利準　　注：故書準作水。（又見於《桌氏》"權之然後準之"注"故書準或作水"）

故書假借"水"爲"準"，"水""準"韻部陰陽對轉，上古聲母相同。

107.（桌氏）其臀一寸　　注：故書臀作脣。

注："杜子春云：當爲臀。謂覆之，其底深一寸也。""脣""臀"音近，故書用"脣"爲"臀"。

108.（桌氏）凡鑄金之狀　　注：故書狀作壯。

故書用"壯"爲"狀"。郭店簡《窮達以時》10 號簡"非無體壯也"，亦用"壯"爲"狀"。

109.（鮑人）鮑人之事　　注：鮑，故書或作鞄。

《説文》："鞄，柔革工也。……《周禮》曰：柔皮之工鮑氏，鮑即鞄也（原作鞄即鮑也，從段注改）。"故書或本用本字。

110.（鮑人）欲其柔滑，而腥脂之，則莫（原誤需，段玉裁改爲莫，下需字皆同）　　注：故書莫作剸（原作劃，從段玉裁改，下同）。

注："鄭司農云：……剸讀爲柔莫之莫。"故書假借"剸"爲柔莫之"莫"。柔莫之莫，通作"軟"。

111.（鮑人）察其線而藏，則雖敝而不瓶　　注：瓶，故書或作鄰。

注："鄭司農云：鄰讀爲磨而不磷之磷，謂韋革縫縷没藏於韋革中，則雖

敝,縷不傷也。"故書假借"鄰"爲"甋""磷"。《説文》無"甋""磷"。

112.（玉人）黄金勺　　注：勺,故書或作約。

故書或假借"約"爲"勺"。

113.（矢人）亦弗之能憚矣　　注：故書憚或作但。

故書假借"但"爲"憚"。

114.（梓人）數目,顧脰　　注：故書顧或作輕。

《説文》："顧,頭鬢少髮也。……《周禮》曰：數目顧脰。"故書或假借"輕"爲"顧"。

115.（梓人）撥爾而怒……且其匪色必似鳴矣　　注：故書撥作廢,匪作飛。

注："匪,采貌也。……鄭司農云：廢讀爲撥,飛讀爲匪。"故書假借"廢"爲"撥","飛"爲"匪"。此"匪"通作"斐"。

116.（梓人）則必如將廢措　　注：故書措作厝。

"措""厝"同音通用。

117.（廬人）句兵欲無彈,刺兵欲無蜎　　注：故書彈或作但,蜎或作絹。

皆音近通用。

118.（匠人）環涂七軌　　注：故書環或作轘。

注："杜子春云：當爲環。環涂,謂環城之道。"故書或假借"轘"爲"環"。

119.（車人）其博三寸　　注：故書博或爲搏。

故書假借"搏"爲"博"。

120.（車人）行山者仄輮　　注：故書仄爲側。

"仄""側"音義並同,故書中通用。

121.（弓人）夫角之中恒當弓之畏　　注：故書畏或作威（原脱或字,據《校勘記》補）。

注："杜子春云：當爲威,威謂弓淵角之中央,與淵相當。玄謂畏讀如秦師入隘之隘。""畏""威"音近、意義相關,故書中通用。

199

122.（弓人）撟角欲孰於火而無燂　　注：故書燂或作朕。

注："燂，炙爛也。"故書或假借"朕"爲"燂"。

123.（弓人）其人安，其弓安，其矢安，則莫能以速中，且不深

注：故書速或作數。

注："鄭司農云：字從速，速，疾也。三舒，不能疾而中，言矢行短也，中又不能深。"故書或假借"數"爲"速"。銀雀山漢簡《孫子兵法・九地》"兵之情主數也，乘人之不給也"，今本"數"作"速"，簡本用"數"爲"速"，同此故書。

三、《周禮》注中所謂古文

1.《地官・媒氏》"入幣純帛無過五兩"，注："純實緇字也。古緇（按：《禮記・玉藻》注言"古文緇字"，見下文，此或脫"文"字）以才爲聲，納幣用緇，婦人陰也。"謂古"緇"字從才聲，與上博簡《緇衣》之"緇"字相合。

2.《春官・小史》"以書叙昭穆之俎簋"，注："鄭司農云：九（原誤几，據段玉裁校改正）讀爲軌，書亦或爲軌（原脫"軌"字，從段玉裁補），簋古文也。"謂"簋"之古文作"軌"，同《儀禮》古文，參上《儀禮》古文"099 條。

3.《春官・保章氏》"以志星辰日月之變動"，注："志，古文識；識，記也。"謂"志"爲古文"識"。郭店簡《老子甲》8 號簡"深不可志"、馬王堆帛書《老子》甲本"深不可志"，皆用"志"爲"識"。

4.《冬官・槀氏》注："槀，古文或作歷。"此"古文"似本應説"故書"。"歷""槀（栗）"聲母相同，但韻部一在錫部，一在質部，有距離。段玉裁《周禮漢讀考》指出《儀禮》之"栗階"，《禮記》作"歷階"。

5.《冬官・玉人》"衡四寸"，注："衡，古文横，假借字也。"謂"衡"是"横"的古文。馬王堆帛書《戰國縱横家書・蘇秦獻書趙王章》"且五國之主嘗合衡謀伐趙"，"衡"即連横之"横"。

6.《冬官·矢人》"以其笴厚爲之羽深"，注："笴讀爲槀，謂矢幹，古文假借字。"謂"笴"是"槀"的古文，但"笴"從可聲，似應即爲矢幹之"幹"的古文，或即"笴"字異體。

7.《冬官·匠人》"置槷以縣"，注："玄謂槷，古文臬，假借字。"謂"槷"是"臬"的古文。"槷"從埶聲，"埶"與"臬"音近。

8.《冬官·弓人》"寬緩以茶"，注："茶，古文舒，假借字。"謂"茶"是"舒"的古文。古文假借"茶"爲"舒"。

四、《禮記》注中所謂古文

1.《禮運》"大道之行也，與三代之英，丘未之逮也，而有志焉"，注："志，謂識，古文。"謂"志"是"識"的古文。參上"《周禮》注中所謂古文"3條。

2.《玉藻》"天子佩白玉而純組綬"，注："純，當爲緇，古文緇字或作絲旁才。"謂"緇"字古文作"紌"，參上"《周禮》注中所謂古文"1條。

3.《緇衣》"尹吉曰"，注："吉，當爲告。告，古文誥。字之誤也。"謂"告"是"誥"的古文。

五、《毛詩》箋中所謂古文

《商頌·玄鳥》"景員維河"，箋："員，古文作云。"按《校勘記》，"作"字衍，鄭謂"員"是"云"的古文。馬王堆帛書《老子甲本卷後古佚書·五行》"詩云"之"云"作"員"；郭店簡、上博簡《緇衣》除郭店簡有一例作"云"外，"詩云""大雅云""君陳云"等"云"率作"員"。安大簡《詩經》"云"皆作"員"，而"云"字用作"雲"。

第四章 《汗簡》《古文四聲韻》
所引經書古文

本章用表格的形式列出《汗簡》和《古文四聲韻》所引《周易》《毛詩》《周禮》《禮記》《春秋》《論語》《爾雅》《孝經》《尚書》九種儒家經書的古文。各按出現的先後順序排列,兩書都有的字按《汗簡》的順序排列。第一欄是《汗簡》和《古文四聲韻》的釋文;第二欄是原字形,都是篆形字體,不録隸定字體;第三欄是中華書局影印《汗簡 古文四聲韻》的頁碼,數字後的 a、b、c、d 分別表示影印本一頁中原刻本的一面;第四欄是簡單的説明。引鄭珍説,見《汗簡箋正》。

一、《周易》

釋文	字形	頁碼	説　　　　　明
瞿	(字形)	汗 8d	《周易》無"瞿"字,當出《毛詩》或《禮記》或《爾雅》。從二"目",上下結構,見於晉系文字。[1]
	(字形)	韻 12d	
夒	(字形)	汗 9c	《周易》震卦上六:"震索索,視夒夒。"帛書本夒作懼。

---

① 何琳儀:《戰國古文字典》,上冊 482 頁。

續 表

釋文	字形	頁碼	説　　明
惕		汗 10d	《説文》"惕"字下云："讀若易曰夕惕若厲。" 小徐本脱"讀若"。
		韻 78a	
豐		汗 12d	《説文》："寷，大屋也。……《易》曰：寷（小徐本作豐）其屋。"今本《周易》作豐。
		韻 6b	
跛		汗 29a	《説文》："尮，蹇也。"又："跛，行不正也。"實爲一字。通作跛。
		韻 45b	
壼		汗 29b	《説文》："壹，壹壹也。从凶从壺，不得泄凶也。《易》曰：天地壹壹。"見於《繫辭下》，今本作"天地絪緼"。
		韻 17c	
亢		汗 29b	《説文》"忼"字下引《易》"忼龍有悔"，今本忼作亢。
允		汗 29c	《説文》："㽦，進也。从夲从屮允聲。《易》曰：㽦升大吉。"見於升卦初六，今本㽦作允。西周金文獫狁之"狁"作、（《金文編》707 頁）。《説文》篆形稍變作；字形分析雖有誤，而其形不誤。此古文之形有脱筆。
		韻 41d	

續　表

釋文	字形	頁碼	説　　　明
頤	（字形）	汗 33b	同《説文》篆文。
	（字形）	韻 10a	

二、《毛詩》

釋文	字形	頁碼	説　　　明
㐱	（字形）	汗 7c	《説文》："㐱，稠髮也。……《詩》曰：㐱髮如雲。"或體作"鬒"。見於《鄘風・君子偕老》，今本"㐱"作"鬒"。安大簡《詩經》88 號簡假借作"紾"。
	（字形）	韻 41c	
躓	（字形）	汗 10a	《古文四聲韻》注出"汗簡"。《説文》"疐"字下云"《詩》曰：載疐其尾"，"躓"字下云"《詩》曰：載躓其尾"。見於《豳風・狼跋》，今本作"疐"。
	（字形）	韻 52c	
朅	（字形）	汗 13b	从古文"曷"。鄭珍云："郭氏凡注古《易》、古《詩》皆據《説文》引《易》引《詩》言之，疑所見《説文》'朅'下引《詩》'庶士有朅'，或引'伯兮朅兮'，今徐本脱也。"
	（字形）	韻 77a	

釋文	字形	頁碼	説　　明
穨	（字形）	汗 23d	鄭珍云："右當作（字形），古文貴也。《詩》'我馬虺隤'，釋文云'隤，《説文》作穨'。按《説文》無穨，蓋穨之誤。穨即積之俗體。據陸氏所言知《説文》積注有'《詩》曰：我馬虺穨'句，故得以證時本。郭所見《説文》蓋同。云'見古《詩》'，即是據許稱毛氏古文也。更篆從古文貴，則郭氏爲之。"安大簡《詩經》7 號簡"我馬虺隤"之"隤"作"遟（遺）"。
	（字形）	韻 15b	
廲	（字形）	汗 35c	《説文》"廲"字下云"《詩》曰：中唐有廲"。見於《陳風·防有鵲巢》。
	（字形）	韻 78a	
樊	（字形）	韻 18b	《説文》："棥，藩也。……《詩》曰：營營青蠅止于棥。"見於《小雅·青蠅》，今本"棥"作"樊"。
黼	（字形）	韻 39b	右從叡。六國文字多從叡之字。[①]《説文》："黼，合五采鮮色。……《詩》曰：衣裳黼黼。"見於《曹風·蜉蝣》，今本黼黼作楚楚。
迨	（字形）	韻 41b	《説文》："隸，及也。……《詩》曰：隸天之未陰雨。"見於《豳風·鴟鴞》，今本隸作迨。

---

① 何琳儀：《戰國古文字典》，上册 571—573 頁。

三、《周禮》

釋文	字形	頁碼	説　明
騷	（字形）	汗 12c	原注"騷音戚，古《周易》"。鄭珍云："《易》無騷字，……'易'當是'禮'之誤。""騷"字只見於《周禮》。《説文》作騷，云"讀若戚"。此古文結構同《説文》篆文。
羨	（字形）	汗 24a	《古文四聲韻》注出"古禮記"，《禮記》無"羨"字，當是"古周禮"之誤。《汗簡》"次"作（字形），《説文》籀文"次"作（字形）。
	（字形）	韻 62a	
法	（字形）	汗 27c	《周禮》"法"作"灋"，《説文》正篆同。
風	（字形）	汗 36d	《周禮·春官·大宗伯》有"飌師雨師"，"飌"即"風"。黃錫全指出"飌"由甲骨金文從"鳳"的象形初文的"風"訛變，[1]如中方鼎（《集成》5.2752）作（字形）。
	（字形）	韻 6a	

四、《禮記》

釋文	字形	頁碼	説　明
齍	（字形）	汗 13a	《汗簡》注"出古礼志"，《礼志》當即《禮記》。所從"齊"同石經古文。
	（字形）	韻 9b	

---

[1] 黃錫全：《汗簡注釋》，451 頁。

續　表

釋文	字形	頁碼	説　　明
枲		汗 19c	《説文》"枲"的籀文作。
		韻 38b	
麤		汗 27a	皆訛體。
		韻 57b	
薦		汗 27c	从中。
		韻 61a	
蛾		韻 36d	在紙韻，即"蟻"字。从古文"我"。

五、《春秋》

釋文	字形	頁碼	説　　明
盟		汗 18a	《汗簡》《古文四聲韻》注出"説文、古春秋"。今本《説文》古文从血。《古文四聲韻》所引从《汗簡》古文"血"，頁 29c 另引《説文》形同今本《説文》古文。
		韻 29c	
		韻 67c	

207

釋文	字形	頁碼	説　　　　明
覵	（字形）	汗24a	所从"肩"旁訛。《説文》："覵，很視也。……齊景公之勇臣有成覵者。"見於《孟子·滕文公上》，今本作"成覵"。《春秋》無"覵"字。
	（字形）	韻20a	
丑	（字形）	韻47d	石經古文作（字形），此訛。
潞	（字形）	韻55a	又出石經，參第二章655"潞"字條。
蔡	（字形）	韻56a	注出"古尚書，亦石經，又古春秋"。出土石經古文作（字形），此訛。參第二章190"殺"字條。
觳	（字形）	韻71b	參第二章071"彀"字條。
卒	（字形）	韻74b	形訛。
卹	（字形）	韻74b	从《汗簡》古文"血"。《春秋經》無"卹""恤"，"恤"字見於《左傳》。

六、《論語》

釋文	字形	頁碼	説　　　　明
糾	（字形）	汗6b	《汗簡》所引右旁訛。
	（字形）	韻48c	

續　表

釋文	字形	頁碼	説　　明
甯		汗 8a	《説文》：“甯，所願也。”今本《論語》所願字作“寧”，“甯武子”作“甯”。
		韻 67d	
備		汗 8a	《説文》：“葡，具也。”通作“備”。
		韻 52b	
奪		汗 9b	从又不从寸。
		韻 76a	
訒		汗 11a	
		韻 58d	
舉		汗 11d	从又与聲。《古文四聲韻》所引形訛。
		韻 39b	
虐		汗 12d	《説文》篆文从虎从爪，此“爪”變从止。
		韻 81d	
昆		汗 15a	《説文》“昆弟”之“昆”作“𥅾”，从弟从罘，此省从目。
		韻 18c	

209

釋文	字形	頁碼	説　　　明
郁	𪐴	汗 18a	《説文》："馘，有文章也。"此省从或。
	𪐴	韻 72c	
紴	𩇓	汗 25b	《説文》"紴"下云"《論語》曰：色紴如也"。見於《鄉黨》，今本紴作勃，《古文四聲韻》即釋爲"勃"。
	𩇓	韻 75b	
貉	𧳦	汗 27a	《説文》"貈"字下云："《論語》曰：狐貈之厚以居。"見於《鄉黨》，今本貈作貉。
	𧳦	韻 82c	
	𧳦	汗 27b	
	𧳦	韻 82c	
葸	葸	汗 29d	从中。《説文》無"葸"字。
綽	綽	汗 36a	同《説文》篆文。
篤	竺	汗 37b	《説文》："竺，厚也。"以爲篤厚之"篤"的本字。
廄	廄	汗 39d	同《説文》古文。
	廄	韻 68a	
媚	媚	韻 52a	从眉从人。

續　表

釋文	字形	頁碼	説　　明
悌	（字形）	韻 56b	此應是"昆"字。
柙	（字形）	韻 80b	从虍从《説文》古文"甲"。"柙"原誤爲"押"。

七、《爾雅》

釋文	字形	頁碼	説　　明
蟒	（字形）	汗 3b	《爾雅・釋魚》："蟒，王蛇。"《説文》無"蟒"字。
	（字形）	韻 46d	
靃	（字形）	汗 9d	从二"隹"，同《説文》篆文。
	（字形）	韻 82d	
壑	（字形）	汗 10c	《説文》："叡，溝也。"或體作"壑"。此古文所从"谷"省。
	（字形）	韻 82c	
登	（字形）	汗 12d	《説文》："豆，禮器也。"《爾雅・釋器》："瓦豆謂之登。"
	（字形）	韻 34b	
柜	（字形）	汗 13c	从匚矩聲，同《説文》正篆。《説文》或體作"柜"。

釋文	字形	頁碼	説　　　明
薶		汗 19d	《説文》："薶，菜也。"此兩形皆訛。《爾雅·釋草》："薶，鴻薈。"
		韻 57c	
㡀		汗 19d	《説文》"㡀"字或體从弗，此从《汗簡》引《尚書》古文"弗"。
		韻 76c	
造		汗 22d	同《説文》古文。
諒		汗 24b	《説文》"諒"字下云："《爾雅》：諒，薄也。"今本《爾雅》無此語。
		韻 66d	
柔		汗 24b	《説文》："腬，面和也。……讀若柔。"《爾雅·釋訓》："戚施，面柔也。"
豪		汗 27a	《説文》正篆从希，此从《説文》古文"希"。籀文从豕。
		韻 24b	
麒		汗 27c	
燔		汗 28d	《古文四聲韻》誤釋爲"蟠"。《説文》："膰，宗廟火熟肉。"此从《説文》古文"采"。《爾雅·釋天》："祭天曰燔柴。"
		韻 18b	
鼙		汗 31c	从瀕，同《説文》篆文。《爾雅》無"鼙"字。
		韻 16d	

續　表

釋文	字形	頁碼	説　　　明
泜		汗 34c	《古文四聲韻》釋爲"坁"。《爾雅·釋水》："小沚曰坁。"坁,釋文云"本又作泜"。《汗簡》此字在氏部,而此兩形均誤从氏。
		韻 9c	
匼		汗 35a	"匼"之譌體。《説文》："匼,側匼也(匼,原作迤,從段注改)。"《尚書·堯典》作"側陋"。
翳		汗 35a	假借"医"爲"翳"。
		韻 56c	
龗		汗 36a	从《汗簡》古文"龍"。
		韻 5d	
蟹		汗 36c	同石經古文,參第二章 779"蟹"字條。原注出《禮記》,《禮記》無"蟹"字。鄭珍云:"《禮記》當作《爾雅》。"
		韻 84c	
螘		汗 36d	《古文四聲韻》釋爲"蟻"。《説文》："螘,蚍蜉也。"《爾雅·釋蟲》："蚍蜉,大螘;小者螘。""螘"字通作"蟻"。此古文从蚰義聲。
		韻 36d	
涼		汗 36d	《説文》："飇,北風謂之飇。"《爾雅·釋天》："北風謂之涼風。"从《説文》古文"風"。
		韻 26d	

續　表

釋文	字形	頁碼	説　　　　明
蠅		汗 37a	
		韻 34a	
婭		汗 39c	《爾雅·釋親》：“兩婿相謂爲亞。”《釋文》：“亞，又作婭。”《説文》無“婭”字。
斯		韻 8d	
楣		韻 9d	
昆		韻 18c	參上《論語》“昆”字條。
翰		韻 19a	从毛。《説文》軌部有“𣱤”字，音義闕，此从之。
希		韻 53d	原釋文誤作“㸽”。《説文》：“希，脩豪獸。……𢁫，古文。”此形同小徐本古文。《爾雅·釋獸》：“貄，脩毫。”
悌		韻 56b	此應是“昆”字。
菆		韻 61a	原釋爲从艸从取之字，字書所無。此所从“目”應即“臣”之訛。
浡		韻 63c	《爾雅》無“浡”字。
詠		韻 67c	《爾雅》無“詠”字。《汗簡》引《尚書》同此第一形。
瀆		韻 71b	《説文》：“𧮰，通溝也。”古文从谷，此古文同。

八、《孝經》

釋文	字形	頁碼	説　　　明
愷		汗 12c	
		韻 41a	
悌		汗 15a	《汗簡》釋"弟"，《古文四聲韻》釋"悌"，今本《孝經》作"悌"。
		韻 56b	
淑		汗 19c	从弔聲。《古文四聲韻》第一形可能是"弔"之訛體。
		韻 72b	
孝		汗 22b	
		韻 63c	
擗		汗 25c	假"慰"爲"擗"。《古文四聲韻》釋"躃"，又有"擗"字，同。
		韻 78d	
庶		汗 26b	與石經古文相近，參第二章 567"庶"字條。
		韻 54c	
法		汗 27c	
		韻 84d	

釋文	字形	頁碼	説　　　明
處	（字形）	汗 38c	同《説文》正篆。今《孝經》無"處"字。
	（字形）	韻 39a	
東	（字形）	韻 5c	
同	（字形）	韻 5c	
公	（字形）	韻 5c	（字形）形之訛變。
通	（字形）	韻 5d	
中	（字形）	韻 6a	同石經古文。
忠	（字形）	韻 6a	假借"中"爲"忠"。
終	（字形）	韻 6c	同《説文》古文。
宗	（字形）	韻 6d	从古文"示"。
恭	（字形）（字形）	韻 6d	第一形从龍从兄，同石經古文。參看第二章 152"龔"字條、635"恭"字條。
容	（字形）	韻 7a	《説文》"容"字古文从公，此从古文"公"。
凶	（字形）	韻 7b	引《道德經》作（字形）、（字形）。
支	（字形）（字形）	韻 7d	《説文》小徐本古文作（字形），此第二形略訛。今《孝經》無"支"字。
移	（字形）	韻 7d	从辵，同《説文》。

216

續　表

釋文	字形	頁碼	説　　　　明
爲	（字形）	韻 7d	形訛。
義	（字形）	韻 8b	假"義"爲"義"，但今《孝經》無"義"字。
離	（字形）	韻 8b	可能即"麗"之變體，假借爲"離"。
	（字形）	韻 51d	
知	（字形）	韻 8d	與《説文》古文"智"形近，用爲"知"。
危	（字形）	韻 9a	《説文》人部："仚，人在山上。"郭店簡《六德》17 號簡"危其死弗敢愛也"，"危"作（字形），从千是从人之變。上从人下从山的字見於《璽彙》117—121（燕璽）、122—125（晉璽）等。
資	（字形）	韻 9b	从弟聲。
師	（字形）	韻 9b	同石經古文。
尼	（字形）	韻 9c	
遺	（字形）	韻 9d	郭店簡《老子甲》38 號簡"遺"作（字形）、《緇衣》46 號簡作（字形），此形與之相近。
雖	（字形）	韻 9d	用"蜼"爲"雖"。石經古文用"蜼"爲"惟"，見第二章 778"蜼"字條。
之	（字形）	韻 10a	同《説文》篆文。

217

續　表

釋文	字形	頁碼	説　　明
思	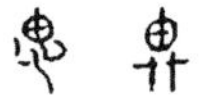	韻 10b	第二形下部應即“心”之訛。
其		韻 10b	《説文》“其”字古文第三體作，楚王酓章鎛（《集成》1.85）“其”作。
詩		韻 10c	上从“之”的訛體，下从古文“言”。
而		韻 10c	
慈		韻 11a	引《道德經》作。
魚		韻 11d	
居	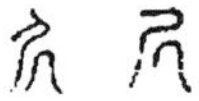	韻 11d	《説文》：“凥，處也。……《孝經》曰：仲尼凥。”
諸		韻 12b	用“者”爲“諸”，同石經古文。
如		韻 12b	用“女”爲“如”。
無		韻 12c	用“亡”爲“無”。
于		韻 12c	
夫		韻 13a	
膚		韻 13a	
吾		韻 13d	从古文“五”。

續　表

釋文	字形	頁碼	説　明
妻		韻 14b	參看第二章 729“妻”字條。
西		韻 14c	同《説文》古文。
皆		韻 14d	从虍从古文“君”，見於郭店簡《唐虞之道》27 號簡（作）、《忠信之道》7 號簡（作）。
哀	 	韻 15b	
才		韻 15c	
來		韻 15c	从辵，同石經古文。
灾		韻 15c	同《隸續》所録和《汗簡》所引石經古文。
因		韻 15d	
臣		韻 16a	
仁		韻 16a	同《説文》古文。今《孝經》無“仁”字。
身		韻 16a	
神		韻 16b	从《説文》古文“申”。
陳		韻 16b	同石經古文“陳”。
親		韻 16c	从目辛聲。《陶彙》3.917 此字作，最相近。从目辛聲的“親”見於郭店簡《忠信之道》《唐虞之道》《語叢一》《語叢二》《語叢三》和上博簡《緇衣》。

續　表

釋文	字形	頁碼	説　　　　　明
民		韻 16d	古文"民"之訛。参第二章 734"民"字條。
春		韻 17a	同石經古文。
文		韻 17b	
云		韻 17c	
君		韻 17d	石經古文同之訛。
言		韻 18b	
門		韻 18c	今《孝經》無"門"字，見於僞《古文孝經》。
尊		韻 18c	同《説文》正篆。
惇		韻 18d	今《孝經》無"惇"字。
安		韻 19b	
歡		韻 19c	从心，即"懽"字。今《孝經》作"懽"。
觀		韻 19d	从目，同《説文》古文。
鰥		韻 20a	从魚从"眔"省，即"鰥"字，同《隸續》所録和《汗簡》所引古文。今《孝經》作"鰥"。
閒		韻 20a	今《孝經》無"閒"字，僞《古文孝經》有。
先		韻 21a	
千		韻 21b	

續　表

釋文	字形	頁碼	説　　　　明
天		韻 21b	
年		韻 21c	引石經作𥙐，此形訛。
淵		韻 21d	同《説文》古文。
然		韻 22a	郭店簡《語叢一》30、63 號簡等"然"作𤞤、𤞤形，从虍从肰。 此形略訛。
焉		韻 23a	用"安"爲"焉"。
憍		韻 23c	即"驕"字。今《孝經》作"驕"。
郊		韻 24a	假"蒿"爲"郊"。參看第三章《周禮》故書"024 條。
高		韻 24b	
佗		韻 25a	今《孝經》作"他"。
何		韻 25a	
過		韻 25b	
和		韻 25b	引《古老子》《古尚書》作𠴵，此形訛。"口"旁在左，同《説文》篆文。
家		韻 25d	變从犬。
加		韻 26a	从爪从力，省去"口"旁。侯馬盟書"嘉"字作𡥈、𡥈、𡥈（《侯馬》343—344 頁），第三形所从"加"亦省去"口"旁。

221

續　表

釋文	字形	頁碼	説　　　明
遐		韻 26a	
參		韻 26b	
南		韻 26b	
男		韻 26b	
甘		韻 26c	形訛。
三		韻 26c	第二形同《説文》古文。
揚		韻 26d	原誤釋作"楊"。同《説文》古文。
傷		韻 27a	《説文》："煬，傷也。"《璽彙》3921（齊璽）有"煬"字。
彰		韻 27a	
長		韻 27b	
相		韻 27d	
將		韻 27d	同《説文》"醬"字古文。參看第二章 884 "醬"字條。
王		韻 28a	
堂		韻 28b	同《説文》古文。
當		韻 28c	假"尚"爲"當"。

續　表

釋文	字形	頁碼	説　　　　明
喪		韻 28c	與石經古文"喪"相近。
光		韻 28d	同《説文》古文第二形。
藏		韻 29a	右爲石經古文"士"之訛變。用"壯"爲"藏"。
平		韻 29b	《説文》古文之訛變。
明		韻 29c	
兵		韻 29c	與《説文》古文基本相同。
兄		韻 29c	形訛。
卿		韻 29c	
生		韻 29d	
行		韻 29d	
争		韻 30a	
情		韻 30a	右旁應該是"青"的訛體。
成		韻 30b	形訛。
名		韻 30c	形訛。
經		韻 30d	從古文"巠"。
憂		韻 31b	從心從頁,同《説文》。

釋文	字形	頁碼	説　　　　明
秋	𤊶	韻31c	同《説文》篆文。
猶	𤜅	韻31c	
由	㽕	韻31c	形同《説文》"甾"字古文，並與石經古文"迪"所從"由"相近。參看第二章753"甾"字條。
修	𣬉	韻31d	
周	𠱾	韻31d	
侯	㑯	韻32c	同《説文》古文。
臨	㑑	韻32d	
深	㴱	韻33a	
心	㣺	韻33a	
衾	𧙓	韻33a	
瞻	𪾩	韻33c	从目从詹，字形訛變。"詹"从古文"言"。
兼	兼	韻33d	不从禾而从古文"及"。郭店簡《語叢三》33號簡"兼"作𢒉，60號簡作𢒉，上端亦同"及"，應是訛變之體。
興	𤇾	韻34b	

續　表

釋文	字形	頁碼	説　　明
能		韻 34c	
嚴		韻 34d	第三形同《説文》古文。
寵		韻 36b	今《孝經》無“寵”字。
踊		韻 36b	《説文》古文“勇”,用爲擗踊之“踊”。
是		韻 36c	从古文“正”,同《説文》籀文。
毀		韻 36d	
此	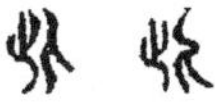	韻 36d	
爾		韻 37a	同石經古文。
美		韻 37b	
簋		韻 37c	《説文》古文第二形之訛。
死		韻 37c	同《説文》古文。
以		韻 38a	
祀		韻 86c	據殘卷。韻 38 脱。
理		韻 38b	假“俚”爲“理”。
始		韻 38b	用“訂”爲“始”,郭店簡《五行》18 號簡、《性自命出》3 號簡等同。上博簡、清華簡、安大簡亦常見。

續　表

釋文	字形	頁碼	説　　　　明
士	（字形）	韻 38b	
子	（字形）（字形）	韻 38b	第二形是《説文》籀文的訛體。
矣	（字形）（字形）	韻 38c	第二形是"矣"之訛。郭店簡《語叢二》50 號簡"此勢得矣"，"矣"作（字形）。
匪	（字形）	韻 38d	
俀	（字形）	韻 38d	"哀"旁下部多出一個"人"形。
鬼	（字形）	韻 38d	同《説文》古文。
吕	（字形）	韻 38d	"吕刑"之"吕"。今《孝經》作"甫刑"，僞《古文孝經》作"吕刑"。
所	（字形）（字形）	韻 39b	
舉	（字形）	韻 39b	从又与聲。
簠	（字形）	韻 39c	同《説文》古文。
父	（字形）	韻 39c	
侮	（字形）	韻 39d	郭店簡《老子丙》1 號簡"侮"作（字形），與此形相近。
取	（字形）	韻 39d	第三形从攴，郭店簡《老子甲》30 號簡、《尊德義》13 號簡同。
	（字形）（字形）	韻 48c	

續　表

釋文	字形	頁碼	説　　明
古	（字形）	韻 40a	與《説文》古文形近。今《孝經》無"古"。
五	（字形）	韻 40a	同《説文》古文。
祖	（字形）	韻 40b	
補	（字形）	韻 40b	
禮	（字形）	韻 40c	第一形同石經古文，第二形即《説文》古文之訛。
體	（字形）	韻 40c	
弟	（字形）	韻 40c	同《説文》古文。
罪	（字形）	韻 41a	同《説文》正篆。
海	（字形）	韻 41a	上從每，下從水，形訛。
在	（字形）	韻 41b	用"才"爲"在"。形同石經古文。
敏	（字形）	韻 41d	從力。
尹	（字形）	韻 41d	同《説文》古文。
謹	（字形）	韻 42a	從心。郭店簡《緇衣》6 號簡等"謹"作（字），亦從心。
本	（字形）	韻 42b	中華書局影印本第二形殘，此據中華再造善本影印宋刻本。《説文》古文上從木，此從本。
滿	（字形）	韻 42d	從口從馬的"滿"見於清華簡《芮良夫毖》4、9 號簡及《四告》26 號簡。

釋文	字形	頁碼	説　　明
小		韻 43d	同石經古文。
兆		韻 44a	
道		韻 44c	从頁。
好		韻 44d	
可		韻 45a	
禍		韻 45b	从古文"歺"。
者		韻 45b	形同石經古文。
也		韻 45c	形同《隸續》所録石經古文和《説文》秦刻石"也"字。
雅		韻 45c	用"疋"爲"雅"，參看第二章 120"疋"字條。
下		韻 45c	同《説文》正篆。
社		韻 45d	同《説文》古文。
寡		韻 45d	參第二章 457"寡"字條。
敢		韻 46a	第一形同石經古文。
象		韻 46b	
享		韻 46c	

續　表

釋文	字形	頁碼	説　　　　明
上		韻 46d	
守		韻 47d	从宀从又。
不		韻 48a	
厚		韻 48b	
		韻 69a	
後		韻 48b	从辵，同《説文》古文。
后		韻 48b	
母		韻 48b	
口		韻 48c	
甚		韻 48d	形訛。
忝		韻 49b	
送		韻 51a	从夲之訛。安大簡《詩經》55 號簡"我迎咎（舅）氏"，今本作"我送舅氏"。此古文"送"从臼，與"迎（遺）"形近。
仲		韻 51b	參看第二章 029"中"字條。
衆		韻 51b	从目之訛。

續　表

釋文	字形	頁碼	説　　　明
用		韻 51b	前三形是《説文》古文用之訛。
避		韻 51d	
至		韻 52a	同《説文》、石經古文。
位		韻 52a	
備		韻 52b	郭店簡《語叢一》94 號簡作，與此形近。石經"服"古文作，引王庶子碑作，皆從"女"形，同上舉郭店簡字形。此形疑有訛。
利		韻 52c	《説文》古文從勿。郭店簡《老子甲》1 號簡等作，與此形相同。
治		韻 52c	第一形是從𦥑之訛，第二形是從𠭥之訛。郭店簡《唐虞之道》26 號簡"治"作，亦從糸𦥑聲；郭店簡《老子甲》26 號簡、《性自命出》58 號簡等"治"作，亦從糸𠭥聲。
寐		韻 52c	
四		韻 52d	與《説文》古文相近。
地		韻 53a	郭店簡《忠信之道》4、5 號簡"地"作，從豕；此變從犬，情況同上"家"字。

續 表

釋文	字形	頁碼	説 明
示		韻 53b	同《説文》古文。《孝經》"示之以好惡""示民有終"之"示"。真古文不當用"示"字,參看第三章"《儀禮》古文"035 條。
自		韻 53b	
事		韻 53c	同《説文》、石經古文。
侍		韻 53c	
未		韻 53d	
貴		韻 53d	即《説文》"蕢"之古文。
謂		韻 53d	
畏		韻 54a	同石經古文。
語		韻 54b	从古文"言"、古文"五"。
箸		韻 54c	今本作"著"。
歟		韻 54c	用"与"爲"歟"。今本作"與",鄭注本作"歟"。
具		韻 54d	
度		韻 55a	用"宅"的古文爲"度"。
故		韻 55b	用"古"爲"故"。

231

釋文	字形	頁碼	説　　　　明
惡	亞 亞	韻 55b	用"亞"爲"惡"，見於郭店簡《老子甲》15 號簡、《性自命出》4 號簡、《緇衣》6 號簡、《語叢三》1 號簡等。
厝	厝	韻 55b	鄭注本《孝經》作"厝"，今本作"措"。
大	大 大	韻 55c	
害	害	韻 55c	曾侯乙鐘"害"作 、 （偏旁，《金文編》290 頁），郭店簡《成之聞之》30 號簡等作 。
賴	賴	韻 56a	
帝	帝	韻 56a	同石經古文第二體。
制	制	韻 57a	近《説文》古文。
世	世	韻 57b	郭店簡《唐虞之道》3 號簡等 ，此訛。
懈	懈	韻 57b	此形爲"毄"字，假借用作"懈"。① 郭店簡《五行》36 號簡"敬而不懈"之"懈"作 ，與此形相近。
悖	孛	韻 57d	用"孛"爲"悖"。郭店簡《老子乙》10 號簡"孛"作 ，與此形同。
配	配	韻 57d	與石經古文形同。

---

① 孫超傑：《傳抄古文札記一則》，《出土文獻》2021 年第 3 期。

續　表

釋文	字形	頁碼	説　　　明
退		韻 58a	同《説文》正篆。《説文》古文从彳。
内		韻 58a	同石經古文。今《孝經》無"内"字。
愛		韻 58b	从心既聲，郭店簡《語叢一》92 號簡、《語叢二》8 號簡、《語叢三》40 號簡等"愛"字同。同《説文》古文。
進		韻 58d	从隹之訛。
順		韻 59a	用"侚"爲"順"。《説文》："侚，送也。……古文以爲訓字。"
問		韻 59a	石經"聞"字古文作，下从耳。陳侯因資敦（《集成》9.4649）"朝問諸侯"之"問"作，與此相近。
怨		韻 59b	同《説文》、石經古文。
萬		韻 59c	形訛。
亂		韻 60b	同《説文》"䜌"的古文。參看第二章 141"䜌"字條。
慢		韻 60c	用"曼"爲"慢"。上博簡《性情論》28 號簡"居凥（處）谷（欲）㑞（逸）葛（易）而毋曼（慢）"，亦用"曼"爲"慢"。
患		韻 60c	近《説文》古文第二形。

續　表

釋文	字形	頁碼	説　　　　　明
見		韻 60d	
要		韻 63a	形訛。
妙		韻 63b	第一形从古文"玄"。今《孝經》無"妙"字。
少		韻 63b	今《孝經》無"少"字。
教		韻 63c	同石經古文。
導		韻 64a	
坐		韻 65b	同《説文》古文。
夜		韻 65d	
讓		韻 66d	同石經古文"襄"，用爲"讓"。
況		韻 67a	"兄"之變，用爲"況"。
敬		韻 67b	从《説文》"茍"字古文。形同石經古文"敬"。
慶		韻 67b	包山 131 號簡"慶"作，與此形相近。
命		韻 67b	
病		韻 67b	可能是从方之訛。
行		韻 67c	

234

續　表

釋文	字形	頁碼	説　　　明
政	𢼸	韻 67c	从古文"正"。
聖	𦔻	韻 67c	洹子孟姜壺(《集成》15.9729、9730)作 𦔻，郭店簡《唐虞之道》4 號簡作 𦔻，25 號簡作 𦔻，並與此形近。
性	眚	韻 67d	用"眚"爲"性"。郭店簡《語叢二》8 號簡、《語叢三》68 號簡等作 眚、眚，亦用爲"性"。
姓	𢥆	韻 67d	用"性"爲"姓"。
就	𨙮	韻 68c	今《孝經》無"就"字，見於僞《古文孝經》。
幼	𢆶	韻 69b	
禁	𡉚	韻 69a	疑是"坓"之訛，假借爲"禁"，猶《周禮》故書"廞"爲"淫"。
念	𡴆	韻 69c	同石經古文。
稱	𢿢	韻 69d	"再"之變體。今《孝經》無"稱"字。
陷	𨺅	韻 70a	
禄	𥝩	韻 71c	頌鼎"录"作 𥝩，亦用爲"禄"。曾侯乙墓竹簡 2 號簡"录"字作 𥝩。此形訛變。
卜	卜	韻 71c	同《説文》古文。

235

續　表

釋文	字形	頁碼	説　　　　明
服	 （字形）	韻 71d	同石經古文。
熟	 （字形）（字形）	韻 72b	第二形从"土"，假"塾"爲"熟"。今《孝經》無"熟"，當即"孰"之誤釋。
育	 （字形）	韻 72b	今《孝經》無"育"字，僞《古文孝經》作"毓"。
肅	 （字形）	韻 72c	
夙	 （字形）	韻 72c	从夕从卂。
睦	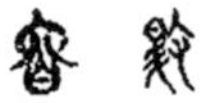 （字形）（字形）	韻 72c	第一形从目从六，《説文》古文从目从�充。
屬	 （字形）	韻 73a	从"尾"省。
辱	 （字形）	韻 73a	
足	（字形）	韻 73b	
俗	 （字形）	韻 73b	
覺	 （字形）	韻 73b	引石經作（字形）。參第二章 533"覺"字條。 
樂	 （字形）（字形）	韻 73c	
㔾	 （字形）	韻 73d	今本作"膝"。此同《説文》。
一	一	韻 73d	
失	 （字形）（字形）	韻 74a	

續　表

釋文	字形	頁碼	説　　明
必	（字形）	韻 74a	
聿	（字形）	韻 74b	
弗	（字形）	韻 74c	今《孝經》無"弗"字,僞《古文孝經》有。
曰	（字形）	韻 74d	
厥	（字形）	韻 74d	與石經古文相近。
察	（字形）	韻 76a	即"詧"字,"詧"是察看之"察"的本字。
節	（字形）	韻 76b	見於石經殘石,參看第二章 273"節"字條。
絶	（字形）	韻 77b	形訛。今《孝經》無"絶"字。
別	（字形）	韻 77b	《説文》:"仈,分也。从重八,八,別也,亦聲。《孝經説》曰:故上下有別。"今《孝經》無"別"字,疑據《説文》引《孝經説》而列。
戚	（字形）（字形）	韻 78a	與石經"戚"古文相近。是"哀戚"之"戚"。
昔	（字形）	韻 78b	
易	（字形）	韻 78c	
席	（字形）	韻 78d	《説文》古文作（字形）,从"石"省,此不省。
辟	（字形）	韻 78d	同石經古文。今《孝經》作"避席",無"辟"字;僞《古文孝經》"避席"之"避"作"辟"。

237

續　表

釋文	字形	頁碼	説　　明
麥	𡙡	韻 79a	今《孝經》無"麥"字。
伯	白	韻 79c	用"白"爲"伯"。
逆	𤖔	韻 79c	
宅	庌	韻 79d	同石經古文第二形。
擇	𦋅	韻 79d	用"睪"爲"擇"。
及	𢎘	韻 81b	同石經古文。
立	𡗓 𡗓	韻 81b	
泣	𣲷	韻 81b	从水从立,"立"旁訛。
若	𦰩	韻 81d	與石經古文相近。
莫	茻	韻 82a	
作	迮	韻 82b	"乍"之訛。
各	𠮷	韻 82b	
博	𢑄	韻 82c	專,石經古文第一形作𢑄,此形右旁即由之省訛。
椁	𡎆	韻 82d	
職	𤐫	韻 82d	从《説文》古文"熾"。

238

續　表

釋文	字形	頁碼	説　　　明
食		韻 83a	用"飤"爲"食"。戰國文字多用"飤"爲"食"。[①]
稷		韻 83c	
德		韻 84a	
得		韻 84a	从見，同《説文》古文。
則		韻 84b	同石經古文。
北		韻 84c	
國		韻 84c	同石經古文。

九、《尚書》

釋文	字形	頁碼	説　　　明
一		汗 2a	同《説文》古文。
		韻 73d	
天		汗 2a	
		韻 21b	

① 參看何琳儀：《戰國古文字典》，上册 65—66 頁。

續　表

釋文	字形	頁碼	説　　　　　明
帝	釆	汗 2a	
神	禮 卌	汗 2a	《汗簡》第二形、《古文四聲韻》第一形同石經古文。
	卌 禮	韻 16b	
祡	禱	汗 2a	同《説文》古文。
	膔	韻 14d	
禮	祁	汗 2a	同《説文》古文。
	祁	韻 40c	
祀	禩	汗 2a	《汗簡》字形和《古文四聲韻》第一形同《説文》或體。
	禩	韻 38a	
	禩	韻 86c	
輔	禰	汗 2b	从古文"示"，甫聲。
	禰	韻 39c	
祖	禘	汗 2b	禘，《玉篇》《廣韻》以爲"詛"字異體，包山211、241 號簡亦用作"詛"，又見於上博簡《競公瘧》8 號簡。

續 表

釋文	字形	頁碼	説　　明
視	(字形)	汗 2b	从目示聲,同《説文》古文第一形。
	(字形)	韻 52b	
社	(字形)	汗 2b	同《説文》古文。
禪	(字形)	汗 2b	《漢書》"禪"作"襢"。《尚書》無"禪"。《古文四聲韻》第二形从"單"的繁體"單"。
	(字形)	韻 61b	
三	(字形)	汗 2b	同《説文》古文。
	(字形)	韻 26c	
璿	(字形)	汗 2c	同《説文》古文,唯此从古文"玉"。
	(字形)	韻 22d	
玕	(字形)	汗 2c	同《説文》古文,唯此从古文"玉"。
	(字形)	韻 19b	
珤	(字形)	汗 2c	珤,《玉篇》《廣韻》以爲古文"寶"。《説文》"寶"的古文作(字形)。
中	(字形)	汗 2d	《汗簡》第一形和《古文四聲韻》是訛體,《汗簡》第二形同《説文》籀文,亦訛體。
	(字形)	韻 6a	

241

釋文	字形	頁碼	説　　明
扑	(字形)	汗 3a	从仆之訛。
	(字形)	韻 71d	
縮	(字形)	汗 3a	《説文》："茜，禮，祭束茅加于裸圭而灌鬯酒，是爲茜。……《春秋傳》曰：尔貢包茅不入，王祭不供，無以茜酒。""茜"字通作"縮"。此形改从《説文》古文"酉"，形同《説文》"茆"字。《尚書》無"縮"。
	(字形)	韻 72a	
荆	(字形)	汗 3a	同《説文》古文。
	(字形)	韻 29c	
農	(字形)	汗 3a	同《説文》小徐本古文。
	(字形)	韻 6c	
滋	(字形)	汗 3a	《説文》："芓，麻母也。"此用爲"滋"。
	(字形)	韻 11a	
謨	(字形)	汗 3d	同《説文》古文。
	(字形)	韻 13b	

續　表

釋文	字形	頁碼	説　　　　明
和		汗 3d	同《説文》篆文。
		韻 25c	
吁		汗 3d	《璽彙》269（楚璽）作 吴。
		韻 12c	
兜		汗 3d	用"敗"爲"驩兜"之"兜"。
		韻 32d	
君		汗 3d	《汗簡》第二形同《説文》古文。第一形亦是
		韻 17d	訛體。
謙		汗 3d	"謙"字一見於僞《大禹謨》。帛書《周易》謙
		韻 33d	卦"謙"均作"嗛"，同此。
誨		汗 3d	从口，同古文"謨"。
		韻 57a	
譸		汗 3d	《汗簡》釋"疇"。《無逸》："民無或胥譸張
		韻 32b	爲幻。"

243

釋文	字形	頁碼	説　　　　明
嚌	（字形）	汗 3d	从石經古文"齊"。"嚌"字見於《顧命》。
	（字形）	韻 14a	
詠	（字形）	汗 3d	从口,同《説文》或體。
吟	（字形）	汗 3d	唫,《玉篇》《廣韻》皆云"古吟字"。《尚書》無"吟"。《漢書》用"唫"爲"吟"。
	（字形）	韻 33b	
唬	（字形）	汗 3d	所从"虎"與《説文》古文"虎"第一形相近。《尚書》無"唬"。
嘲	（字形）	汗 3d	《漢書》用"啁"爲"嘲"。《尚書》無"嘲"。黃錫全認爲"尚書"是"史書"之誤。[1] 上"吟""唬"兩字同。
	（字形）	韻 24b	
師	（字形）	汗 4a	與《説文》古文相近。
	（字形）	韻 9b	
嚚	（字形）	汗 4a	《説文》小徐本古文作（字形）。第一形省二"口"。
	（字形）	汗 5d	
	（字形）	韻 16c	

---

① 黃錫全：《汗簡注釋》,96 頁。

續　表

釋文	字形	頁碼	説　明
族	𢁉	汗 4b	與石經古文相近，參看第二章 420"族"字條。
	𢁉 𢁉	韻 71c	
動	𦥛 𢁉	汗 4b	第三形从辵，同《説文》古文。"童"旁與石經古文"童"形相近。《汗簡》𢁉下注"上同"，則是"動"；但從字形看，當是"旗"字。黃錫全認爲，當與下"近"字位置互易，"旗"假借爲"近"。① 可從。
	𤲟	汗 4d	
	𤲟	汗 5b	
	𤲟 𢁉 𤲟	韻 36a	
近	𣓀	汗 4b	同《説文》古文。"斤"旁訛。
歲	𣧑	汗 4b	
	𣧑	汗 34c	
	𣧑	韻 56d	
誓	𣂏	汗 4b	此形即"誓"之訛。
	𣂏 𣂏	韻 57a	

---

① 黃錫全：《汗簡注釋》，103 頁。

續　表

釋文	字形	頁碼	説　　　　明
往	徃	汗 4d	从辵，同《説文》古文。
	𢓊	韻 46d	
遊	𢔎	汗 4d	同《説文》古文"游"。
	𢔎	韻 33d	
徂	𨒡	汗 4d	《説文》"徂"的籀文从辵虘聲，此當是从虘之省訛。
	𨕣	韻 13d	
征	延	汗 4d	从辵，同《説文》正篆。《隸續》所録石經古文同。
	𨒀	韻 30c	
原	邍	汗 4d	《説文》："邍，高平之野，人所登。"通作"原"。
	邍	韻 18a	
遂	遂	汗 4d	《説文》"遂"字古文作𨖹，此形訛。
	𨖹	韻 52a	
後	逡	汗 4d	从辵，同《説文》古文。
	遂	韻 48b	

246

續　表

釋文	字形	頁碼	説　　　明
起	（字形）	汗 4d	从辵，从古文"己"聲。郭店簡《老子甲》31 號簡"起"字从辵己聲,同此。《説文》"起"字古文从辵巳聲。
	（字形）	韻 38b	
遲	（字形）	汗 4d	同《説文》或體。望山一號墓 60 號簡、包山198 號簡、郭店簡《老子乙》10 號簡等並同。
	（字形）	韻 9c	
進	（字形）	汗 4d	从隹之訛。①
	（字形）	韻 58d	
邐	（字形）	汗 4d	《汗簡》字形和《古文四聲韻》第二形是从象之訛。②
	（字形）	韻 42c	
	（字形）	韻 59d	
逖	（字形）	汗 4d	同《説文》古文。
	（字形）	韻 77d	
退	（字形）	汗 4d	同《説文》古文。
	（字形）	韻 58a	

---

① 參看黄錫全:《汗簡注釋》,110 頁。
② 參看黄錫全:《汗簡注釋》,110 頁。

續　表

釋文	字形	頁碼	説　　　　明
攸		汗 5b	第一形與"迺"形相混，《汗簡》第二形同《説文》正篆。《説文》："逌，……讀若攸。"《漢書》多用"逌"。《石鼓·田車》"君子逌樂"，亦用"逌"爲"攸"。郭店簡《緇衣》45 號簡和上博簡《緇衣》23 號簡用"卣"爲"攸"。
		韻 31c	
		韻 31d	
率		汗 5c	同秦漢文字"率"，石經篆文亦同。參看第二章 115"衛"字條。
		韻 74a	
道		汗 5c	第一形从行从人會意，見於郭店簡《老子甲》6、13 號簡與《忠信之道》7 號簡、《語叢三》6 號簡等。第二形从行，同西周金文（《金文編》105 頁）；郭店簡《語叢二》38 號簡作𧗟，亦从行。
		韻 44c	
嚴		汗 5d	《説文》古文作𣤘，此从《説文》古文"敢"。
		韻 34d	
册		汗 5d	同《説文》古文。
		韻 79a	
斥		汗 6a	"斥"本从屵，隸書省訛从干，此改从篆文"干"。
		韻 78d	

續　表

釋文	字形	頁碼	説　明
逆		汗 6a	“屰”字形訛。
商		汗 6a	與《説文》古文第一形、籀文並相近。
		韻 27a	
州		汗 6b	同《説文》古文。
		韻 32a	
辜		汗 6b	《汗簡》第一形和《古文四聲韻》字形同《説文》古文。《汗簡》第二形右旁是“辜”之訛。[①]
		汗 10c	
		韻 13c	
言		汗 6c	參第二章 133“詩”字條。
		韻 18b	
愆		汗 6c	同《説文》籀文。
		韻 23a	
辝		汗 6c	石經古文《多士》“詞(辭)”作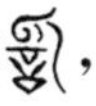，从言㠯聲，此从“司”省，可能是抄脱筆畫。

① 黄錫全：《汗簡注釋》，176 頁。

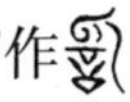

釋文	字形	頁碼	説　　　明
訓	（字形）	汗 6c	同石經古文。
	（字形）	韻 59b	
諺	（字形）	汗 6c	从言产聲，見於曾侯乙墓磬銘。①"諺"作"詹"，見於清華簡《治政之道》33 號簡。
	（字形）	韻 60a	
忌	（字形）	汗 6c	从言丌聲。《説文》："譬，忌也。……《周書》曰：上不譬于凶德。"見於《多方》，今本"譬"作"忌"。
奏	（字形）	汗 7a	第一形同《説文》篆文，第三形同《説文》古文第二形。《古文四聲韻》第二形與《説文》古文第一形相近，《汗簡》第二形訛。
	（字形）	汗 7d	
	（字形）	韻 69a	
尹	（字形）	汗 7a	同《説文》古文。
	（字形）	韻 41d	
亂	（字形）	汗 7b	第一形同《説文》古文"䜌"。第二形同《説文》"辭"之篆文。《説文》"辭"讀若"亂"。《汗簡》第三形寫脱筆畫。《説文》："敲，煩也。""敲"即"亂"之異體。
	（字形）	汗 8a	
	（字形）	韻 60b	

---

① 參看《曾侯乙墓》，560 頁，注 39。

續　表

釋文	字形	頁碼	説　　　　　明
稱	（字形）	汗 7b	《説文》："再，并舉也。""再"是稱舉之"稱"的本字。石經"稱"的古文作（字形）。
	（字形）	韻 34b	
敷	（字形）	汗 7d	形同《説文》"尃"字篆文。《説文》："尃，布也。"通作"敷"。
	（字形）	韻 13a	
得	（字形）	汗 7d	《説文》古文"得"作（字形），此形訛。
毨	（字形）	汗 7d	《説文》"襞"或體作"褎"，云："或从衣从朕。《虞書》曰：鳥獸褎毛。"見於《堯典》，今本"褎"作"毨"。此形即"朕"之訛。①
	（字形）	韻 36b	
揚	（字形）	汗 7d	同《説文》古文。
	（字形）	韻 26d	
撫	（字形）	汗 7d	同石經古文。
	（字形）	韻 39d	
鞭	（字形）	汗 7d	《説文》古文之訛。
	（字形）	韻 22d	

---

① 黄錫全：《汗簡注釋》，151 頁。

續　表

釋文	字形	頁碼	説　　　明
播	㹜 齡	汗 7d	第一形从《説文》古文"采"。第二形同《説文》古文。
徵	鬏	汗 7d	《説文》古文作鬏，此不从口，又稍寫訛。
敗	鬏	汗 7d	同《説文》籀文。
微	絼	汗 7d	《説文》："散，妙也。"通作"微"。《古文四聲韻》第一形當入"徵"字下。
	鬏 絼	韻 11a	
養	羔	汗 7d	同《説文》古文。
	羔	韻 46b	
捍	羚	汗 8a	《説文》："敔，止也。……《周書》曰：敔我于艱。"見於《文侯之命》，今本"敔"作"扞"。此字金文从干从攴（《金文編》214 頁）。此形所从"干"多出一横。
	羚	韻 59d	
陳	鬏	汗 8a	《説文》："敶，列也。"此省"阜"。
	鬏	韻 16b	
殺	鬏	汗 8a	形訛。參看第二章 190"殺"字條。
	鬏 杗	韻 76a	

續　表

釋文	字形	頁碼	説　　　明
夐		汗 8c	形訛。《説文》："夐，營求也。……《商書》曰：高宗夢得説，使百工夐求，得之傅巖。"見於《書序》，今本"夐求"作"營求"。《古文四聲韻》誤釋爲"蔓"。
		韻 30b	
庸		汗 8d	參第二章 339"䶵"字條。
		韻 7a	
皇		汗 8d	从自，同《説文》正篆；从《説文》古文"王"。於古無徵，顯係拼湊。
		韻 28d	
奭		汗 9a	同《説文》篆文。
		韻 83b	
驩		汗 9d	《玉篇》："鶾，人面鳥喙。"《廣韻》桓韻歡小韻："鶾，鳥名，人面鳥喙。"此字用爲《堯典》"驩兜"之"驩"。
		韻 19c	
難		汗 9d	从"鳥"旁，同《説文》正篆；左旁與《説文》大徐本古文第一形相近。
		韻 19b	
幻		汗 10b	《汗簡》字形與《説文》篆文相近。
		韻 60c	

續　表

釋文	字形	頁碼	説　　　　明
受	（字形）	汗 10b	與石經古文相近。
	（字形）	韻 48a	
殂	（字形）	汗 10c	第二形同《説文》古文。
斁	（字形）	汗 10c	《説文》："𤕬，敗也。……《商書》曰：彝倫攸𤕬。"見於《洪範》，今本"𤕬"作"斁"。
	（字形）	韻 55a	
殛	（字形）	汗 10c	同《説文》古文。
	（字形）	韻 56c	
殊	（字形）	汗 10c	"殊"字一見於僞《畢命》。"朱"旁中從兩橫，見於齊系文字、晉系文字和楚文字。[①]
	（字形）	韻 12d	
類	（字形）	汗 10d	《説文》："𦙃，血祭肉也。"此形訛。此字當用爲《堯典》"肆類于上帝"之"類"。
	（字形）	韻 52b	
孕	（字形）	汗 10d	《廣韻》證韻乘小韻："䏺，孕也。"《集韻》證韻"孕"字下云"古作䏺"。"孕"字一見於僞《泰誓》。

---

① 何琳儀：《戰國古文字典》，上冊 398—400 頁。

續　表

釋文	字形	頁碼	説　　　　明
肯		汗 10d	《汗簡》字形同《説文》篆文。
		韻 49b	
割		汗 11a	與石經古文相近。
刑		汗 11a	同《隸續》所録石經古文。
		韻 30d	
則		汗 11a	分別同《説文》古文和籀文。
列		汗 11a	《説文》篆文作，從歺省。此從古文"歺"省，又多一横。
		韻 76d	
皮		汗 11b	從竹，同《説文》古文。
		韻 8b	
筱		汗 11b	
		韻 43d	
簜		汗 11b	《説文》："簜，大竹也。……《夏書》曰：瑤琨筱簜。"見於《禹貢》。《説文》訓"簜"爲"大竹箭"。"簜""簜"實一字。
		韻 46d	

255

續　表

釋文	字形	頁碼	説　　　　明
喬	𩵋	汗 11b	用爲《禹貢》"厥木惟喬"之"喬"。①《汗簡》釋爲"簥"。《説文》無"簥"字。
	𩵋	韻 24a	
箘	𥱵	汗 11b	从昆聲，"箘"之異體。《集韻》上聲準韻："箘，古作筥。"
	𥱵	韻 41c	
典	𥴬	汗 11b	从竹，同《説文》古文。
	𥴬	韻 43a	
箕	𥱺	汗 11b	从竹丌聲，見於《貨系》1604（趙幣）、信陽二號墓 21 號簡等。
	𥬹	韻 10c	
酣	𠂤	汗 12a	
	𠂤	韻 26c	
僭	朁	汗 12a	用"朁"爲"僭"。形同《説文》篆文"朁"。
稽	䫙	汗 12b	稽首之"稽"，从首旨聲，同《説文》正篆。《汗簡》第一形所从"旨"較《説文》古文"旨"少一筆，抄脱；第二形反多出一筆。
	䫙	汗 24c	
	䫙	韻 14b	
	䫙	韻 40d	

---

① 參看黃錫全：《汗簡注釋》，187 頁。

續　表

釋文	字形	頁碼	説　　明
饑		汗 13c	《古文四聲韻》釋"飢"。所从"幾"省"戈"。第二形从乏食會意。《玉篇》以"飯"爲"飢"的古文。
		韻 8b	
粒		汗 13c	同《説文》古文。
		韻 81b	
餉		汗 13c	訛从尚聲。"餉"字一見於僞《仲虺之誥》。
		韻 66d	
澮		汗 13d	參看第二章 417"澹"字條。
		韻 55d	
法		汗 13d	同《説文》古文。
虞		汗 13d	此形是清華簡《湯處於湯丘》16 號簡讀爲"華"的 和《湯在啻門》16 號簡讀爲"嘩"的 之訛變。①
		韻 12c	
弁		汗 13d	同《説文》或體。

---

① 陳劍：《據〈清華簡(伍)〉的"古文虞"字説毛公鼎和殷墟甲骨文的有關諸字》，李宗焜主編：《古文字與古代史》第五輯，"中研院"歷史語言研究所，2017 年。

257

續　表

釋文	字形	頁碼	説　　　　明
舜	𡐊	汗 14d	與《説文》古文相近，但比《説文》古文更接近郭店簡《唐虞之道》中的"舜"字。參看第二章 350"舜"字條。
栗	𣐽 𣔀	汗 15c	第一形同《説文》篆文，第二形同石經古文。
	𣐽 𣔀	韻 74a	
困	𣏂	汗 15c	同《説文》古文。
	𣏂	韻 59c	
松	𣟏	汗 15c	《説文》或體從"容"，此從古文"容"，且"容"所從的"公"同石經古文。
	𣟏	韻 7a	
杶	𣟏	汗 15c	《汗簡》字形同《説文》古文。
	杻	韻 17b	
本	𣎵	汗 15c	《汗簡》字形同《説文》古文。
	𣎵	韻 42b	
桐	𣏚	汗 15c	
糵	𣎵 桻	汗 15c	第一形同《説文》古文第一形。《説文》古文第二形作桻。
	𣎵 桻	韻 75d	

續　表

釋文	字形	頁碼	説　　明
樹		汗 15c	第一形同《説文》籀文。
	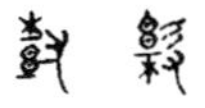	韻 54d	
梅		汗 15c	“梅”字一見於僞《説命》。
		韻 15a	
梓		汗 15c	同《説文》古文“李”，此作爲“梓”的異體。參看第二章 357“李”字條。
		韻 38c	
廉		汗 15c	
		韻 33c	
麓		汗 15c	《説文》古文作，从林，此从艸，則與草名之“蔍”同形。
		韻 71c	
野		汗 15c	第一形从林从土，與六國文字相合。參看第二章 811“野”字條。第二形从矛，是據“壄”的訛體“壄”回改。
		汗 37b	
		韻 45c	

續　表

釋文	字形	頁碼	說　　　　明
拙	（字形）	汗 16b	从矢。《説文》："炪，火光也。……《商書》曰：予亦炪謀。讀若巧拙之拙。"見於《盤庚》，今本"炪"作"拙"。鄭珍指出此从矢是从火之譌。
	（字形）	韻 77b	
圖	（字形）	汗 17a	从古文"者"聲。从口者聲的"圖"見於上博簡《魯邦大旱》1 號簡。
	（字形）	韻 13c	
勳	（字形）	汗 17a	从員聲，同《説文》古文。
	（字形）	韻 17d	
昔	（字形）	汗 17b	
	（字形）	韻 78b	
明	（字形）	汗 17b	同《説文》古文。
	（字形）	韻 29c	
時	（字形）	汗 17b	同《説文》古文。
	（字形）	韻 10a	
昧	（字形）	汗 17b	
	（字形）	韻 57d	

續　表

釋文	字形	頁碼	説　明
宵	（字形）	汗 17b	《玉篇》："哨,古宵字。"
	（字形）	韻 23b	
期	（字形）	汗 17c	第一形同《説文》古文。另兩種字形从月丌聲,《璽彙》2766(晉璽)"期"作（字形）。
	（字形）（字形）	汗 18a	
	（字形）	韻 10b	
	（字形）（字形）	韻 10c	
慎	（字形）	汗 17c	形同石經古文。
	（字形）	韻 58d	
昏	（字形）	汗 17c	鄭珍以爲从日下會意,俗別造會意字。
朝	（字形）	汗 17c	《説文》："龻,厹龻也。讀若朝。……杜林以爲朝旦。"此从日,不从旦。秦簡作（字形）,亦从日,用爲"朝旦"之"朝"。
	（字形）	韻 23c	
參	（字形）	汗 17d	从三"日",同《説文》正篆。
朔	（字形）	汗 18a	
	（字形）	韻 73c	

釋文	字形	頁碼	説　　　　　明
霸	（字形）	汗 18a	同《説文》古文。
	（字形）	韻 66a	
睦	（字形）	汗 18b	《説文》古文作（字形），此寫誤。
	（字形）	韻 72c	
猶	（字形）	汗 18c	用"甹"爲"猶"。所从"由"旁形同石經篆文。
	（字形）	韻 31c	
粟	（字形）	汗 18c	同《説文》篆文。
	（字形）	韻 73b	
稷	（字形）	汗 18d	同《説文》古文。
	（字形）	韻 83c	
穗	（字形）	汗 18d	同《説文》正篆。《尚書》無"穗"。
秋	（字形）（字形）	汗 18d	《汗簡》第一形同《説文》篆文。《説文》籀文作（字形），《汗簡》第二形、《古文四聲韻》字形省"火"。
	（字形）	韻 31c	

釋文	字形	頁碼	説　　明
穆	（字形）	汗 18d	古文字"穆"字均"禾"旁在右，①同此。
	（字形）	汗 24d	
	（字形）	韻 72d	
秦	（字形）	汗 19a	第一形同石經古文，第二形同《説文》籀文。
	（字形）	韻 16c	
兼	（字形）	汗 19a	《汗簡》釋"廉"，誤。
	（字形）	韻 33d	
宅	（字形）	汗 20a	同《説文》古文。第二形下注云"亦度字"。
	（字形）	汗 26b	
親	（字形）	汗 20a	《説文》："寴，至也。"與"親"音義皆同。西周金文"親"多作"寴"（《金文編》516 頁），秦嶧山碑亦用"寴"。
	（字形）	韻 16c	
賓	（字形）	汗 20a	金文"賓"作"寏"，如郳公鈺鐘"用樂我嘉賓"之"賓"作（字形）（《金文編》529 頁）。上博簡《容成氏》5 號簡"賓"作（字形）。此第一形同《説文》"寏"的篆文，第二形同《説文》古文。
	（字形）	韻 16d	

----

① 《金文編》，500—501 頁；何琳儀：《戰國古文字典》，265—266 頁。

續　表

釋文	字形	頁碼	說　　　　明
网	（字形）	汗20a	形同石經古文"罔"。《說文》"网"字古文作（字形）。
寶	（字形）	汗20a	《說文》古文作（字形）。（字形），《古文四聲韻》用爲"寶"，同石經古文，《汗簡》引《尚書》此字釋爲"保"。
	（字形）	韻45a	
䣆	（字形）	汗20a	
	（字形）	韻46c	
容	（字形）	汗20a	從公，同《說文》古文，但所從"公"形同石經古文。
貧	（字形）	汗20a	同《說文》古文。
	（字形）	韻16d	
竄	（字形）	汗20b	《說文》："窡，塞也。……讀若《虞書》曰'窡三苗'之'窡'。"此從穴。
奄	（字形）	汗20b	同《說文》"弇"之古文。"奄""弇"古通。
	（字形）	韻49a	
怨	（字形）	汗20c	與《說文》、石經古文相近。
	（字形）	韻59b	

264

續　表

釋文	字形	頁碼	説　　明
禹	余	汗 21a	《汗簡》字形和《古文四聲韻》第一形訛,《古文四聲韻》第二形同《説文》、石經古文。
	余　余	韻 39b	
殺	余	汗 21a	《説文》古文第三形之訛。
粉	粉	汗 21b	《皋陶謨》"粉米"之"粉"。《説文》作"黺",此同。
	粉	韻 42a	
米	米	汗 21b	《皋陶謨》"粉米"之"米"。《説文》篆文、石經古文作"絑"。
	米	韻 40d	
陟	陟	汗 21b	同《説文》古文。
	陟	韻 83a	
夙	佰	汗 21b	同《説文》古文,《汗簡》字形訛。
	佰	韻 72c	
剛	仜	汗 21b	《汗簡》字形少寫一橫。《説文》古文作佢,兩橫在"口"上。此形兩橫在"口"下,與六國文字相合。① 參看第二章 264"剛"字條。
	仜	韻 28c	

---

① 何琳儀:《戰國古文字典》,上冊 646—648 頁。

續　表

釋文	字形	頁碼	説　　明
侮		汗 21b	同《説文》古文。
		韻 39d	
保		汗 21b	石經古文“寶”作，西周金文太保之“保”或同。
辟		汗 21b	石經古文作，《古文四聲韻》第二形與之相近。《汗簡》字形和《古文四聲韻》第一形省“口”，右旁訛。
		韻 78d	
億		汗 21b	形訛。
		韻 83c	
子		汗 21d	第一形與《説文》籀文相近，第二形同《説文》古文。
		汗 40d	
		韻 38c	
冀		汗 21d	所从“異”旁同石經古文“異”。參看第二章153“異”字條。
		韻 52d	
淫		汗 22a	用“㸒”爲“淫”。
		韻 33a	

釋文	字形	頁碼	説　　　　明
望		汗 22a	同《説文》古文"望"。
		韻 67a	
董		汗 22a	形訛。
		韻 36a	
耄		汗 22b	《説文》"耄"作"薹",从老从蒿省。
		韻 64c	
夷		汗 22b	形同《説文》古文"仁"。參看第二章 478 "仁"字條。
		韻 8a	
衰		汗 22d	
表		汗 22d	分别同《説文》篆文和古文。
		韻 44a	
懷		汗 22d	《説文》:"褱,俠也。""褱"是"懷"的古字。
		韻 15a	

釋文	字形	頁碼	說　　　明
襄	（字形）	汗 22d	第一形與《說文》篆文相近，第二形同《說文》古文。
	（字形）	汗 33d	
	（字形）（字形）	韻 27c	
兢	（字形）	汗 23c	同《說文》篆文。
	（字形）	韻 34a	
夏	（字形）	汗 24b	《汗簡》字形和《古文四聲韻》第二形近篆文，《古文四聲韻》第一形同《說文》古文。
	（字形）（字形）	韻 45c	
須	（字形）	汗 24b	《說文》："𡩋，待也。"通作"須"。"𡩋"字見於清華簡《越公其事》65、66 號簡。
	（字形）	韻 12d	
額	（字形）	汗 24b	《說文》："頟，顙也。"通作"額"。
	（字形）	韻 79c	
沬	（字形）	汗 24b	今本《說文》古文作（字形），段玉裁改同此形。此字一見於《顧命》，今本作"頮"。
	（字形）	韻 57d	

268

續　表

釋文	字形	頁碼	説　明
傲	（字形）	汗 24b	《説文》：“㒵，嫚也。……《虞書》曰：若丹朱㒵。讀若傲。”見於《皋陶謨》，今本“㒵”作“傲”。《汗簡》第二形假“鷔”爲“傲”。《古文四聲韻》第二、三形釋爲“鷔”，但《尚書》無“鷔”。
	（字形）	汗 27c	
	（字形）	韻 64c	
沔	（字形）	汗 24c	
	（字形）	韻 43c	
變	（字形）	汗 24d	石經古文“變”作（字形），左旁皆“弁”之訛。
	（字形）	韻 61d	
施	（字形）	汗 24d	郭店簡《六德》14 號簡（字形）、《忠信之道》7 號簡（字形），並用爲“施”，與此完全相合。
漆	（字形）	汗 24d	《玉篇》“漆”的古文作“涶”。此變“水”旁爲“彡”，同下“洋”字。
諸	（字形）	汗 24d	用“者”爲“諸”，同石經古文。
	（字形）	韻 12b	
洋	（字形）	汗 24d	
	（字形）	韻 26d	

269

續　表

釋文	字形	頁碼	説　明
厚		汗 25a	同《説文》古文。
		韻 48b	
辭		汗 25a	同《説文》籀文。
遷		汗 25b	《汗簡》第一形、《古文四聲韻》第二形同《説文》“舉”字或體。《説文》古文从手西聲，《汗簡》第二形、《古文四聲韻》第一形即《説文》古文之變。
		汗 32d	
	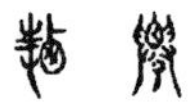	韻 22a	
旬		汗 25c	同《説文》古文。
陶		汗 25c	《説文》：“匋，瓦器也。”通作“陶”。
		韻 24c	
岳		汗 26a	同《説文》“嶽”字古文。
		韻 73b	
崇		汗 26a	《古文四聲韻》字形訛。
		韻 6a	
危		汗 26a	參看上《孝經》“危”字條。
		韻 9a	

續　表

釋文	字形	頁碼	説　　明
岐	（字形）	汗 26a	同《説文》古文。《汗簡》脱釋文，《古文四聲韻》釋"歧"。《説文》正篆作"邠"，或體作"岐"。
	（字形）	韻 8b	
會	（字形）	汗 26a	《汗簡》"會"作（形）。黄錫全説，此形是（形）之訛。①
	（字形）	韻 55d	
崏	（字形）	汗 26a	《説文》："崏，會稽山，一曰九江當崏也。……《虞書》曰：予娶崏山。"
	（字形）	韻 13c	
廩	（字形）	汗 26b	不从禾。《尚書》無"廩"，當注"懍"，②見於僞《五子之歌》、僞《泰誓》。
	（字形）	韻 48d	
文	（字形）	汗 26b	黄錫全説，此形是西周金文从心之"文"（形）的訛變。③
	（字形）	韻 17b	
廡	（字形）	汗 26b	《洪範》："庶草蕃廡。"
	（字形）	韻 39d	

① 黄錫全：《汗簡注釋》，334 頁。
② 參看黄錫全：《汗簡注釋》，336 頁。
③ 黄錫全：《汗簡注釋》，337 頁。

釋文	字形	頁碼	說　　　　明
長		汗 26d	同《説文》古文第一形。
		韻 27b	
益		汗 26d	形同《説文》"嗌"字籀文。石經古文"益"作　。
		韻 78b	
縶		汗 27c	《説文》："馽，絆馬也。……《春秋傳》曰：韓厥執馽前。"或體作"縶"。此從古文"馬"。《尚書》無此字。
		韻 81b	
貍		汗 28a	從犬來聲。《汗簡》寫誤。
		韻 10d	
光		汗 28b	同《説文》古文。《汗簡》寫訛。
		韻 28d	
燠		汗 28b	《説文》"墺"古文作　。此右旁訛。
		韻 72c	
熙		汗 28b	
		汗 33b	
		韻 10d	
		韻 11a	

續　表

釋文	字形	頁碼	説　　明
災		汗 28b	分別同《説文》正篆和古文。
		韻 15c	
業		汗 28b	與《説文》古文相近。
		韻 84d	
狂		汗 28b	同石經古文。
		韻 28b	
灼		汗 28b	《説文》：“焯，明也。……《周書》曰：焯見三有俊心。”見於《立政》，今本“焯”作“灼”。此從《説文》古文“卓”。
		韻 81c	
夾		汗 28d	同石經古文“刺”字所從。形訛。
		韻 80b	
臯		汗 29c	同《説文》篆文。
		韻 24b	
冏		汗 29c	《説文》：“臩，……《周書》曰：伯臩。”今《書序》和偽《冏命》作“冏”。
		韻 47a	

釋文	字形	頁碼	説　　明
衡	（字形）	汗 29c	《説文》古文作（字形），訛"角"旁爲"西"形，此同篆文从角。
	（字形）	韻 29d	
翼	（字形）	汗 29d	"翌日"之"翌"，今《尚書》作"翼"。《説文》"翊"字段玉裁注："《尚書》五言翌日，皆言明日。……天寶閒盡改爲翼。……漢、魏、晉、唐初皆有翌日，無翼日。"《古文四聲韻》釋"翊"。
	（字形）	韻 83d	
恪	（字形）	汗 30a	《説文》："愙，敬也。"通作"恪"。
德	（字形）	汗 30a	从直的訛體。
敦	（字形）	汗 30a	《説文》："惇，厚也。"通作"敦"，今《尚書》作"惇"。
惠	（字形）	汗 30a	同《説文》古文。
宄	（字形）	汗 30a	原釋文誤作"究"。《説文》"宄"字古文第二形作（字形），《汗簡》第一形訛。第二形同《説文》古文第一形，《古文四聲韻》形訛。
	（字形）	汗 39d	
	（字形）（字形）	韻 68a	
謀	（字形）	汗 30a	
	（字形）	韻 32b	

續　表

釋文	字形	頁碼	説　　　明
念		汗 30a	《汗簡》第一形同篆文,《汗簡》第二形同石經古文。《古文四聲韻》字形稍訛。
		韻 69c	
愛		汗 30a	同石經古文、《説文》篆文。
		韻 58b	
固		汗 30a	
		韻 55b	
毅		汗 30a	《説文》:"忍,怒也。……讀若顡。""忍"字見於《陶彙》3.1010—1016,單字。
		韻 54a	
豫		汗 30a	《説文》:"悆,……《周書》曰:有疾不悆。"見於《金縢》,今本"悆"作"豫"。
		韻 54c	
怓		汗 30a	《汗簡》釋文誤作"泥"。"怓"見於僞《五子之歌》。
		韻 9c	
勇		汗 30a	《説文》古文作 ，此从用,應係寫誤。
懼		汗 30a	从眀,同《説文》古文。
		韻 54d	

275

續　表

釋文	字形	頁碼	説　　　明
悉	（字形）	汗 30a	从目，同《説文》古文。
	（字形）	韻 73d	
惕	（字形）	汗 30a	
	（字形）	韻 78a	
憸	（字形）	汗 30a	《説文》：“思，疾利口也。从心从册。《詩》曰：相時思民。”《詩》無此語，見於《盤庚》，今本“思”作“憸”。
	（字形）	韻 33c	
怒	（字形）	汗 30a	原誤釋“恕”，《尚書》無“恕”。从《説文》古文“奴”。
	（字形）	韻 54c	
讎	（字形）	汗 30a	从《説文》“疇”字或體爲聲。
	（字形）	韻 32a	
狂	（字形）	汗 30a	原誤釋爲“睦”。《汗簡》形訛。从心，同《説文》古文。
	（字形）	韻 72d	
常	（字形）	汗 30a	“常”下加“心”。《玉篇》：“慅，古常字。”
	（字形）	韻 27d	

276

續　表

釋文	字形	頁碼	説　　　　明
噫		汗 30a	《汗簡》和《古文四聲韻》第一形从虍。《汗簡》从《説文》篆文"憲",《古文四聲韻》从籀文"憲"。《古文四聲韻》第二形同《説文》籀文"憲"。
		韻 10d	
悟		汗 30a	《古文四聲韻》形同《説文》古文,《汗簡》字形多一横。
		韻 55b	
慶		汗 30a	包山 131 號簡"慶"作 ,上博簡《緇衣》8 號簡作 ,清華簡《禱辭》15 號簡作 。
		韻 67b	
洛		汗 31a	
		韻 82a	
漾		汗 31a	同《説文》古文。
		韻 66c	
滄		汗 31a	从蒼聲,所从"蒼"與石經古文相近。
		韻 28c	
津		汗 31a	从聿,同《説文》篆文。
		韻 16b	

續　表

釋文	字形	頁碼	説　　　　明
淵	（字形）	汗31a	同《説文》古文。
	（字形）	韻21d	
涯	（字形）	汗31a	
流	（字形）	汗31a	訛體。
	（字形）	韻31c	
海	（字形）	汗31a	
	（字形）	韻41a	
瀆	（字形）	汗31a	從古文"睦"。《尚書》無"瀆"。
沇	（字形）	汗31a	《汗簡》字形和《古文四聲韻》第一形同《説文》篆文,《古文四聲韻》第二形同《説文》古文（"口"上多出一豎）。
	（字形）	韻43c	
沿	（字形）	汗31a	同《説文》篆文。
濟	（字形）	汗31a	第二形同《説文》篆文"泲","泲"通作"濟"。
	（字形）	韻40c	
濱	（字形）	汗31a	《説文》"濱"作"瀕"。
	（字形）	韻16d	

續　表

釋文	字形	頁碼	説　　明
漢		汗 31a	同《説文》古文。
		韻 60a	
渡		汗 31a	从宅聲。
		韻 55a	
飲		汗 31a	《説文》古文作，从今聲，此从㑹聲。
		韻 48d	
荒		汗 31a	用"亢"爲"荒"。石經古文作"荒"。
		韻 28d	
魚		汗 32b	
		韻 11d	
鮮		汗 32b	《説文》："鱻，新魚精也。"通作"鮮"。
		韻 22a	
始		汗 32d	即"㚸"字，形訛。用"㚸"爲"始"，郭店簡《五行》18 號簡、《性自命出》3 號簡等同。
		韻 38b	

釋文	字形	頁碼	説　　　　明
遯	（字形）	汗 32d	《説文》：“鞏，忿戾也。……《周書》曰：有夏氏之民叨鞏。鞏，讀若摯。”見於《多方》，今本“鞏”作“憞”。原誤注出《古周易》，釋“遯”亦誤。
	（字形）	韻 59c	
啓	（字形）	汗 33a	《説文》：“启，開也。”通作“啓”。
	（字形）	韻 40d	
房	（字形）	汗 33a	
	（字形）	韻 27a	
戺	（字形）	汗 33a	从户巳聲。《顧命》：“夾兩階戺。”《説文》以爲“阰”的古文。《古文四聲韻》形訛。
	（字形）	韻 38b	
聞	（字形）	汗 33b	同石經古文。
	（字形）	韻 17c	
聒	（字形）	汗 33b	《説文》：“憩，拒（“拒”字原脱，據段注補）善自用之意也。从心銛聲。《商書》曰：今汝憩憩。”古文作（字形）。見於《盤庚》，今本作“聒聒”。《古文四聲韻》形訛。
	（字形）	韻 75d	
拜	（字形）	汗 33c	同《説文》篆文。

續　表

釋文	字形	頁碼	説　　　　明
牽		汗 33c	"牽""擎"古書中通用。
嬪		汗 33d	
		韻 16d	
綏		汗 33d	
		汗 35d	
		韻 9d	
奴		汗 33d	同《説文》古文。
		韻 13c	
若		汗 33d	同石經古文。
		韻 81d	
美		汗 33d	郭店簡《緇衣》1 號簡"美"作 。
		韻 37b	
妻		汗 33d	《汗簡》注出《尚書》《説文》。今本《説文》古文作 。《尚書》無"妻"字。
		韻 14b	

281

釋文	字形	頁碼	説　　　　明
婁	（字形）	汗 33d	《汗簡》注出《尚書》《説文》。今本《説文》古文作（字形）。《尚書》無"婁"，當用爲"屢"。
	（字形）	韻 32c	
要	（字形）	汗 33d	《汗簡》注出《尚書》《説文》。
	（字形）	韻 23d	
厥	（字形）	汗 34b	《説文》："屰，……讀若厥。"《汗簡》字形同《説文》篆文。《古文四聲韻》第二、三形用"昏"爲"厥"。
	（字形）（字形）	韻 74d	
	（字形）	韻 75a	
格	（字形）	汗 34c	从戈，格鬥之"格"的專字。
	（字形）	韻 79d	
蠢	（字形）	汗 34c	《説文》古文作（字形）。
	（字形）	韻 41d	
織	（字形）	汗 34c	所从"戠"不从日。
	（字形）	韻 82d	

續　表

釋文	字形	頁碼	説　　　明
埴		汗 34c	从土戠聲。《禹貢》"厥土赤埴墳",《釋文》:"埴,鄭作戠。"原誤釋"植"。
		韻 83b	
纖		汗 34c	用"韱"爲"纖",秦簡同(《睡編》114 頁)。《古文四聲韻》釋"韱"。
		韻 33c	
戒		汗 34c	
		韻 57c	
誅		汗 34c	中山王䜌鼎(《集成》5.2840)"以誅不順","誅"作 ,从戈朱聲。此寫訛。
		韻 12d	
戡		汗 34c	同篆文。
		韻 26c	
䤝		汗 34c	《説文》:"戕,殺也。……《商書》曰:西伯既戕黎。"見於《西伯戡黎》,今本"戕"作"戡"。《尚書》無"䤝"。鄭珍説,當釋"戡"。
		韻 26b	
稽		汗 35a	《説文》:"卟,卜以問疑也。……讀與稽同。《書》云:卟疑。"見於《洪範》,今本作"稽疑"。"卟"通作"乩"。
		韻 14b	

283

釋文	字形	頁碼	説　　　　明
簠	𠥣 𠥣	汗 35b	同《説文》古文。《禹貢》一見"匭"字，云"包匭菁茅"，並非"簠"義。
	𠥣 𠥣	韻 37c	
弼	𢏚 𢎥 𢎏	汗 35c	第一、三形同《説文》古文，第二形近《説文》正篆。
	𢏚	韻 74a	
	𢎥 𢎏	韻 74b	
羿	𦐧	汗 35c	《説文》："羿，帝嚳射官，夏少康滅之。"通作"羿"。
	𦐧	韻 56b	
純	純	汗 35d	同石經古文。
綦	綦	汗 35d	從丌聲。
	綦	韻 10c	
貌	緢	汗 35d	《説文》："緢，旄絲也。……《周書》曰：惟緢有稽。"見於《吕刑》，今本"緢"作"貌"。《古文四聲韻》誤釋"貓"。
	緢	韻 79b	
顯	㬎	汗 36a	《説文》："㬎，……古文以爲顯字。"
	㬎	韻 43a	

續　表

釋文	字形	頁碼	説　　　明
蒙	（字形）	汗 36d	
	（字形）	韻 5d	
二	（字形）	汗 37b	同《説文》古文。
四	（字形）	汗 37b	石經古文作（字形）。
齊	（字形）	汗 37b	"齊"的隸定古文"坴"之回改而誤。
	（字形）	韻 14a	
堯	（字形）	汗 37b	同《説文》古文。
封	（字形）	汗 37b	《汗簡》第一形同《説文》古文。《説文》籀文作（字形），石經古文作（字形）。
	（字形）	韻 7a	
地	（字形）	汗 37b	同《説文》籀文。
	（字形）	韻 53a	
赤	（字形）	汗 37b	同《説文》古文。
	（字形）	韻 78c	
泥	（字形）	汗 37b	从土。
	（字形）	韻 14c	

釋文	字形	頁碼	説　　　明
基	𡐦	汗 37b	
桀	𣐉	汗 37b	
	𣓏	韻 77a	
牧	坶	汗 37b	《説文》：“坶，朝歌南七十里地。《周書》：武王與紂戰于坶野。”此从每。今《尚書》作“牧”。上博簡《容成氏》52 號簡“牧野”之“牧”从田母聲。
	𡏂	韻 72d	
腜	𡐠	汗 37b	《説文》古文从日，此从土。
	𡐠	韻 43a	
堂	尚	汗 37b	同《説文》古文。
	尚	韻 28b	
墼	𢆶	汗 37b	从旡聲。原誤釋“暨”。
	𢆶	韻 52d	
墺	坪	汗 37b	同《説文》古文。
	𡎓	韻 72c	

續　表

釋文	字形	頁碼	説　　明
釐	(字形)	汗 37d	陳肪簋蓋（《集成》8.4190）"釐叔和子"之"釐"作(字形)，从宀从來从里，此形所从"文"是"來"之訛變。①
	(字形)	韻 10d	
邦	(字形)	汗 37d	同《説文》古文。
	(字形)	韻 7c	
雷	(字形)	汗 37d	《説文》古文第二形作(字形)，包山 174、175 號簡"雷"作(字形)。
畝	(字形)	汗 37d	同《説文》正篆。《古文四聲韻》誤釋"畂"。
	(字形)	韻 21c	
倦	(字形)	汗 38a	《説文》："劵，勞也。"通作"倦"。
	(字形)	韻 61d	
鈞	(字形)	汗 38b	《説文》古文从旬，此从古文"旬"。
	(字形)	韻 17b	
乘	(字形)	汗 38c	《説文》古文作(字形)，此形訛。
	(字形)	韻 34a	

① 參看黄錫全：《汗簡注釋》，461 頁。

釋文	字形	頁碼	説　　　明
析		汗 38d	中山王響方壺（《集成》15.9735）"載之簡策"之"策"作，所從"析"同此。
斯		汗 38d	从丌，字形皆訛。
		韻 8d	
斷		汗 38d	《説文》古文第二形作，《隸續》所録石經古文作。此第一形从斤。第二形近《説文》古文第一形。
		汗 41d	
		韻 60b	
阜		汗 39a	同《説文》古文。
		韻 48a	
隋		汗 39a	
陸		汗 39a	同《説文》籀文。《汗簡》原誤釋"隋"。
		韻 72a	
契		汗 39d	分別同《説文》篆文和古文。
		韻 76d	

續　表

釋文	字形	頁碼	説　　明
甲	令	汗 40a	同《説文》古文。
	令	韻 80b	
成	𣁬	汗 40b	同《説文》古文。
續	𧶠	汗 40c	同《説文》古文。原誤釋"績"。
罪	辠	汗 40c	同《説文》正篆。原誤釋"羅"。
字	𢆷	汗 40d	郭店簡《老子丙》3 號簡、《緇衣》25 號簡此形用爲"慈",此用爲"字"。
	𢆷	韻 53c	
嗣	𤔲	汗 40d	同《説文》古文。《古文四聲韻》字形訛。
	𤔲	韻 53b	
好	𢾰 𢾰 𢾰	汗 41a	《説文》:"致,人姓也。……《商書》曰:無有作致。"見於《洪範》,今本作"無有作好"。從子丑聲的"好"見於郭店簡《語叢一》89 號簡與《語叢二》21、22 號簡及上博簡《緇衣》1、2 號簡等。《汗簡》兩形同,其中一形是從女之誤。
	𢾰 𢾰 𢾰	韻 44d	
屡	會	汗 41c	《禹貢》"厥篚屢絲",《史記·夏本紀》"屢"作"會"。"會"假借爲"屢"。《古文四聲韻》釋"會"。
	會	韻 69d	

續　表

釋文	字形	頁碼	説　　　　明
醇		汗 41c	"醇"字一見於僞《説命》。
		韻 17a	
平		汗 41d	同《説文》古文。
乃		汗 41d	"廼"之訛體。
		韻 41b	
以		汗 41d	
疇		汗 41d	《説文》或體作，但"壽"字下云："，古文疇。"
		韻 32b	
弗		汗 41d	黄錫全説，此即"弜"，通"弗"。[1]
		韻 74c	
終		汗 41d	同《説文》古文。
		韻 6c	
殄		汗 41d	同《説文》古文。

---

[1] 黄錫全：《汗簡注釋》，499 頁。

續　表

釋文	字形	頁碼	説　　　　明
逆	屰	汗 41d	《説文》："屰,不順也。"通作"逆"。
	屰	韻 79c	
鄰	㐭	汗 41d	據"鄰"的表意初文〇〇的隸變"厸"回改而誤。
	㐭	韻 16b	
既	旡	汗 41d	
	旡	韻 54a	
私	厶	汗 41d	《説文》："厶,姦邪也。"通作"私"。
哲	喆	汗 41d	同《説文》古文。
	悊	韻 77a	
方	匚	汗 41d	《説文》："匚,……讀若方。"
	匸	韻 27c	
堆	崔	韻 15b	《尚書》無"堆"。
辰	巂	韻 15d	從《汗簡》古文"會",即"曆"字。
然	爒	韻 22b	從火難聲。從火難聲之字見於者減鐘(《集成》1.202)。

291

續　表

釋文	字形	頁碼	説　　　　明
覃	（字形）	韻 26b	同《説文》古文。
南	（字形）	韻 26b	與《説文》、石經古文相近。
蒼	（字形）	韻 28c	與石經古文相近。原誤釋"倉"，《尚書》無"倉"。
靈	（字形）	韻 31a	第三形用"霝"爲"靈"，第一形可能即第三形之訛。第二形从電。楚簡有从需从電的字（《楚系簡帛文字編》822 頁）。
柔	（字形）	韻 32a	《説文》："𦜕，面和也。……讀若柔。"此左旁訛。
侯	（字形）	韻 32c	同《説文》古文。
秬	（字形）	韻 39b	从𠻖矩聲，同《説文》正篆。《説文》或體作"秬"。
舞	（字形）	韻 39d	同《説文》古文。
遠	（字形）	韻 42b	同石經古文。
蒭	（字形）	韻 43b	《尚書》無"蒭"。《汗簡》注出"史書"，此誤。
甃	（字形）	韻 43c	《尚書》無"甃"。《説文》篆文作（字形），此訛。
惰	（字形）	韻 45b	从女，同《説文》古文。

續　表

釋文	字形	頁碼	説　　　　明
且	（字形）	韻 45d	用"虡"爲"且"，見於包山 196、210、217 等號簡以及上博簡《孔子詩論》6 號簡、《周易》37 號簡、《曹沫之陣》13 號簡等。
爽	（字形）（字形）	韻 46c	《汗簡》作（字形），而脱注出處。此第二形同《説文》正篆。
晃	（字形）	韻 47a	
静	（字形）	韻 47b	用"彭"爲"静"，同石經古文。所從"青"形訛。
貶	（字形）	韻 49a	《説文》六下巢部有"嶲"字，云："杜林説以爲貶損之貶。"此形訛。
嗜	（字形）（字形）	韻 52b	
屢	（字形）	韻 55a	中華書局影印本此字漫漶，此據中華再造善本影印宋刻本。
度	（字形）	韻 55a	用"宅"爲"度"，注云"亦宅字"。
蔡	（字形）	韻 56a	石經古文"蔡"之訛。
莽	（字形）	韻 59a	古書有"舜"無"莽"。
旦	（字形）	韻 59d	

續　表

釋文	字形	頁碼	説　　　明
訕	（字形）	韻 60c	《説文》：“姍，誹也。”通作“訕”。《尚書》無“訕”，“姍”見於《漢書》，此“尚書”可能是“史書”之誤。
電	（字形）	韻 60d	同《説文》古文。
橈	（字形）	韻 63d	《尚書》無“橈”。
翻	（字形）	韻 64a	《尚書》無“翻”。
誥	（字形）	韻 64b	同石經古文。
謷	（字形）	韻 64c	《尚書》無“謷”。
戮	（字形）	韻 72a	“翏”之訛。
剝	（字形）	韻 73c	假“仆”爲“剝”。“剝”字一見於僞《泰誓》。

第五章　漢人所謂古文的性質

一、屬於六國文字的古文的國別

王國維古文是六國文字説已經被學者們普遍接受。根據前文的考察，我們發現，包括《説文》古文、石經古文等在内的古文確實大多數能與六國文字相合，但也有少數非六國文字的成分。下面先討論與六國文字相合的古文。

王國維《史籀篇疏證序》《戰國時秦用籀文六國用古文説》首先明確地將戰國時代的文字分成西土的秦文字和東土的六國文字兩類；[①]唐蘭《古文字學導論》將古文字分成殷商系文字、兩周系文字、六國系文字和秦系文字四類。[②] 所謂秦系文字包含春秋戰國時代的秦國文字和小篆，而六國系文字實際是戰國時代除秦以外所有東方國家文字的統稱，包括楚、齊、燕、韓、趙、魏六大國和中山、魯、衛、宋、東周、西周等小國的文字。李學勤《戰國題銘概述》把戰國文字分成齊國題銘、燕國題銘、三晉題銘、兩周題銘、楚國題銘和秦國題銘，首次對戰國文字作了細緻的劃分。[③] 朱德熙、裘錫圭《秦始皇"書同文字"的歷史作用》在論述六國文字的異形時，分齊、楚、燕、三晉進行舉例説明。[④] 何琳儀《戰國文字通論》把戰國文字分爲齊系文字、燕系文字、晉系

---

① 王國維：《觀堂集林》卷五、卷七。
② 唐蘭：《古文字學導論（增訂本）》，33、315 頁，齊魯書社，1981 年。其中兩周系文字，作者注明到春秋末年止；裘錫圭師改稱爲"西周春秋文字"（見《文字學概要（修訂本）》，45 頁），更名副其實。
③ 李學勤：《戰國題銘概述》，《文物》1959 年第 7、8、9 期。
④ 朱德熙、裘錫圭：《秦始皇"書同文字"的歷史作用》，《文物》1973 年第 11 期；又收入《朱德熙古文字論集》，中華書局，1995 年。

文字、楚系文字、秦系文字五系。① 燕系文字、秦系文字都是一個國家的文字，即分別是燕國文字和秦國文字；齊系文字包含齊國、魯國、莒國、邾國等國家的文字，晉系文字包含韓、趙、魏所謂三晉的文字和中山國、兩周的文字，楚系文字包含楚國文字、曾國文字、越國文字、蔡國文字和宋國文字。戰國文字的五系，分別對應地理上的東、南、西、北、中。五系說既符合戰國文字實際的地域特點，又便於操作，目前得到了普遍的認可。本書也采用五系說，各系所包含的國家同上引何琳儀所說。五系文字之中，秦系以外的四系文字就是所謂六國文字。六國文字的四系各有特點，那麼屬於六國文字的古文又到底屬於哪一系呢？前文提到王國維早有齊魯文字說而李學勤曾經提出過楚文字說。

　　本書第二、三、四章列出了漢人所謂古文的基本材料，並在馮文所做工作的基礎上大致與出土古文字作了對比。下面總結前文，對包括《説文》古文、石經古文等在内的漢代人所説的古文中與出土六國文字相合的部分的具體國別作出判斷。

　　郭店簡《唐虞之道》《忠信之道》《語叢一》《語叢二》《語叢三》和上博簡《緇衣》中有不少字形與典型的楚文字明顯不同，研究者多認爲具有齊系文字特徵，馮文作了細緻的論證，結論十分可信。下文就把這幾篇簡文當作齊系文字的材料來看待（這些篇中能大致肯定是楚文字而非齊系文字的字形除外）。另外，郭店簡《五行》有少量字形也不是楚文字，而應看作齊系文字。② 清華簡《良臣》《祝辭》的書體風格和字形都具有晉系文字的特點，可能爲晉系文字的抄本，③下文即視之爲晉系文字的材料。

　　已出土的六國文字中，燕文字的單字數是最少的。根據前文，只與燕文

---

① 何琳儀：《戰國文字通論》，中華書局，1989 年；又《戰國文字通論（訂補）》，江蘇教育出版社，2003 年。

② 參看馮勝君：《談談郭店簡〈五行〉篇中的非楚文字因素》，《簡帛》第一輯，上海古籍出版社，2006 年。

③ 參看劉剛：《清華叄〈良臣〉爲具有晉系文字風格的抄本補證》，《中國文字學報》第五輯，商務印書館，2014 年；單育辰：《“蝌蚪文”譚》，《出土文獻研究》第十三輯，96 頁注⑨，中西書局，2014 年。

字相合（所謂相合包括部分重要特徵的相合），而不見於其他三系文字的古文僅有一例：石經古文"祇"作𥛪，與燕文字𥛪最相近，而與晉、楚文字都有較明顯的距離（第二章 012 條。以下省去"第二章"三字），但此字齊系文字未見，仍然不能説這是燕文字特有的字形。其他如石經古文"公"（047 條）、石經古文"秦"（442 條）、《説文》古文"闕"（708 條）、《説文》及石經古文"民"（734 條）、《説文》古文"申"（880 條）等雖然與燕文字相合，但都同時見於其他系的文字，不是燕文字的特有字形。因此，能肯定是燕文字的古文是沒有的。下面就只比較古文與齊、晉、楚三系文字。第三、四章中的古文在第二章中已經出現的一般不列出。

（一）見於齊、晉、楚三系文字的古文

1. 石經古文"帝"第二形作𠫔，豎筆上比篆文多一橫。（005 條）

2.《説文》古文"示"作𠄏，比篆文少上一橫，出土石經古文"示"旁皆如此。（008、011、013、015 條）

3. 石經古文"中"作𠁩。（029 條）楚文字雖常見這樣寫的"中"，但楚簡"中"字大多數不這樣寫。①

4. 石經古文"爾"作𠦪。（043 條）

5. 石經古文"益"作𥁋。（057 條）

6. 石經古文"君"作𠱠。《説文》古文訛。（062 條）

7.《説文》古文"正"第一形作𠕁，比篆文多一橫。（082 條）

8.《説文》古文"往"作𢔶，從辵，篆文從彳。（106 條）

9.《説文》古文、《汗簡》引石經古文"退"作𢓴，從辵，篆文從彳。（107 條）

10.《説文》、石經古文"後"作𢔟，從辵，篆文從彳。（108 條）

11.《説文》古文"得"作𢔶、石經古文作𢔶，不從彳。（109 條）《説文》古文形體有訛誤。

12. 石經古文"衛（率）"作𢖀。（115 條）

---

① 參看李守奎：《楚文字編》，32—33 頁。

13.《説文》古文"册"作▨。（121 條）

14. 石經古文"㠱"作▨，从臼，用爲"歷"。除齊系文字"㠱"用爲人名外，晉、楚系文字用爲"歷"，用法也同石經古文。（161 條）

15. 石經古文"爲"作▨。（164 條）

16.《説文》古文"反"作▨，"又"上加一横。（172 條）

17.《説文》、石經古文"卜"作▨，右筆下垂。（206 條）

18.《説文》、石經古文"百"作▨。楚文字雖有這樣寫的"百"，但大多上端多出一横。（220 條）

19. 石經古文"兹"作▨。（239 條）

20.《説文》古文"利"作▨。（262 條）

21. 石經古文"奠"作▨。（284 條）

22.《説文》古文"巨"作▨。（287 條）

23. 石經古文"内"作▨，比篆文多一横。（329 條）

24.《説文》、石經古文"侯"作▨。（332 條）

25. 石經古文"游"作▨。（418 條）

26.《説文》古文和《隸續》所録石經古文、《汗簡》及《古文四聲韻》所引石經古文"旅"作▨，所从"㐣"形近"止"。（419 條）

27. 石經古文"族"作▨，所从"㐣"形近"止"。（420 條）

28.《説文》、石經古文"明"作▨，从日从月。（425 條）

29. 石經古文"束"作▨。（434 條）

30.《説文》小徐本"古文以貞爲鼎"。（435 條）

31.《説文》古文"容"作▨，石經古文作▨，从公。《説文》古文所从"公"形同篆文，與六國文字不合；石經古文所从"公"圈中有一點，見於齊系文字，不見於晉、楚系文字。（452 條）

32. 石經古文"主"作▨。（461 條）

33. 石經古文"弔"第一形作▨。（491 條）

34. 石經古文"丘"作▨。（498 條）

35. 石經古文"怒"作▨。（636 條）

36. 石經古文"愛"作◯。(642 條)

37.《説文》古文"淵"作◯。(661 條)

38.《説文》古文"巠"作◯,从壬。(674 條)

39.《説文》古文"州"作◯。(675 條)

40.《説文》、石經古文"至"作◯。(702 條)

41.《説文》古文"鬭"作◯。(708 條)

42.《隸續》所録石經古文"閔"作◯,《汗簡》所引石經古文作◯,《古文四聲韻》所引石經古文作◯。(711 條)

43. 石經古文"弗"作◯。(735 條)

44. 石經古文"武"作◯。(741 條)

45. 石經古文"孫"作◯、◯。(758 條)

46.《説文》古文"糸"作◯。但除郭店簡《唐虞之道》《忠信之道》和上博簡《緇衣》外,齊、晉、楚三系文字"糸"旁作此形者都不習見。(759 條)

47.《説文》古文"彝"第二形作◯,《汗簡》引作◯。(775 條)

48. 石經古文"封"作◯。(798 條)

49.《隸續》所録石經古文"刑"作◯,即用"型"爲"刑"。(799 條)

50.《説文》古文"堯"作◯。(807 條)

51. 石經古文"金"作◯。(825 條)

52.《説文》古文"斷"第二形作◯。(834 條)

53. 石經古文"四"作◯。(844 條)

54.《説文》、石經古文"五"作◯。(848 條)

55.《説文》、石經古文"禹"作◯。(853 條)

56.《説文》古文"醬"作◯。(884 條)

57.《古文四聲韻》引《古孝經》用《説文》"醬"字古文爲"將"。(第四章八、《孝經》韻 27d)

上列古文字形和用字與齊、晉、楚三系文字都相合,可以説反映了六國文字異於秦文字的共同特點。根據這些古文,只能得出古文是六國文字的結論,並不能對其國别屬性作出進一步的判斷。

（二）見於齊系和晉系文字的古文

1.《説文》古文"鞭"作🔲。楚文字作🔲、🔲形。（160 條）

2.《説文》古文"事"作🔲，石經古文作🔲。（179 條）楚文字"事"作🔲形。①

3. 石經古文"膚"作🔲。楚文字"膚"作🔲。（253 條）

4. 石經古文"盟"作🔲。（426 條）楚文字"盟"從明從示。②

5. 石經古文"而"作🔲。（576 條）楚文字"而"多作🔲形。③

6.《説文》古文"德"作🔲，石經古文作🔲。楚文字"德"作🔲形。（631 條）

7.《説文》古文"患"第一形🔲所從的"關"。（647 條）楚文字"關"從串聲。④

8. 石經古文"聖"字作🔲。（713 條）楚文字"聖"字結構同篆文。⑤

9.《隸續》所錄石經古文、《汗簡》和《古文四聲韻》所引石經古文"黃"作🔲。（814 條）楚文字"黃"上從口。⑥

上列古文字形與齊系和晉系文字相合，而與楚系文字有異。

（三）見於齊系和楚系文字的古文

1.《説文》古文"一"作🔲、"二"作🔲，但少寫一筆。（001 條）

2.《説文》古文"番"作🔲。（050 條）

3. 石經古文"商"作🔲。（126 條）

4.《説文》古文"與"作🔲。（155 條）

5.《説文》注明"臤"爲古文"賢"，石經古文"賢"作🔲。（185 條）

6. 石經古文用"敓"爲"悦"。（199 條）

7.《説文》、石經古文"用"作🔲。（209 條）

8. 石經古文"畢"作🔲。（233 條）

9.《説文》古文"玄"作🔲。（238 條）

---

① 參看李守奎：《楚文字編》，186—187 頁，最後兩欄除外。

② 李守奎：《楚文字編》，20 頁。

③ 李守奎：《楚文字編》，560—562 頁，最後兩欄除外。

④ 李守奎：《楚文字編》，670 頁。

⑤ 李守奎：《楚文字編》，670—672 頁，最後四欄除外。

⑥ 李守奎：《楚文字編》，785—786 頁。

10.《説文》古文"甚"作🔲,从口。(290 條)

11. 石經古文"豊"作🔲。(308 條)按郭店簡中"豊"有🔲、🔲兩體,第二體可能是齊系文字,不是楚文字,①則石經此形不與楚文字相合,應歸爲第七類"只見於齊系文字的古文"。

12.《説文》古文"養"作🔲。(322 條)

13. 石經古文"因"作🔲。(385 條)

14.《説文》古文"賓"作🔲。(391 條)

15.《隸續》所録石經古文用"禾"爲"和"。(437 條)

16.《説文》古文"衰"作🔲。(514 條)

17. 石經古文"免"作🔲。(529 條)

18. 石經古文"詞"作🔲。(547 條)

19. 石經古文"辟"作🔲。(551 條)

20.《説文》古文"鬼"作🔲,从示。(556 條)

21.《説文》古文"磬"作🔲,从石至聲。(574 條)

22.《隸續》所録石經古文"赤"作🔲。(610 條)

23.《説文》古文"愛"作🔲,从既聲。(642 條)

24.《説文》古文"冬"作🔲,石經古文作🔲。(683 條)

25.《説文》古文"户"作🔲。(706 條)

26.《説文》古文"妻"作🔲,但字形訛誤。(729 條)

27.《説文》古文"婁"作🔲,石經古文作🔲。《説文》古文字形訛誤。(732 條)

28.《説文》、石經古文"紹"作🔲。《説文》古文字形訛誤。(764 條)

29.《説文》古文"圭"作🔲,从玉旁。(806 條)

30.《説文》古文"野"作🔲,但本當作"埜"。(811 條)

31.《説文》古文"金"作🔲。(825 條)

---

① 郭店簡中,除了上面提到的《唐虞之道》等有明顯齊系文字特徵的幾篇外,其他篇也有個別字形是齊系文字的寫法。

32.《説文》、石經古文"陟"作◇。（839 條）

33. 石經古文"丑"作◇。（872 條）

34.《毛詩》箋謂"員"爲古文"云"。（第三章五、《毛詩》箋中所謂古文）

35.《汗簡》和《古文四聲韻》引《古尚書》"道"作◇。（第四章九、《尚書》汗 5c）

36.《汗簡》引《古尚書》"施"作◇。（第四章九、《尚書》汗 24d）

上列古文字形和用字同時與齊系文字和楚系文字相合，但絕大多數不能排除也出現在晉系文字的可能。

（四）見於晉系和楚系文字的古文

1.《説文》古文"社"作◇。（017 條）

2. 石經古文"葛"作◇。（033 條）

3. 石經古文"余"作◇。（048 條）

4.《説文》古文"嚴"作◇，从三"口"。（074 條）

5. 石經古文"適"作◇。（088 條）

6. 石經古文"復"作◇。（105 條）

7.《隸續》所錄石經古文"御"作◇。（110 條）

8.《説文》古文"牙"作◇。（118 條）

9. 石經古文"修"作◇。（200 條）

10.《説文》古文"棄"作◇。（234 條）

11.《説文》古文"衡"作◇。（269 條）

12. 石經古文用"工"爲"功"。（286 條）

13. 石經古文"巫"作◇。（288 條）

14. 石經古文"今"作◇。（325 條）

15.《説文》、石經古文"南"作◇。（378 條）

16.《説文》、石經古文"時"作◇。（408 條）

17. 石經古文"顯"作◇。（413 條）

18.《説文》古文"宅"第二形作◇，石經古文作◇。（447 條）

19.《説文》古文"量"作◇。（503 條）

20.《説文》古文"屋"作🔲。（519 條）

21. 石經古文用"禺"爲"遇"。（559 條）

22. 石經古文"能"作🔲。（600 條）

23. 石經古文"夷"作🔲。（613 條）

24.《説文》古文"恐"作🔲。（648 條）

25.《説文》古文"黔"作🔲、🔲，从云今聲。（696 條）

26.《説文》古文"聞"作🔲。（714 條）

27.《説文》古文"手"作🔲。（717 條）

28.《説文》古文"扶"作🔲。（719 條）

29.《説文》、石經古文"我"作🔲。（743 條）

30.《説文》古文"曲"作🔲。（752 條）

31.《説文》古文"絶"作🔲。（762 條）

32.《説文》古文"勳"作🔲。（816 條）

33.《説文》、石經古文"辜"作🔲。（866 條）

34.《周禮》故書用"救"爲"求"。（第三章二、《周禮》故書 016）

35.《古文四聲韻》引《古孝經》、《汗簡》和《古文四聲韻》引《古尚書》"危"作🔲。（第四章八、《孝經》韻 9a，九、《尚書》汗 26a）

上列古文字形和用字與晉系和楚系文字相合，但絶大多數不能排除也出現在齊系文字的可能。

（五）只見於晉系文字中的古文

1. 石經古文"周"作🔲。（067 條）

2. 石經古文"卑"作🔲。（178 條）

3. 石經古文"變"作🔲。（196 條）

4.《汗簡》和《古文四聲韻》所引石經"羯"字古文🔲、🔲所从的"曷"旁。（227 條）又《説文》古文"碣"作🔲。（573 條）

5. 石經古文"笫"作🔲。（274 條）

6.《説文》以"完"爲古文"寬"。（451 條）

7. 石經古文用从土弄聲之字爲"完"。（451 條）

8.《説文》古文"保"第二形作⿰⿱。（477 條）

9. 石經古文有"佃"字作⿰。（488 條）

10.《説文》古文"視"第二形作⿰。（531 條）

11.《説文》古文"廟"作⿱。（568 條）

12. 石經古文"悥"作⿱，偏旁"官"所從"𠂤"橫置。（638 條）

13.《汗簡》所引石經古文"熒"作⿱，上從一"火"。（700 條）

14. 石經古文"蟲"作⿰，所從"虫"旁有一短橫飾筆。（784 條）

15.《説文》古文"堂"作⿱。（796 條）

16.《汗簡》和《古文四聲韻》引《古周易》"瞿"作⿱、⿱，二"目"上下重疊。（第四章一、《周易》汗 8d）

17.《汗簡》和《古文四聲韻》引《古尚書》"期"作⿰。（第四章九、《尚書》汗 18a）

18.《汗簡》和《古文四聲韻》引《古尚書》"誅"作⿰，從戈朱聲，而字形訛誤。（第四章九、《尚書》汗 34c）

19.《汗簡》引《古尚書》"析"作⿰。（第四章九、《尚書》汗 38d）

（六）只見於楚系文字的古文

1.《説文》古文"玉"作⿰。（021 條）

2.《説文》以"中"爲古文"艸"。（030 條）

3.《説文》古文"速"作⿱。（091 條）

4.《説文》古文"遠"作⿰，石經古文作⿰。（102 條）

5. 石經古文"踐"作⿰。（119 條）

6.《説文》古文"丙"作⿱。（125 條）

7.《説文》古文"謀"作⿱，石經古文作⿰。（136 條）

8. 石經古文"亂"作⿰。（141 條）

9. 石經古文用"童"爲人名"重耳"之"重"。（146 條）

10.《説文》古文"業"作⿰。（147 條）

11.《説文》古文"𢍺"作⿰。（149 條）

12.《説文》古文"共"作⿱。（151 條）

13. 石經古文“恭”作🔣。（152、635 條）

14.《説文》、石經古文“革”作🔣。（158 條）

15. 石經古文“秉”作🔣。（171 條）

16. 石經古文用“眚”爲“姓”。（214 條）

17. 石經古文“隹（惟）”作🔣。（223 條）

18. 石經古文“惠”作🔣。（237 條）

19. 石經古文“敢”作🔣。（244 條）

20.《説文》古文“剛”作🔣，用“强”爲“剛”。（264 條）

21.《説文》古文“制”作🔣。（266 條）

22.《説文》以“丂”爲“巧”的古文。（297 條）

23.《説文》古文“虐”作🔣，从口，但所从“虍”與楚文字不同。（311 條）

24.《汗簡》和《古文四聲韻》引石經“答”作🔣、🔣。但字形有訛變。（324 條）

25.《説文》古文“厚”作🔣。（341 條）

26.《説文》古文“良”第三形作🔣。（342 條）

27.《説文》古文“嗇”作🔣。（345 條）

28. 石經古文“來”作🔣。（346 條）

29.《説文》、石經古文“乘”作🔣。（355 條）

30.《説文》“杶”的古文🔣所从的“屯”。（358 條）

31.《説文》古文“築”作🔣（小徐本）。（362 條）

32.《説文》古文“夙”作🔣、🔣，實爲“宿”的省體，假借爲“夙”。（428 條）

33.《説文》古文“多”作🔣。（429 條）

34.《説文》古文“稷”作🔣。（438 條）

35. 石經古文“秦”作🔣。又見於燕文字。（441 條）

36.《説文》古文“寶”作🔣，省“貝”。（453 條）

37.《説文》古文“比”作🔣。（496 條）

38.《説文》古文“觀”从目。（532 條）

39.《説文》古文“旬”作🔣。（553 條）

40.《説文》古文"苟"作✸。（554 條）

41. 石經古文"敬"作✸。（555 條）

42. 石經古文"石"作✸。（571 條）

43.《説文》古文第二形"長"作✸（小徐本）。（575 條）

44. 石經古文"逸"作✸。（593 條）

45.《説文》古文"狂"作✸。（597 條）

46.《説文》古文"熾"作✸。（607 條）

47.《汗簡》《古文四聲韻》所引石經古文"替"作✸，从日。（627 條）

48.《説文》古文"懼"作✸。（639 條）

49. 石經古文"治"作✸。（658 條）

50. 石經古文"滅"作✸。（672 條）

51.《説文》古文"畎"作✸。（673 條）

52.《説文》以"濬"爲古文，字頭作"睿"。（681 條）

53. 石經古文"鹹"作✸。（705 條）

54.《説文》古文"聞"作✸。（710 條）

55. 石經古文"拜"作✸。《説文》古文訛誤。又見於燕文字。（718 條）

56.《説文》古文"播"作✸。（723 條）

57.《説文》古文"奴"作✸。（731 條）

58. 石經古文"戰"作✸。（739 條）

59.《説文》古文"直"作✸。（747 條）

60.《説文》古文"終"作✸。（765 條）

61. 石經古文"雖(惟)"作✸。（778 條）

62.《説文》古文"恒"作✸。（789 條）

63.《説文》古文"毁"作✸。（804 條）

64.《説文》古文"動"作✸。（819 條）

65.《説文》古文"勞"作✸。（820 條）

66.《説文》古文"勇"作✸。（822 條）

67.《説文》古文"几"作✸。（832 條）

68.《説文》古文"四"作![字形]。又見於燕文字。（844 條）

69.《儀禮》"裧玄"，古文"裧"作"均"。（第三章一、《儀禮》古文 006）

70.《儀禮》"館人"，古文"館"作"官"。（第三章一、《儀禮》古文 074）

71.《周禮》故書"輦"作"連"。（第三章二、《周禮》故書 017）

72.《周禮》故書"郊"或作"蒿"。（第三章二、《周禮》故書 024）

73.《周禮》故書"狀"作"壯"。（第三章二、《周禮》故書 118）

74.《周禮》《禮記》注以"志"爲古文"識"。（第三章三、《周禮》注中所謂古文 3，四、《禮記》注中所謂古文 1）

75.《古文四聲韻》引《古孝經》"遺"作![字形]。（第四章八、《孝經》韻 9d）

76.《古文四聲韻》引《古孝經》"其"作![字形]。（第四章八、《孝經》韻 10b）

77.《古文四聲韻》引《古孝經》"由"作![字形]。（第四章八、《孝經》韻 31c）

78.《古文四聲韻》引《古孝經》"始"作![字形]。（第四章八、《孝經》韻 38b）又《汗簡》和《古文四聲韻》引《古尚書》作![字形]。（第四章九、《尚書》汗 32d）

79.《古文四聲韻》引《古孝經》"取"作![字形]。（第四章八、《孝經》韻 39d）

80.《古文四聲韻》引《古孝經》"謹"作![字形]。（第四章八、《孝經》韻 42a）

81.《古文四聲韻》引《古孝經》"滿"作![字形]。（第四章八、《孝經》韻 42d）

82.《古文四聲韻》引《古孝經》"悖"作![字形]。（第四章八、《孝經》韻 57d）

83.《古文四聲韻》引《古孝經》"慶"作![字形]。（第四章八、《孝經》韻 67b）

84.《汗簡》和《古文四聲韻》引《古尚書》"吁"作![字形]。（第四章九、《尚書》汗 3d）

85.《汗簡》和《古文四聲韻》引《古尚書》"起"作![字形]，从辵己聲。（第四章九、《尚書》汗 4d）

86.《汗簡》和《古文四聲韻》引《古尚書》"遲"作![字形]。（第四章九、《尚書》汗 4d）

87.《汗簡》和《古文四聲韻》引《古尚書》"諺"作![字形]。（第四章九、《尚書》汗 6c）

88.《汗簡》和《古文四聲韻》引《古尚書》"圖"作![字形]、![字形]，从者聲。（第四章九、《尚書》汗 17a）

89.《汗簡》和《古文四聲韻》引《古尚書》"牧"作🔣。（第四章九、《尚書》汗 37b）

90.《古文四聲韻》引《古尚書》"且"作🔣。（第四章九、《尚書》韻 45d）

（七）只見於齊系文字的古文

1.《說文》古文"莊"作🔣，但字形訛誤。（032 條）

2. 石經古文"春"作🔣。（039 條）

3. 石經古文"葬"作🔣。（040 條）

4. 石經古文"公"作🔣。又見於燕文字。（047 條）

5.《說文》古文"唐"作🔣。（068 條）

6. 石經古文"喪"作🔣。（076 條）

7.《汗簡》和《古文四聲韻》引石經古文"發"作🔣。（081 條）

8. 石經古文"邇"作🔣。（086 條）

9.《說文》古文"造"作🔣。（090 條）

10. 石經古文"逆"作🔣。（092 條）

11.《說文》古文"徙"作🔣。（094 條）

12.《說文》古文"逖"作🔣，从易聲。（103 條）

13.《說文》古文"御"作🔣。（110 條）

14.《說文》古文"信"作🔣，石經古文作🔣。（139 條）

15. 石經古文"僕"作🔣。（148 條）

16. 石經古文"異"作🔣。（153 條）

17.《說文》古文"農"第二形作🔣。（157 條）

18.《說文》古文"及"作🔣，石經古文作🔣。（170 條）

19.《說文》古文"友"作🔣、🔣，《古文四聲韻》引石經古文作🔣。（177 條）

20.《說文》古文"支"作🔣（小徐本）。（180 條）

21.《說文》、石經古文"殺"作🔣、🔣。（190 條）

22. 石經古文"專"第一形作🔣。（191 條）

23.《說文》古文"教"第二形作🔣，石經古文作🔣。（205 條）

24.《説文》古文"目"作[字形]，但字形訛誤。（211 條）又石經"睦"字的古文
[字形]所从的"目"。（213 條）

25.《説文》古文"自"作[字形]。（217 條）

26. 石經古文"者"作[字形]。（218 條）

27.《説文》古文"智"作[字形]，石經古文作[字形]。又見於燕文字。（219 條）

28. 石經古文"奭"作[字形]。（221 條）

29.《説文》古文"難"作[字形]、[字形]，石經古文作[字形]。（231 條）

30.《説文》、石經古文"於"作[字形]。（232 條）

31.《説文》古文"屵"作[字形]。（246 條）

32.《説文》古文"死"作[字形]。（250 條）

33.《説文》古文"肰"作[字形]，但字形訛變。（260 條）

34.《説文》古文"肯"作[字形]。（261 條）

35. 石經古文"則"作[字形]。（263 條）

36. 石經古文"割"作[字形]。（265 條）

37.《説文》古文"典"作[字形]，石經古文作[字形]、[字形]。（281 條）

38. 石經古文"曹"作[字形]。（294 條）

39.《説文》、石經古文"平"作[字形]。（303 條）

40.《説文》古文"豆"作[字形]（小徐本）。（307 條）

41. 石經古文"虜"作[字形]。（310 條）

42.《説文》古文奇字"倉"作[字形]。（327 條）

43. 石經古文"亯"作[字形]。（338 條）

44. 石經古文"庸"作[字形]。（339 條）

45.《隸續》所録石經古文"稟"作[字形]，《汗簡》和《古文四聲韻》引石經古文
作[字形]、[字形]。（343 條）

46.《説文》古文"舜"作[字形]。（350 條）

47.《説文》、石經古文"弟"作[字形]。（353 條）

48. 石經古文"楚"作[字形]。（370 條）

49.《汗簡》引石經古文用[字形]爲"皇"。（375 條）

50. 石經古文“柬”作█。（382 條）

51. 石經古文“晉”作█。（411 條）

52. 石經古文“㞎”作█。（412 條）

53.《説文》古文“期”作█。（424 條）

54. 石經古文“齊”作█。（433 條）

55. 石經古文“年”作█。（440 條）

56. 石經古文“寶”作█。（453 條）

57. 石經古文“宰”作█，所从“辛”上加數筆。（454 條）

58.《隸續》所録和《汗簡》《古文四聲韻》所引石經古文“寡”作█。（457 條）

59. 石經古文“保”第一形作█。（477 條）

60.《説文》古文“仁”作█。（478 條）

61.《説文》古文“備”作█。（483 條）

62. 石經古文“壽”作█。（517 條）

63.《古文四聲韻》引石經古文作█。（518 條）

64.《隸續》所録石經古文作█，《汗簡》引石經古文作█。（531 條）

65.《説文》古文“色”作█。（550 條）

66. 石經古文“庶”作█、█。（567 條）

67. 石經古文“廟”作█。（568 條）

68. 石經古文“厲”作█。（570 條）

69.《説文》古文“㡌”作█（小徐本）。（578 條）

70.《説文》古文、《汗簡》和《古文四聲韻》引石經古文“法”作█。（588 條）

71.《説文》、石經古文“慎”作█。（632 條）

72.《説文》、石經古文“怨”作█。（646 條）

73. 石經古文“朝”作█。（659 條）

74.《説文》、石經古文“沬”作█。（670 頁）

75. 石經古文“聞”作█。（714 條）

76. 石經古文"捷"作✦。（725 條）

77.《説文》、石經古文"民"作✦。又見於燕文字。（734 條）

78.《説文》古文"壞"作✦。（805 條）

79.《説文》古文"菫"作✦。（808 條）

80. 石經古文"陳"作✦。（842 條）

81. 石經古文"萬"作✦。（852 條）

82. 石經古文"丙"作✦、✦。（860 條）

83. 石經古文"成"作✦，左上加飾筆。（863 條）

84.《説文》、石經古文"己"作✦。（864 條）

85.《説文》古文"寅"作✦。（873 條）

86. 石經古文"巳"作✦。（876 條）

87.《説文》古文"申"作✦。又見於燕文字。（880 條）

88.《儀禮》古文用"期"爲"基"。（第三章一、《儀禮》古文 125）

89.《周禮》注和《禮記》注謂古文"緇"作"紂"。（第三章三、《周禮》注中所謂古文 1，四、《禮記》注中所謂古文 2）

90.《古文四聲韻》引《古孝經》"皆"作✦。（第四章八、《孝經》韻 14d）

91.《古文四聲韻》引《古孝經》"親"作✦。（第四章八、《孝經》韻 16c）

92.《古文四聲韻》引《古孝經》"然"作✦。（第四章八、《孝經》韻 22a）

93.《古文四聲韻》引《古孝經》"傷"作✦。（第四章八、《孝經》韻 27a）

94.《古文四聲韻》引《古孝經》"兼"作✦。（第四章八、《孝經》韻 33d）

95.《古文四聲韻》引《古孝經》"矣"第二形作✦。（第四章八、《孝經》韻 38c）

96.《古文四聲韻》引《古孝經》"地"作✦。（第四章八、《孝經》韻 53a）

97.《古文四聲韻》引《古孝經》"懈"作✦。（第四章八、《孝經》韻 57b）

98.《古文四聲韻》引《古孝經》"問"作✦、✦。（第四章八、《孝經》韻 59a）

99.《古文四聲韻》引《古孝經》"聖"作✦。（第四章八、《孝經》韻 67c）

100.《古文四聲韻》引《古孝經》"性"作✦。（第四章八、《孝經》韻 67d）

101.《汗簡》和《古文四聲韻》引《古尚書》"毅"作✦。（第四章九、《尚書》

汗 30a）

102.《汗簡》引《古尚書》"鼇"作🔲，《古文四聲韻》作🔲。（第四章九、《尚書》汗 37d）

103.《汗簡》和《古文四聲韻》引《古尚書》"好"作🔲。（第四章九、《尚書》汗 41a）

以上共 349 個古文字形和用字之例，能與我們所掌握的出土六國文字基本相合。其中第一類、第二類、第三類和第七類共 205 個古文，與齊系文字相合，約佔 59％。第四類見於晉、楚系文字的 35 個古文，齊系文字因未見該單字，大多數不能排除也出現在齊系文字的可能，只有個別字如"聞"，在齊系文字中有不同寫法。同理，第五類見於晉系文字的 19 個古文大部分也可能出現在齊系文字中，第六類見於楚系文字的 90 個古文同樣大部分也可能出現在齊系文字中。個別字如第六類中的"遠"，與典型的楚文字並不同，雖然見於楚簡（郭店簡《六德》），但很可能其實就是齊系文字。這樣，上列 349 個古文中，與齊系文字相合和可能與齊系文字相合的佔了絕大多數。而且，第七類只見於齊系文字的 103 個古文很大一部分是具有齊系文字特色的字形，如石經古文"春"作🔲，《説文》古文"造"作🔲，石經古文"及"作🔲，《説文》、石經古文"殺"作🔲，《説文》、石經古文"於"作🔲，《説文》、石經古文"平"作🔲，《説文》古文奇字"倉"作🔲，石經古文"庸"作🔲，石經古文"晉"作🔲，石經古文"年"作🔲，《隸續》所録和《汗簡》《古文四聲韻》所引石經古文"寡"作🔲，石經古文"廟"作🔲，石經古文"朝"作🔲，石經古文"萬"作🔲，石經古文"丙"作🔲、🔲，《古文四聲韻》引《古孝經》"問"作🔲、🔲，《古文四聲韻》引《古孝經》"聖"作🔲等。這有力地説明了漢代人所謂的古文的主體是齊系文字。

與楚系文字相合和可能與楚系文字相合的古文的比例也不會低（與楚系文字相合的古文即第一類、第三類、第四類和第六類，共 218 個古文，數量超過與齊系文字相合的古文），但有不少古文是與我們所掌握的典型的楚文字相違的，如第二類見於齊、晉系文字的古文"鞭"、古文"事"、古文"而"、古文"德"、古文"患"所從"關"、古文"黃"。第七類只見於齊系文字的古文大部分與典型的楚文字不合，如：石經古文"春"作🔣，而楚文字"春"作🔣（《楚帛編》52 頁）、🔣（郭店簡《六德》25 號簡）；石經古文"葬"作🔣，而楚文字"葬"多作从死（或从歺）臧（或爿）聲之形（040 條）；石經古文"發"作🔣，而楚文字"發"作🔣（081 條）；《説文》古文"及"作🔣，石經古文作🔣，而楚文字"及"作🔣（170 條）；《説文》、石經古文"殺"作🔣，而楚文字"殺"作🔣；[①]《説文》、石經古文"平"作🔣，而楚文字"平"作🔣、🔣，都从土；[②]《説文》古文"仁"作🔣，而楚文字"仁"从身从心；[③]《説文》、石經古文"慎"作🔣，而楚文字"慎"作🔣、🔣；[④]石經古文"萬"作🔣，而楚文字"萬"作🔣；[⑤]石經古文"丙"作🔣、🔣，而楚文字"丙"作🔣。[⑥] 這同樣有力地説明了古文的主體不可能是楚文字。

但是，上列第六類只見於楚系文字的古文中確實有能體現楚文字特點的字形，如：石經古文"敢"作🔣，與齊、晉系文字"敢"都有較明顯的距離，而與楚文字基本相同（244 條）；《説文》古文"厚"作🔣，與楚文字🔣十分接近，而與齊系文字之作🔣差別很大（341 條）。另外像《説文》古文"閒"作🔣、石經古文"戰"作🔣，也都具有楚文字特色。因此，可以認爲古文中有少數字是楚文字，完全否定古文中有楚文字的成分也是不妥當的。

同樣，上列第五類只見於晉系文字的古文中有能體現晉系文字特點的字形，如"曷"作🔣（227 條），"廟"作🔣（568 條），"堂"作🔣（796 條），應該都是具有晉系文字特色的字形。那麽，認爲古文中有晉系文字的成分也是合理的。

許慎《説文解字·叙》提到古文的兩個來源，即孔壁中書和張蒼所獻《春秋左氏傳》。

《經典釋文·序録》稱張蒼的《左傳》傳自荀子。《漢書·張蒼傳》記載張

① 參看李守奎：《楚文字編》，192—193 頁，最後一欄除外。

② 參看李守奎：《楚文字編》，299、765—766 頁。

③ 參看李守奎：《楚文字編》，623—624 頁。

④ 參看李守奎：《楚文字編》，811—812 頁。

⑤ 參看何琳儀：《戰國古文字典》，下冊 959—960 頁，"萬"及从"萬"諸字。

⑥ 參看李守奎：《楚文字編》，838 頁。

蒼死於景帝五年，即公元前 152 年；享年過百歲，則最晚生於公元前 252 年。據錢穆《先秦諸子繫年》，荀子約生活於公元前 340 至前 245 年。兩人雖然年世相接，但荀子死時，張蒼尚年幼，不大可能直接受《左傳》於荀子，其間可能還有一代傳人。不過，如果是張蒼從荀子家中得到一部《左傳》，則是完全可能的。張蒼是陽武人，陽武在戰國時屬魏地；荀子是趙人。既然荀子和張蒼都是三晉人氏，那麼張蒼獻給漢朝廷的古文本的《左氏春秋傳》很有可能是用晉系文字抄寫的。① 古文中晉系文字的成分可能就來源於這本《左傳》。《説文》"返"字下錄从彳的異體，注明出自《春秋傳》，即《左傳》，而从彳的"返"只見於晉系文字，②這恐怕不是偶然的。

孔壁中書發現於孔子家舊宅，壁藏者無疑是孔子的後裔。《經典釋文·序錄》稱："及秦禁學，孔子之末孫惠壁藏之。"注稱："《家語》云：'孔騰字子襄，畏秦法峻急，藏《尚書》《孝經》《論語》於夫子舊堂壁中。'《漢記·尹敏傳》以爲孔鮒藏之。"據《史記·孔子世家》，當秦時，孔子的後裔只有孔鮒和孔騰。孔鮒爲陳涉博士，死於陳下；孔騰是孔鮒之弟，漢惠帝時曾爲博士。壁藏者可能是孔鮒，也可能是孔騰，當然更可能是兄弟二人。

根據發現地點，孔壁中書的抄寫者是魯人，這應該是不會有疑問的。但抄寫的時間需要討論，而抄寫的時間與孔壁中書的文字國別密切相關。李家浩認爲，孔壁中書是楚滅魯（公元前 256 年）以前抄寫的。③ 但從楚滅魯至秦滅楚有三十多年的時間，這一時間段内，魯國人不可能不抄書，孔鮒兄弟在秦時藏的書也可能是楚滅魯以後抄的本子。前文提到李學勤曾經認爲孔壁中書可能是用楚文字書寫的，這當然是先斷定了孔壁中書抄寫於楚滅魯以後才推導出的結論。李學勤的觀點的前提可以成立，但結論並不可信。孔壁中書是古文的一個主要來源，把孔子壁中書的文字推定爲楚文字，跟上面我們已經證明的古文的主體是齊系文字相矛盾。而且，我們知道，是因爲秦法的嚴峻，才使秦在短短十五年間就在原東方六國推行了秦文字，而楚國

---

① 參看李零：《簡帛古書與學術源流》，82 頁，生活·讀書·新知三聯書店，2004 年。

② 參看何琳儀：《戰國古文字典》，下册 978 頁。

③ 李家浩：《著名中年語言學家自選集·李家浩卷》，39 頁。

並不奉行嚴酷的法家政策，楚滅魯以後，不大可能在魯國故地强迫推行楚文字。魯人在國滅後，至少開始一段時間應該仍然使用着他們原來所習慣使用的文字。

但魯地在楚國統治下，與楚人的交流肯定愈益頻繁，魯人的書寫習慣受楚文字的影響勢必難免，而且影響會越來越大。我們推測，孔壁中書是在楚滅魯以後抄寫的，魯國的抄手仍用魯國文字抄寫，但因爲受了些楚文字的影響，其中夾雜有少量楚文字的寫法。這比較好的解釋了上面所揭示的古文的主體是齊系文字而又不能排除有楚文字成分這一現象，大概能算是一種比較合理的推測。①

古文的主體是齊系文字，齊系文字包含了魯文字，從孔壁中書是魯國抄本這一點來看，我們認爲古文的主體就是齊系文字中的魯文字。因爲出土的魯國文字資料實在太少，我們不可能把古文和魯文字作系統對比，但仍有一鱗半爪可資佐證。石經古文"廩"作🉑（343 條）。吳振武《戰國"亩（廩）"字考察》一文考察了戰國時代各國"廩"字的寫法，其所列魯國文字的"廩"字正同石經古文，而齊國文字的寫法與此不同。② 又石經古文"者"作🉑（219 條），與齊國文字的"者"有所不同，與楚、晉、燕文字亦有別，③最可能的就是屬於魯文字的寫法。

二、古文中的非六國文字成分

上面的論證建立在 349 個能與六國文字作比較的古文上，剩下的古文有很大一部分是因爲我們掌握的六國文字資料不够豐富而無法作對比，個

---

① 李學勤説："可能壁中書有的是較早的屬齊魯文字，有的是較晚的屬楚文字，或者壁中書的文字就是在齊魯文字基礎上受楚文字强烈影響。我過去僅説可能是用楚文字書寫，或許有些過分，好在只是猜測，有待更多發現來證明其間是非。"見李學勤：《論孔子壁中書的文字類型》，《山東師範大學學報》《齊魯文化研究》第 1 輯，2002 年；收入氏著《中國古代文明研究》，華東師範大學出版社，2005 年。
② 吳振武：《戰國"亩（廩）"字考察》，《考古與文物》1984 年第 4 期。
③ 六國文字的"者"，參看何琳儀：《戰國古文字典》，上册 515—522 頁，"者"及從"者"諸字。

別如"也"用作✗（736 條），"遂"用作"述"（097 條），"立"用作"位"（626 條）、
"涖"（第三章二，《周禮》故書 018），因爲也是秦文字的字形或用法，反映不出
六國文字的特點，所以未列入。此外還有可以肯定不屬於六國文字的古文。
下面對《說文》古文、石經古文、《汗簡》和《古文四聲韻》所引經書古文、漢代
經注中的古文中不屬於六國文字的古文分別進行考察。

　　《說文解字·叙》說："郡國亦往往於山川得鼎彝，其銘即前代之古文。"
漢代確實出土了一些周代有銘青銅器，如《漢書·郊祀志下》記載宣帝時美
陽出鼎，古文字學家張敞釋讀爲："王命尸臣，官此栒邑，賜爾旂鸞黼黻琱戈。
尸臣拜手稽首曰：敢對揚天子丕顯休命。"許慎對這些周代青銅器上的文字
自然是看作古文的。王國維《〈說文〉所謂古文說》①認爲，當時沒有拓印的方
法，許慎無拓本可據，又不能一一目驗原器，所以《說文》所收錄的古文中沒
有出自銅器銘文的。此說恐非事實。當時雖然沒有拓印之法，但銅器銘文
仍可以靠臨摹傳抄而流傳，事實上所有古文都是靠傳抄流傳的，當時別無他
法。我們發現《說文》古文有個別字形不見於戰國文字，而只見於更古的文
字資料，如：古文"上"作"二"（004 條）、古文"下"作"二"（007 條）、古文"疾"
作✗（463 條）、古文用"頁"爲"稽首"之"稽"（538 條），這些古文很可能就出
自西周春秋時的銅器銘文。古文"王"作✗（019 條），也是出自西周金文的可
能性較大。

　　《說文解字·叙》說："及亡新居攝，使大司空甄豐等校文書之部，自以爲
應制作，頗改定古文。"大概當時學者就對古文作了一番整理工作，《說文》中
有些所謂古文與真實的古文字並不合，或者其實是秦漢文字，應該就是學者
（包括許慎本人）所考定的，可以稱爲小學家古文。如古文兵作✗（150 條），
古文"厷"作✗（167 條），古文"隸"作✗（184 條），古文"兆"作✗（208 條），古
文"省"作✗（216 條），古文"鳳"作✗（230 條），古文"放"作✗（416 條），古文
"家"作✗（446 條），古文"裘"作✗（516 條），古文奇字"人"作✗（526 条），古
文"頤"作✗（715 條），古文奇字"無"作✗（751 條），古文"�"作✗（855

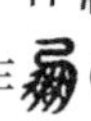

---

① 王國維：《觀堂集林》卷七。

條)等,可能就屬於這一類。①

石經古文傳自漢魏之間的邯鄲淳,其主要來源和《説文》古文一樣,也是以孔壁中書爲主的古文經。《説文》收録的古文並不完備,可能許慎見到的資料有限,也可能許慎没有把見到的古文都收進去。石經古文可以在很大程度上彌補《説文》古文的不足,如古文"公"作<!-- glyph -->、古文"秦"作<!-- glyph -->、古文"聞"作<!-- glyph -->,古文"丙"作<!-- glyph -->,都與六國文字相符,而《説文》却没有收録。因爲《説文》是字典,不一定每個字都要有古文,而石經是經書的一種本子,寫出每個字的古文形體是必須的。這也是書寫石經古文者盡力搜羅古文而能超出《説文》之外的一個原因。也因爲同樣的原因,石經古文比《説文》古文有更多的非六國文字成分。

上面指出《説文》古文有個別西周金文字形,石經古文應該也有,如古文"伐"作<!-- glyph -->(490 條),字形偏古,可能出於西周銅器銘文。

石經古文有些是秦文字,如:古文"皇"作<!-- glyph -->(020 條)、古文"尚"作<!-- glyph -->(044 條)、古文"逃"作<!-- glyph -->所從的"兆"(098 條)、古文"執"作<!-- glyph -->的右旁(165 條)、古文"曷"作<!-- glyph -->(292 條)、古文"鹿"作<!-- glyph -->(589 條)、古文"心"作<!-- glyph -->(630 條)、古文"姬"作<!-- glyph -->的右旁(728 條)、古文"亞"作<!-- glyph -->(846 條)、古文"申"作<!-- glyph -->(880 條),都明顯是秦文字的寫法。

石經古文有個別字形實際上出於隸書,如:古文"士"作<!-- glyph -->(028 條)、古文"專"作<!-- glyph -->(191 條)、古文"刺"作<!-- glyph -->(268 條)、古文"虎"作<!-- glyph -->从巾(312 條)、古文"屈"作<!-- glyph -->(520 條)。石經古文"同"作<!-- glyph -->(464 條),形同《説文》篆文,也是晚起的字形。還有個別字形是編造的,如:古文"獸"作<!-- glyph -->(856 條),據《説文》古文"嘼"的字形拼湊。

石經古文的個別用字與古文字不合,如:用<!-- glyph -->爲"仲"(029 條)、用"丌"爲"基"(280 條)、用"坶"爲官名之"牧"(793 條)。

見於《隸續》《汗簡》和《古文四聲韻》的石經古文也有一些很不可靠的字

---

① 關於這個問題,參看李家浩:《説文篆文有漢代小學家篡改和虛造的字形》,《安徽大學漢語言文字研究叢書·李家浩卷》,364—376 頁。

形，如：古文“函”作（430 條）、古文“馳”作 从也（587 條）、古文“矜”作 从今（837 條）。蓋石經本來如此，無需以傳抄致訛作解。

石經古文的這些問題説明，書寫者手中並沒有可靠完整的《尚書》《春秋》的古文傳抄本，他們可能只有一些殘本，又掌握了一些古文單字，然後根據他們所掌握的古文單字重新把隸書寫本的《古文尚書》《春秋古經》翻寫成完整的古文抄本。所掌握的可靠的古文單字有限，有時而窮，就只好用篆隸或拼湊的字形來充數了。

《汗簡》和《古文四聲韻》引經書古文中超出《説文》、石經古文之外而又能與出土六國文字相合的上面已經列出，這部分古文數量不太多，却正是兩書的價值所在，表明《汗簡》和《古文四聲韻》的古文除了根據《説文》和石經的那部分以外，確實另有可靠來源。

從第四章列出的《汗簡》和《古文四聲韻》所引經書古文來看，兩書所謂古文有一部分是根據《説文》正篆，如所謂《古周易》《古毛詩》中的古文，基本上都據《説文》引經，采自《説文》正篆。其他來自《説文》籒文，或實屬秦文字的古文也不少。可以説，《汗簡》和《古文四聲韻》古文的駁雜程度要更甚於石經古文。前代學者對兩書的評價很低，認爲是“好奇之輩影附詭託，務爲僻怪，以炫末俗”。[1] 近幾十年來，因爲戰國文字資料的日漸豐富，學者們每每能從兩書中找出與六國文字相合的字形，這才認識到了其價值所在。但矯枉無需過正，如果徑把兩書視爲戰國文字字典，則是高估了其價值。利用《汗簡》和《古文四聲韻》，實在需要做一番沙中淘金的工作。另外，必須説明的是，兩書采録了大量古文字形的《古孝經》和《古尚書》都是後人僞造的本子，絶不是孔壁中書的《古孝經》和《古尚書》。但這不能否定一部分字形的可靠性。

漢代經注中的古文材料雖然不少，但能與我們掌握的六國文字相印證的不多。這主要是因爲我們看到的六國文字資料實在有限，遠不如漢代學者所看到的豐富。另外，《儀禮》古文、《周禮》故書中一部分與秦漢

---

[1] 鄭知同：《〈汗簡箋正〉題記》，《鄭珍集·小學》，465 頁，貴州人民出版社，2002 年。

文字相合,如:"早"作"蚤"(第三章一、《儀禮》古文 040)、"資"作"齎"(第三章一、《儀禮》古文 085)、"既"作"曁"(第三章二、《周禮》故書 022)、"朋"作"倗"(第三章二、《周禮》故書 084)。這可以證明,鄭注所謂古文和故書都並非指古文字形,而是指一種"版本",這種"版本"的祖本當然是用古文抄寫的,但早已被轉寫爲隸書。轉寫時,會保留古文的一些字形結構或用字特點,也會摻入當時的寫法。例如,孔壁中書原本《儀禮》的"早"可能如郭店簡《語叢三》19 號簡那樣作从日棗聲之形,但轉寫古文本的人按照當時用字習慣寫成了"蚤";鄭玄注《儀禮》時,看到的古文本就是寫成"蚤"的,與所見今文本作"早"不同,所以注明古文"早"作"蚤"。[1]

三、總　結

綜上所述,我們認爲漢代人所謂的"古文"並不單純,簡單地把漢人所謂古文歸入六國文字不妥當,把漢人所謂古文等同於齊魯文字更不合適。我們可以把漢人所謂古文分成兩部分,其大部分是六國文字,小部分是非六國文字。屬於六國文字的古文的主體是戰國齊系文字中的魯文字,同時含有戰國晉系文字和楚文字的成分。非六國文字成分中,有少量西周銅器銘文中的字形,有漢代小學家考定爲古文的字形,甚至有編造拼湊的字形。當然,在漢代人眼裏,古文是單純的,所有的古文都是五帝三王所用的文字,是聖人孔子所用的文字。這種流行兩千年的觀點,經過幾代古文字學家的努力,終於被完全推翻了,所謂古文的真實性質因出土古文字資料的日益豐富而一步步明確下來。隨着今後我們所能掌握的古文字資料的進一步增加,對漢人所謂古文的研究肯定會更加深入,我們的認識必將越來越清晰。

---

[1] 王國維《兩漢古文學家多小學家說》(《觀堂集林》卷七)認爲兩漢古文學家所傳經本多爲古文本,改用隸定之本,當在賈逵、馬融、鄭玄之後。這與本書所揭示的事實不符。我們認爲,兩漢古文學家主要是以隸定之本傳古文經的,不待賈、馬、鄭之後。而且,經古文與經今文的本質區別也不在於使用古文還是使用隸書,而在於是否一直被立於學官。比如《毛詩》,王國維《漢時古文本諸經傳考》(《觀堂集林》卷六)就曾指出,大概漢初就是以隸書本流傳的,並無古文本,只是因爲未立於學官的原因,才被歸入古文經之類。

單 字 索 引

說明：本索引按音序列出第二、四章中的字頭以及第三章中古文、故書對應的通行字（如古文、故書是通行字的即列出古文、故書）。

斀 254

duan

腶 185

斷 158,288

dui

堆 291

dun

惇 220,274

敦 274

頓 115

遯 247

duo

多 99

㪍 63

奪 209

憜 130

惰 292

墮 182

E

e

阿 168

額 268

惡 159,181,232

晉 159

歺 71

堊 181

軶 181

er

而 119,218

尔 32

爾 32,225

邇 44

耳 139

二 151,285

F

fa

發 39

伐 107

罰 74

法 121,206,215,257

髮 115

fan

番 34

凡 152

樊 205

燔 212

反 58

軓 195

fang

匚 291

方 112,291

房 280

fei

非 137

匪 226

斐 137,199

棐 137

朏 185

fen

墳 190

粉 265

feng

封 153,285

風 151,206

豐 81,203

蠭 150

鳳 68

fu

夫 127,218

尃 62,251

敷 62,175,251

膚 72,218

弗 143,237,290

伏 198

孚 57

扶 141

服 65,112,236

黻 105

甫 168

拊 192

輔 240

撫 63,141,251

331

參考論著目

《十三經注疏》（附《校勘記》），中華書局影印阮元校刻本，1980 年。

［漢］司馬遷：《史記》，中華書局，1959 年。

［漢］班固：《漢書》，中華書局，1962 年。

［唐］陸德明：《經典釋文》，上海古籍出版社影印，1985 年。

［漢］許慎：《説文解字》，中華書局影印陳昌治刻本，1963 年。

［南唐］徐鍇：《説文解字繫傳》，中華書局影印祁寯藻刻本，1987 年。

［宋］郭忠恕、夏竦：《汗簡 古文四聲韻》，中華書局影印，1983 年。

白新良：《孔安國獻書考》，《中國歷史文獻研究集刊》第四集，岳麓書社，1984 年。

白於藍：《〈上海博物館藏戰國楚竹書（一）〉釋注商榷》，簡帛研究網，2002 年 1 月 8 日。

白於藍：《簡帛古書通假字大系》，福建人民出版社，2017 年。

曹錦炎：《新見齊國石磬銘文考論》，《古文字研究》第三十四輯，中華書局，2022 年。

陳邦懷：《一得集》，齊魯書社，1989 年。

陳劍：《甲骨金文考釋論集》，綫裝書局，2007 年。

陳劍：《戰國竹書論集》，上海古籍出版社，2013 年。

陳劍：《甲骨金文舊釋"尤"之字及相關諸字新釋》，《北京大學中國古文獻研究中心集刊》第四輯，北京大學出版社，2004 年。

陳劍：《甲骨文舊釋"眢"和"蠲"的兩個字及金文"飄"字新釋》，《出土文獻與古文字研究》第一輯，復旦大學出版社，2006 年。

陳劍：《據郭店簡釋讀西周金文一例》，《北京大學中國古文獻研究中心集刊2》，北京燕山出版社，2001年。

陳劍：《據戰國竹簡文字校讀古書兩則》，《第四屆國際中國古文字學研討會論文集》，香港中文大學中國語言及文學系，2003年。

陳劍：《上博簡〈子羔〉、〈從政〉篇的竹簡拼合與編連問題小議》，《文物》2003年第5期。

陳劍：《上博竹書"葛"字小考》，簡帛網，2006年3月10日。

陳劍：《釋展》，《追尋中華古代文明的蹤迹——李學勤先生學術活動五十年紀念文集》，復旦大學出版社，2002年。

陳劍：《結合出土文獻談古書中因"匀"、"㐱"及"勿"旁形近易亂而生的幾個誤字》，復旦大學出土文獻與古文字研究中心、耶魯—新加坡國立大學學院陳振傳基金漢學研究委員會編：《出土文獻與中國古典學》，中西書局，2018年。

陳劍：《據〈清華簡（伍）〉的"古文虞"字説毛公鼎和殷墟甲骨文的有關諸字》，李宗焜主編：《古文字與古代史》第五輯，"中研院"歷史語言研究所，2017年。

陳松長編著，鄭曙斌、喻燕姣協編：《馬王堆簡帛文字編》，文物出版社，2001年。

丁福保編纂：《説文解字詁林》，中華書局影印，1988年。

董珊、陳劍：《郾王職壺銘文研究》，《北京大學中國古文獻研究中心集刊》第三輯，北京大學出版社，2002年。

董珊：《季姬方尊補釋》，《戰國題銘與工官制度研究》，北京大學考古與文博學院博士後研究工作報告，2004年。

杜廼松：《記洛陽西宮出土的幾件銅器》，《文物》1965年第11期。

段玉裁：《説文解字注》，上海古籍出版社影印，1981年。

段玉裁：《周禮漢讀考》，《清經解》卷六百三十四至六百三十九，上海書店影印，1988年。

范常喜：《鄭玄注"古文"新證》，中山大學博士學位論文（指導教師：陳偉武），2007年。

馮勝君：《論郭店簡〈唐虞之道〉、〈忠信之道〉、〈語叢〉一～三以及上博簡〈緇衣〉爲具有齊系文字特點的抄本》，北京大學博士後研究工作報告，2004年。

馮勝君：《釋戰國文字中的"怨"》，《古文字研究》第二十五輯，中華書局，2004年。

馮勝君：《談談郭店簡〈五行〉篇中的非楚文字因素》，《簡帛》第一輯，上海古籍出版社，2006年。

甘肅省博物館、中國社會科學院考古研究所編：《武威漢簡》，文物出版社，1964年。

甘肅省文物工作隊、甘肅省博物館編：《漢簡研究文集》，甘肅人民出版社，1984年。

高明：《古陶文彙編》，中華書局，1990年。

高明、葛英會：《古陶文字徵》，中華書局，1991年。

顧藹吉：《隸辨》，中華書局影印，1986年。

顧廷龍：《古匋文香録》，上海古籍出版社影印，2004年。

郭沫若：《由壽縣蔡器論到蔡墓的年代》，《郭沫若全集・考古編》第六卷，科學出版社，2002年。

郭沫若：《石鼓文研究・詛楚文考釋》，科學出版社，1982年。

郭永秉：《古文字與古文獻論集》，上海古籍出版社，2011年。

郭永秉：《古文字與古文獻論集續編》，上海古籍出版社，2015年。

郭永秉、鄔可晶：《説"索"、"剌"》，《出土文獻》第三輯，中西書局，2013年。

郭永秉：《説古文字中的"要"字和從"要"之字》，《古文字研究》第二十八輯，中華書局，2010年。

郭永秉：《補説"麗"、"瑟"的會通》，《中國文字》新三十八期，藝文印書館，2012年。

郭永秉：《從戰國文字所見的類"倉"形"寒"字論古文獻中表"寒"義的"滄/凔"是轉寫誤釋的產物》，《出土文獻與古文字研究》第六輯，上海古籍出版社，2015 年。

韓自强：《阜陽漢簡〈周易〉研究》，上海古籍出版社，2004 年。

漢語大字典字形組編：《秦漢魏晉篆隸字形表》，四川辭書出版社，1985 年。

何立民：《也談"孔壁古文"》，《山東行政學院山東省經濟管理幹部學院學報》2004 年第 1 期。

何琳儀、程燕、房振三：《滬簡〈周易〉選釋（修訂）》，《周易研究》2006 年第 1 期。

何琳儀、黄德寬：《説蔡》，《徐中舒先生百年誕辰紀念文集》，巴蜀書社，1998 年。

何琳儀、吴紅松：《説屋》，《語言》第四卷，首都師範大學出版社，2003 年。

何琳儀：《戰國古文字典——戰國文字聲系》，中華書局，1998 年。

何琳儀：《戰國文字通論（訂補）》，江蘇教育出版社，2003 年。

何琳儀：《戰國文字與傳抄古文》，《古文字研究》第十五輯，中華書局，1986 年。

河南省文物考古研究所編：《新蔡葛陵楚墓》，大象出版社，2003 年。

河南省文物研究所編：《信陽楚墓》，文物出版社，1986 年。

河南省文物研究所、河南省丹江庫區考古發掘隊、淅川縣博物館編：《淅川下寺春秋楚墓》，文物出版社，1991 年。

胡承珙：《儀禮古今文疏義》，《清經解續編》卷四百七十八至四百九十四，上海書店影印，1988 年。

胡厚宣：《再論殷代農作物施肥問題》，《社會科學戰綫》1988 年第 1 期。

胡平生、韓自强：《阜陽漢簡詩經研究》，上海古籍出版社，1988 年。

胡小石：《説文古文考》，《胡小石論文集三編》，上海古籍出版社，1995 年。

湖北省博物館編：《曾侯乙墓》，文物出版社，1989 年。

湖北省荆沙鐵路考古隊編：《包山楚簡》，文物出版社，1991 年。

湖北省文物考古研究所、北京大學中文系編：《九店楚簡》，中華書局，

2000 年。

湖北省文物考古研究所、北京大學中文系編：《望山楚簡》，中華書局，1995 年。

黃德寬主編：《清華大學藏戰國竹簡（玖—拾壹）》，中西書局，2019—2021 年。

黃德寬、徐在國主編：《安徽大學藏戰國竹簡（一）》，中西書局，2019 年。

黃文傑：《説朋》，《古文字研究》第二十二輯，中華書局，2000 年。

黃錫全：《〈汗簡〉、〈古文四聲韻〉中之石經、〈説文〉“古文”的研究》，《古文字研究》第十九輯，中華書局，1992 年。

黃錫全：《汗簡注釋》，武漢大學出版社，1990 年。

黃錫全：《利用〈汗簡〉考釋古文字》，《古文字研究》第十五輯，中華書局，1986 年。

冀小軍：《〈湯誓〉“舍我穡事而割正夏”辨正》，中國人民大學中文系編：《語言論集》第四輯，中央民族大學出版社，1999 年。

蔣善國：《尚書綜述》，上海古籍出版社，1988 年。

蔣玉斌：《説與戰國“沐”字有關的殷商金文字形》，復旦大學出土文獻與古文字研究中心編：《戰國文字研究的回顧與展望》，中西書局，2017 年。

荆門市博物館編：《郭店楚墓竹簡》，文物出版社，1998 年。

荆州博物館編：《包山楚墓》，文物出版社，1991 年。

李春桃：《古文異體關係整理與研究》，中華書局，2016 年。

李春桃：《傳抄古文綜合研究》，上海古籍出版社，2021 年。

李家浩：《馬王堆漢墓帛書祝由方中的“由”》，《河北大學學報（哲學社會科學版）》2005 年第 1 期。

李家浩：《南越王墓車馹虎節銘文考釋》，《容庚先生百年誕辰紀念文集》，廣東人民出版社，1998 年。

李家浩：《著名中年語言學家自選集·李家浩卷》，安徽教育出版社，2002 年。

李家浩：《釋“弁”》，《古文字研究》第一輯，中華書局，1979 年。

李家浩：《戰國貨幣文字中的"𪔂"和"比"》，《中國語文》1980 年第 5 期。

李家浩：《〈説文〉篆文有漢代小學家篡改和虚造的字形》，《安徽大學漢語言文字研究叢書·李家浩卷》，安徽大學出版社，2013 年。

李零：《郭店楚簡校讀記》，北京大學出版社，2002 年。

李零：《簡帛古書與學術源流》，生活·讀書·新知三聯書店，2004 年。

李守奎：《楚文字編》，華東師範大學出版社，2003 年。

李守奎：《〈説文〉古文與楚文字互證三則》，《古文字研究》第二十四輯，中華書局，2002 年。

李守奎：《"屎"與"徙之古文"考》，《出土文獻》第六輯，中西書局，2015 年

李天虹：《〈説文〉古文校補 29 則》，《江漢考古》1992 年第 4 期。

李天虹：《郭店竹簡〈性自命出〉研究》，湖北教育出版社，2003 年。

李天虹：《説文古文新證》，《江漢考古》1995 年第 2 期。

李學勤主編：《清華大學藏戰國竹簡（壹—捌）》，中西書局，2010—2018 年。

李學勤：《郭店楚簡與儒家經籍》，《中國哲學》第二十輯，遼寧教育出版社，1999 年。

李學勤：《論孔子壁中書的文字類型》，《山東師範大學學報》《齊魯文化研究》第 1 輯，2002 年；又《中國古代文明研究》，華東師範大學出版社，2005 年。

李學勤：《它簋新釋——關於西周商業的又一例證》，《文物出版社成立三十周年紀念——文物與考古論集》，文物出版社，1986 年。

李學勤：《新出青銅器研究》，文物出版社，1990 年。

李學勤：《戰國題銘概述》，《文物》1959 年第 7、8、9 期。

林素清：《〈説文〉古籀文重探——兼論王國維〈戰國時秦用籀文六國用古文説〉》，《"中研院"歷史語言研究所集刊》第五十八本第一分，1987 年。

林義光：《文源》，中西書局影印，2012 年。

林澐：《"夨租丞印"封泥與"夨租蒇君"銀印新考》，《揖芬集——張政烺

先生九十華誕紀念文集》,社會科學文獻出版社,2002 年。

林澐:《林澐學術文集》,中國大百科全書出版社,1998 年。

林澐:《古文字學簡論》,中華書局,2012 年。

劉安國:《西安市出土的"正始三體石經"殘石》,《人文雜誌》1957 年第 3 期。

劉剛:《清華叁〈良臣〉爲具有晉系文字風格的抄本補證》,《中國文字學報》第五輯,商務印書館,2014 年。

劉國勝:《曾侯乙墓 E61 號漆箱書文字研究附"瑟"考》,《第三屆國際中國古文字學研討會論文集》,香港中文大學,1997 年。

劉起釪:《尚書學史》,中華書局,1989 年。

劉汝霖:《漢晉學術編年》,中華書局,1987 年。

劉雨、盧岩:《近出殷周金文集録》,中華書局,2002 年。

劉樂賢:《釋〈説文〉古文慎字》,《考古與文物》1993 年第 4 期。

劉樂賢:《説文"法"字古文補釋》,《古文字研究》第二十四輯,中華書局,2002 年。

劉釗:《古文字構形學》,福建人民出版社,2006 年。

劉釗:《〈説文解字〉匡謬(四則)》,《説文解字研究(第一輯)》,河南大學出版社,1991 年。

劉釗:《利用郭店楚簡字形考釋字形一例》,《古文字研究》第二十四輯,中華書局,2002 年。

羅福頤:《漢印文字徵》,文物出版社,1978 年。

羅福頤主編:《古璽彙編》,文物出版社,1981 年。

羅福頤主編:《古璽文編》,文物出版社,1981 年。

吕振端:《魏三體石經殘字集證》,學海出版社,1981 年。

馬承源主編:《上海博物館藏戰國楚竹書(一——九)》,上海古籍出版社,2001—2012 年。

馬衡:《凡將齋金石叢稿》,中華書局,1977 年。

馬王堆漢墓帛書整理小組編:《馬王堆漢墓帛書(壹)》,文物出版社,

1980 年。

馬王堆漢墓帛書整理小組編：《馬王堆漢墓帛書（叄）》，文物出版社，1983 年。

馬月華：《談〈戰國古文字典〉中存在的問題》，北京大學碩士學位論文（指導教師：李家浩），2001 年。

孟蓬生：《〈上博竹書（四）〉閒詁》，《簡帛研究 二〇〇四》，廣西師範大學出版社，2006 年。

駢宇騫：《銀雀山漢簡文字編》，文物出版社，2001 年。

錢穆：《兩漢經學今古文平議》，商務印書館，2001 年。

錢穆：《先秦諸子繫年》，商務印書館，2002 年。

錢玄：《三禮通論》，南京師範大學出版社，1996 年。

裘錫圭：《裘錫圭學術文集》，復旦大學出版社，2012 年。

裘錫圭：《古文字論集》，中華書局，1992 年。

裘錫圭：《文史叢稿》，上海遠東出版社，1996 年。

裘錫圭：《文字學概要（修訂本）》，商務印書館，2013 年。

裘錫圭：《讀逨盤銘文札記三則》，《文物》2003 年第 6 期。

饒宗頤、曾憲通：《楚帛書》，中華書局香港分局，1985 年。

容庚編著，張振林、馬國權摹補：《金文編》，中華書局，1985 年。

山西省文物工作委員會編：《侯馬盟書》，文物出版社，1976 年。

單育辰：《“蝌蚪文”譚》，《出土文獻研究》第十三輯，中西書局，2014 年。

商承祚：《石刻篆文編》，中華書局，1996 年。

商承祚：《說文中之古文考》，上海古籍出版社，1983 年。

商承祚：《戰國楚竹簡匯編》，齊魯書社，1995 年。

沈培：《說古書中跟“波”“播”相關的幾個問題》，《歷史語言學研究》第十三輯，商務印書館，2019 年。

沈文倬：《宗周禮樂文明考論》，杭州大學出版社，1999 年。

施謝捷：《魏石經古文彙編》，未刊電子版。

舒連景：《說文古文疏證》，石印本，1935 年。

睡虎地秦墓竹簡整理小組編:《睡虎地秦墓竹簡》,文物出版社,1990 年。

宋世犖:《儀禮古今文疏證》,《續修四庫全書》第 91 冊,上海古籍出版社影印,2002 年。

宋世犖:《周禮故書疏證》,《續修四庫全書》第 81 冊,上海古籍出版社影印,2002 年。

蘇建洲:《〈上博楚竹書〉文字及相關問題研究》,萬卷樓圖書股份有限公司,2008 年。

孫超傑:《傳抄古文札記一則》,《出土文獻》2021 年第 3 期。

孫次舟:《論魏三體石經古文之來源並及兩漢古文寫本的問題》,《齊大國學季刊》新一卷一期,1940 年。

孫海波:《魏三字石經集録》,考古學社專集第十七種,1937 年。

孫慰祖、徐谷甫:《秦漢金文彙編》,上海書店出版社,1997 年。

孫慰祖主編:《古封泥集成》,上海書店出版社,1994 年。

湯餘惠:《釋𥳑》,《于省吾教授百年誕辰紀念文集》,吉林大學出版社,1996 年。

湯餘惠主編:《戰國文字編》,福建人民出版社,2001 年。

唐蘭:《古文字學導論(增訂本)》,齊魯書社,1981 年。

唐蘭:《唐蘭先生金文論集》,紫禁城出版社,1995 年。

滕壬生:《楚系簡帛文字編》,湖北教育出版社,1995 年。

汪慶正主編:《中國歷代貨幣大系 1·先秦貨幣》,上海人民出版社,1988 年。

王恩田:《陶文圖録》,齊魯書社,2006 年。

王國維:《古史新證》,清華大學出版社,1994 年。

王國維:《觀堂集林》,中華書局,1959 年。

王國維:《魏石經殘石考》,《王國維遺書》第六冊,上海書店出版社,1983 年。

王慧:《魏石經古文集釋》,安徽大學碩士學位論文(指導教師:徐在國），2004 年。

王引之：《經義述聞》，江蘇古籍出版社影印，1985 年。

魏成敏等：《山東臨淄齊國故城出土燕侯腏磬及相關問題》，《文物》2020 年第 10 期。

魏宜輝：《"羑"字來源補説》，《中國文字》二○一九年冬季號（總第二期），萬卷樓圖書股份有限公司，2019 年。

鄔可晶：《戰國秦漢文字與文獻論稿》，上海古籍出版社，2020 年。

鄔可晶：《説"脊"、"骶"》，《出土文獻》第十三輯，中西書局，2018 年。

鄔可晶：《説"回"》，《中國文字》二○一九年冬季號（總第二期），萬卷樓圖書股份有限公司，2019 年。

鄔可晶、施瑞峰：《説"朕"、"羍"》，《文史》2022 年第 2 輯。

吳大澂、丁佛言、强運開：《説文古籀補三種》，中華書局，2011 年。

吳福熙：《敦煌殘卷古文尚書校注》，甘肅人民出版社，1992 年。

吳良寶：《中國東周時期金屬貨幣研究》，社會科學文獻出版社，2005 年。

吳振武：《戰國"亩（廩）"字考察》，《考古與文物》1984 年第 4 期。

吳振武：《戰國"信完"封泥考》，《中國文物報》1989 年 8 月 25 日第 3 版。

邢義田、陳昭容：《一方未見著錄的魏三字石經殘石——史語所藏〈尚書·多士〉殘石簡介》，《古今論衡 2》，1999 年。

徐寶貴：《殷商文字研究兩篇》，《出土文獻與古文字研究》第一輯，復旦大學出版社，2006 年。

徐海東：《〈古文四聲韻〉疏證·上編》，西南師範大學出版社，2020 年。

徐養原：《儀禮今古文異同疏證》，《清經解續編》卷五百二十至五百二十四，上海書店影印，1988 年。

徐養原：《周官故書攷》，《清經解續編》卷五百十六至五百十九，上海書店影印，1988 年。

徐養原：《論語魯讀攷》，《清經解續編》卷五百二十五，上海書店影印，1988 年。

徐在國、黄德寬：《傳鈔〈老子〉古文輯説》，《"中研院"歷史語言研究所集刊》第七十三本第二分，2002 年。

徐在國：《隸定古文疏證》，安徽大學出版社，2002 年。

徐中舒主編：《甲骨文字典》，四川辭書出版社，1989 年。

許學仁：《古文四聲韻古文研究·古文合證篇》，文史哲出版社，1997 年。

楊安：《"助"、"叀"考辨》，《中國文字》新三十七期，藝文印書館，2011 年。

楊澤生：《古陶文字零釋》，《中國文字》新二十二期，藝文印書館，1997 年。

楊澤生：《孔壁竹書的文字國別》，《中國典籍與文化》2004 年第 1 期。

銀雀山漢墓竹簡整理小組編：《銀雀山漢墓竹簡（壹）》，文物出版社，1985 年。

于省吾：《甲骨文字釋林》，中華書局，1979 年。

曾憲通：《長沙楚帛書文字編》，中華書局，1993 年。

曾憲通：《敦煌本〈古文尚書〉"三郊三逋"辨正——兼論遂、述二字之關係》，《于省吾教授百年誕辰紀念文集》，吉林大學出版社，1996 年。

曾憲通：《三體石經古文与〈説文〉古文合證》，《古文字研究》第七輯，中華書局，1982 年。

章太炎：《新出三體石經考》，《章太炎全集（七）》，上海人民出版社，1999 年。

張富海：《清華簡零識四則》，《古文字研究》第三十二輯，中華書局，2018 年。

張富海：《補説"毁"的上古音及其字形結構》，《中國文字》二〇二一年夏季號（總第五期），萬卷樓圖書股份有限公司，2021 年。

張光裕、滕壬生、黄錫全主編：《曾侯乙墓竹簡文字編》，藝文印書館，1997 年。

張頷：《古幣文編》，中華書局，1986 年。

張守中：《睡虎地秦簡文字編》，文物出版社，1994 年。

張守中、張小滄、郝建文：《郭店楚簡文字編》，文物出版社，2000 年。

張學城：《〈説文〉古文研究》，上海古籍出版社，2017 年。

張玉金：《釋甲骨金文中的"西"和"囟"字》，《中國文字》新二十五期，藝文印書館，1999 年。

張政烺：《張政烺文集》，中華書局，2012 年。

趙立偉：《魏三體石經古文輯證》，社會科學文獻出版社，2007 年。

趙平安：《新出簡帛與古文字古文獻研究》，商務印書館，2009 年。

趙平安：《〈説文〉古文考辨（五篇）》，《河北大學學報（哲學社會科學版）》1998 年第 1 期。

趙平安：《上博簡〈三德〉"毋彔貧"解讀》，《簡帛語言文字研究》第三輯，巴蜀書社，2007 年。

趙平安：《關於"及"的形義來源》，《中國文字學報》第二輯，商務印書館，2008 年。

鄭珍：《汗簡箋正》，《鄭珍集·小學》，貴州人民出版社，2002 年。

中村不折著，李德範譯：《禹域出土墨寶書法源流考》，中華書局，2003 年。

中國社會科學院考古研究所編：《甲骨文編》，中華書局，1965 年。

中國社會科學院考古研究所編：《殷周金文集成》，中華書局，1984—1994 年。

中國文物研究所、湖北省文物考古研究所編：《龍崗秦簡》，中華書局，2001 年。

周法高主編：《金文詁林》，香港中文大學，1974 年。

朱德熙：《朱德熙古文字論集》，中華書局，1995 年。

朱芳圃：《殷周文字釋叢》，中華書局，1962 年。

初 版 後 記

　　本書是在我的博士學位論文《漢人所謂古文研究》（北京大學 2005 年）的基礎上略加補充修訂而成的。

　　逝者如斯，不舍晝夜，轉眼距論文完稿已整兩年。兩年之中，我告別二十多年的學生生活，走上了教書育人的工作崗位；心裏既有對往昔時光的懷念，又有初爲人師的惶恐，對於論文的修訂一直遷延未能着手。承蒙劉聰建先生將本書列入綫裝書局的"中國語言文字研究叢刊"之中，乃於近日重拾舊文，略作補苴，包括增加原論文未檢出的出土古文字的重要字形、增加單字索引、修改語句、改正錯字、補充注釋等，庶幾彌縫原論文之缺漏於萬一。

　　本書的出版，首先要感謝導師裘錫圭先生。裘先生仔細審閱了論文的初稿，大至文章結構，小至一字一句，都提出了很具體的修改意見，甚至在參加全國政協會議期間，還打電話來，長時間和我討論論文。去年春，裘先生來北京，得有機會見面，先生表達了希望我能早日出版論文的意思。如果沒有老師的鼓勵，我是沒有勇氣把這篇不成熟的論文公之於衆的。

　　論文的初稿還得到李家浩先生、陳劍先生和董珊先生的指正，使論文避免了一些重大疏失，陳劍先生又對我確定論文選題有重要啓發，在此一併致謝。李家浩先生也是我一向敬重的老師。記得大學二年級下學期和三年級上學期，李先生分別爲我們講授了文字學和《説文解字》，可以説是我學習古文字的啓蒙老師。本書的出版是和先生當年的教導分不開的，甚至書中的一些具體觀點也和當年的講課內容密切相關。陳劍和董珊先生是我相處多年的兩位學長，從他們那兒我學到了很多，只可惜如今不能像過去那樣朝夕請益了。

　　論文提交評議後和答辯時，評議專家和答辯委員李家浩、黄天樹、胡平生、趙平安、冀小軍、陳劍、楊忠、顧永新等先生提出了不少意見和建議，本書大多已經吸收。謹在此向各位先生致以衷心的感謝。

　　生命有涯，學海無涯。聊以此書作爲自己在母校多年求學的紀念。

　　　　　　　　　　　　　　　胊洲　張富海
　　　　　　　　　　　　丁亥仲春於北京首都師範大學